KB057487

조울병에 대한 거의 모든 것

조울병에 대한 거의 모든 것

37인의 전문가와
함께 하는 조울병
극복 전략

바이폴라포럼 대표저자 ｜ 박원명·손인기·임은성·홍정완

시그마북스
Sigma Books

조울병에 대한 거의 모든 것

발행일 2021년 8월 5일 초판 1쇄 발행
2023년 5월 2일 초판 2쇄 발행
지은이 **바이폴라포럼** 대표저자 | 박원명 · 손인기 · 임은성 · 홍정완
발행인 강학경
발행처 시그마북수 Sigma Books
마케팅 정제용
에디터 김은실, 최연정, 최윤정, 양수진
디자인 우주연, 김문배, 강경희

등록번호 제10-965호
주소 서울특별시 영등포구 양평로 22길 21 선유도코오롱디지털타워 A402호
전자우편 sigmabooks@spress.co.kr
홈페이지 http://www.sigmabooks.co.kr
전화 (02) 2062-5288~9
팩시밀리 (02) 323-4197
ISBN 979-11-91307-55-9(03180)

* 시그마북수는 (주)시그마프레스의 단행본 브랜드입니다.

"그에게는 수많은 위기가 있었지만,

단 한 번도 극복하지 못한 적이 없었다."

국내에서 조울병(양극성장애)에 관련된 체계적인 학문적 연구와 교육, 대국민 계몽활동은 정신건강의학과 주요 교수와 전문의들이 2005년에 창립한 바이폴라포럼Korean Bipolar Disorders Forum, KBF의 역사와 그 궤를 같이 합니다. 창립 이후 바이폴라포럼 멤버들은 국내 최초로 조울병 교과서와 한국형 양극성장애 약물치료 지침서를 출간하고, 한국형 성인 및 청소년용 양극성장애 진단도구를 개발하였으며, 조울병의 날 행사를 주관하였습니다.

특히 2015년에는 조울병으로 고통받는 환자와 가족 그리고 일반인을 위한 **조울병으로의 여행**이란 책자를 발간하였으며, 이번에 출간되는 **조울병에 대한 거의 모든 것 : 37인의 전문가와 함께 하는 조울병 극복 전략**은 발간한 지 6년이 지난 **조울병으로의 여행** 내용을 현 시점에 맞게

6

일부 수정 및 개정하고 새로운 내용을 추가하여, 독자들에게 조울병을 보다 더 쉽게 이해하고, 치료에도 실질적인 도움이 될 수 있게 집필하였습니다.

이 책은 크게 4부로 구성되어 있습니다. 1부 "조울병, 어떤 병인가?"에서는 조울병의 정의, 진단, 치료와 가족의 대처 등 조울병에 대한 상세한 지식을 알기 쉽게 정리하였으며, 2부 "조울병, 나만의 문제인가?"에서는 조울병의 다양한 모습을 이해할 수 있도록, 진료 현장에서 마주치는 조울병이 아닌 실제 조울병을 앓았던 유명 인물 또는 예술 작품 속의 인물들의 이야기를 다양하게 다루었습니다. 생각보다 많은 유명인물들이 조울병으로 고통받았다는 사실을 통해 위로를 받으실 수 있고, 그들이 적절한 치료약물이 없던 시절 힘든 역경에도 불구하고 생산적이고 창조적인 삶을 살았다는 사실을 통해서는 조울병이란 병과 싸워 나갈 용기를 얻으실 수 있을 것이라 기대합니다. 3부 "조울병, 어떻게 대처할까?"를 통해서는 조울병 환자분들이 본인 스스로 기분 변화를 적절히 파악하고 대처하는 방법과 자신에게 취약한 스트레스를 이해하고 어떻게 극복할 수 있는지에 대한 해답을 찾으실 수 있을 것이라 생각하며, 마지막 4부 "조울병, 이것이 궁금해요"에서는 조울병 전문가인 바이폴라포럼 멤버들이 진료실에서 흔히 듣는 질문들에 대한 답을 준비하였습니다. 환자 및 가족들의 궁금증을 명쾌하게 해결해줄 것이라 생각합니다.

조울병은 적절한 치료를 받지 않으면 악화와 호전을 반복하는 만성질환으로 환자뿐만 아니라 가족들에게도 고통을 줄 수 있는 질환이지만, 조울병에 대한 정확한 정보와 지식의 습득은 질환을 극복해 나가는 과정에서 큰 무기가 될 수 있습니다. 근거나 출처가 불명확하고 부적절한 정보의 범람으로 혼란스러워하는 환자와 가족들을 위해 과학적 근거를 바탕으로 정확하면서도 쉽게 이해할 수 있는 책을 만들기 위해 바이폴라포럼 멤버들은 많은 고민을 하였습니다. 이번에 발간된 책은 바이폴라포럼 멤버들이 지난 16년간 이루어낸 수많은 연구 성과와 오랜 기간 진료실에서 경험한 임상 실제의 결정체라고 할 수 있습니다. 조울병 분야에서 대한민국 최고의 그룹이 집필한 이번 책을 통하여 조울병으로 고통받는 모든 분들이 병을 제대로 이해하고 최상의 치료를 받는 데 많은 도움이 될 수 있기를 바랍니다.

끝으로 바쁘신 와중에도 기꺼이 원고를 집필해주신 바이폴라포럼 멤버에게 깊은 감사를 드리며, 특히 처음부터 끝까지 세세한 모든 부분을 맡아 편집을 맡아주신 계요병원 손인기 소장, 익산병원 홍정완 선생과 신세계효병원 임은성 선생께 이 자리를 빌려 나의 깊은 동료애를 보냅니다.

2021년 7월

대표저자 박원명

1부

조울병,
어떤 병인가?

조울병의 정의, 진단, 치료와 가족들의 대처 등 조울병에 대한 상세
한 지식들을 알기 쉽게 정리하였다.

조울병의 증상과 진단

조울병이 뭐예요?

"조울병입니다."

"예? 조울병이 뭐예요?"

진료 현장에서 흔히 일어나는 일이다. 대부분의 사람들은 '우울증'이란 단어에는 비교적 익숙한 편이지만 '조울병'이라고 하면 고개를 갸웃거린다. 어디선가 들어본 말인 것 같은데 왠지 좀 생소하다고 느낀다. 그러나 조울병은 우울증만큼이나 흔히 나타나는 질환이다.

정신과 질환은 내과나 다른 신체적인 질병에 비해 정확한 진단을 내리는 것이 매우 어렵다. 특히 조울병은 처음 발병 후 정확한 진단을 받는 데까지 평균 10년이나 걸린다는 보고도 있다. 우울증으로 진단받은 사람들 가운데 상당수는 경과를 관찰해보면 우울증이 아니라 조울병인 경우가 많다. 정확한 치료를 위해 가장 우선되어야 할 과정은 정확한 진단을 내리는 것이다.

조울병은 우울증과 조증이 번갈아 나타나는데 정신의학적인 용어로는 '양극성 장애bipolar disorder' 라고 불린다. 그러나 이 책에서는 편의상 일반인들이 쉽게 이해할 수 있도록 '조울병'이라고 통일해서 부를 것이다. 그럼 지금부터 조울병이 어떤 질환인지, 또 얼마나 흔한지, 치료는 어떻게 하는지에 대해 알아보자.

조울병은 어떤 병인가?

질문 우울증 때문에 10년 정도 병원에 다녔는데요, 어떤 의사 선생님은 조울병이라고 하고, 어떤 의사 선생님은 양극성 장애 또는 양극성 정동장애라고 하고, 가족들은 우울증이라고 하는데 제 병명이 정확히 뭔가요?

우리는 인생을 살아가면서 여러 가지 감정을 경험한다. 때로는 즐겁고, 때로는 화를 내며, 사랑의 감정에 빠지기도 하고, 어떤 경우에는 슬픈 감정을 경험한다. 이러한 현상은 자연스럽고 건강한 것이지만 자신의 평소 기분 상태에 비하여, 혹은 사회 통념상 다른 사람들에 비해 지나치게 기분이 들뜨거나 우울해한다면 기분을 조절하는 데 이상이 있다고 생각해볼 수 있다. 이런 기분을 경험하거나 표현하는 데 어려움이 있는 장애를 통칭하여 '기분장애affective disorder'라고 한다. 기분장애는 우리의 기분과 감정에 영향을 주는 여러 질환을 통칭하는 것으로 다양한 유형의 우울증과 이 책에서 소개할 조울병 등이 포함된다.

흔히 우울증이라고 부르는 주요우울장애에 대해서는 TV 및 언론 매체, 책자, 주위 사람들의 경험 등을 통해 최근 그 심각성이 많이 알려졌다. 아마도 많은 사람들이 우울증이라는 단어를 들어보았을 것이다. 그러나 조울병은 우울증에 가려 많은 이들이 정확히 알지 못하며, 흔히 우울증과 혼동한다.

열정적으로 살던 사람이 어느 날 갑자기 우울의 늪에 깊이 빠진다면, 기분의 폭이 남들보다 커서 직장이나 가정생활에 문제가 있다면, 예전과 다르게 신경이 예민해지고 날카로워져 쉽게 흥분을 가라앉힐 수 없다면, 쾌락적인 활동에 지나치게 몰두하고 있다면 그 사람은 우울증보다 조울병일 가능성이 높다.

조울병이란 외적 자극이나 상황에 관계없이 자신의 내적 요인에 의해 상당 기간 우울하거나 들뜨는 기분이 지속되는 정신장애를 말한다. 실제로 우울한 일이 있어 그만큼 우울해하거나, 기분 좋은 일이 있어 적절하게 기분 좋아하는 경우는 해당되지 않는다. 기분이 저조하며 우울한 상태를 우울증depression이라고 하고, 들뜨고 몹시 좋은 상태를 조증mania이라고 한다. 이런 증상이 반복되어 나타나는데, 조증만 있는 경우나 조증과 우울증이 번갈아 나타나는 경우를 모두 조울병이라고 부른다.

흔히 조울병이라고 불리고 있으나 국제적으로 사용하는 진단 기준에 의하면 양극성 장애로 표현된다. 일생 동안 한 번이라도 조증을 경험하면 우울증 유무에 관계없이 1형 양극성 장애로 분류하며, 우울증과 경조증을 나타내는 경우에는 2형 양극성 장애로 분류한다. 경조증이란 평소보다 기분이 올라가긴 하지만 조증보다는 덜 심한 가벼운 조증을 말한다. 쉽게 설명을 하자면 우리가 흔히 알고 있는 전형적인 조울병이 바로 1형 조울병이고, 기분이 심하게 올라가는 조증은 아니지만 경조증을 동반하는 조울병이 2형 조울병이다. 다시 말하면 같은 조울병이라도 여러 유형이 있다.

한편 공식적인 분류는 아니지만 기분순환장애, 반복성 단기 우울장애 등도 양극성 장애의 범주bipolar spectrum disorder로 분류하기도 한다.

조울병 진단은 어떻게 하며 특별한 검사법이 있는가?

질문 조울병과 관련해서 개인병원 두세 곳을 거친 게 4년 정도 됩니다. 지금까지 많은 약을 써봤지만 크게 호전되지는 않았습니다. 이 일과 관련해서 의사가 아닌 다른 분과 상담을 한 적이 있었는데 종합병원에서 정밀한 검사를 한 뒤에 정확한 진단을 받기를 제게 권하시더군요. 사실 지금까지 제 병명을 한 줄로 정확히 진단받았던 적은 없었던 것 같습니다. 조울증, 우울증, 불안신경증 등등. 먹는 약도 수십 가지는 되었던 것 같네요. 지금까지 받아본 검사 중에서 생각나는 설문검사는 BDI, MMPI-2 외에 몇 가지가 더 있었던 것 같고요. 자율신경반응검사, 뇌파검사 등의 검사를 받았던 것으로 기억합니다. 혹시 개인병원이 아닌 큰 종합병원에 가게 되면 정확한 진단을 위해 어떤 검사를 받게 될지 알고 싶습니다. 검사를 받은 후에 뚜렷한 진단명이 나오고, 그에 따라 필요한 약물도 명확하게 고를 수 있을지도 궁금하고요.

일반적으로 조울병의 진단은 정신건강의학과 의사와의 면담에 의해 내려진다. 조증이 한 번이라도 있었으면 조울병(1형 양극성 장애)으로 진단한다. 조증의 진단은 미국의 『정신장애 진단 및 통계 편람, 제5판 (DSM-5)』에 의하면 다음과 같다. 하지만 비전문가가 이러한 진단 기준을 획일적으로 적용하는 것은 위험한 일이므로 주의해야 한다.

조증삽화의 DSM-5 진단 기준

A. 비정상적이면서 지속적으로 상승된, 팽창된 또는 과민한 기분과 비정상적이면서 지속적으로 증가된 목표지향적 활동 또는 에너지가 1주 이상(입원이 필요할 정도라면 기간과 상관없이), 거의 매일,

하루 중 대부분에 나타나는 뚜렷한 기간이 있다.

B. 기분장애 및 증가된 에너지와 활동을 보이는 기간 중 다음 증상 가운데 세 가지(또는 그 이상)가 지속되고(기분이 단지 과민하기만 하다면 네 가지), 평소 모습에 비해 변화가 뚜렷하며, 심각한 정도로 나타난다.

- 과장된 자존심 또는 과대성
- 수면욕구 감소(예 : 3시간만 자도 충분하다고 느낌)
- 평소보다 말이 많아지거나 계속 말을 함
- 사고의 비약 또는 사고가 질주하는 듯한 주관적인 경험
- 주관적으로 느끼거나 객관적으로 관찰되는 주의산만(예 : 중요하지 않거나 관계없는 외적 자극에 너무 쉽게 주의가 분산됨)
- 목표지향적 활동의 증가(직장이나 학교에서의 사회적 활동 또는 성적인 활동) 또는 정신운동성 초조(예 : 목적 없는 비목표지향적 활동)
- 고통스런 결과를 초래할 가능성이 높은 활동에 지나친 몰두 (예 : 과도한 쇼핑 등의 과소비, 무분별한 성행위, 어리석은 사업 투자 등)

C. 기분장애가 사회적·직업적 기능의 뚜렷한 손상을 초래할 정도로 심각하거나, 자신이나 타인에게 해를 입히는 것을 예방하기 위해 입원이 필요한 경우이거나 정신병적 양상이 동반되어 있다.

D. 삽화가 물질(예 : 남용하는 물질, 치료 약물, 또는 기타 치료)의 생리적

작용의 결과나 다른 의학적 상태에 의한 것이 아니다.

주의할 점

- 진단 기준을 충족한 조증삽화가 항우울치료(예 : 약물 복용, 전기 경련요법) 중에 나타났더라도 그 치료의 직접적인 생리적 효과의 기간 이후까지 충분한 증상 수준으로 지속된다면, 조증삽화의 충분한 증거로 보고 1형 양극성 장애로 진단할 수 있다.
- 진단 기준 A~D는 조증삽화에 해당한다. 일생 동안 적어도 한 번은 조증삽화가 있어야 1형 양극성 장애로 진단될 수 있다.

다른 검사도 필요한가?

조울병 환자들도 다른 내과적 환자와 마찬가지로 혈액검사를 시행한다. 특히 갑상선 기능 이상과 조울병과의 관련성이 있다고 알려져 있으므로 갑상선 호르몬 검사를 시행할 수 있다. 뇌 CT나 MRI를 시행하면 기질적 원인에 의한 기분장애를 감별할 수 있다. 최근에는 MRS나 SPECT, PET 등을 이용하여 뇌의 기능 변화를 관찰하려는 시도들이 이루어지고 있다. 정신의학적 진단을 보조하고 치료의 방침을 세우는 데 도움을 주기 위해 심리검사를 시행하면 진단에 도움이 될 수 있다. 하지만 이러한 검사들은 조울병 진단에 보조적인 수단으로 정신건강의학과 의사의 면담과 정신 상태 검사에 의한 증상의 관찰, 가족력, 이전 병력의 청취 등이 진단에 있어서 가장 중요하다.

조울병은 주로 어떤 증상을 보일까?

질문 남편이 조울병으로 지난달부터 한 달 조금 넘게 입원치료를 받고 있습니다. 지난달 초 후배와 오랜만에 술 한잔 한다며 전화가 왔던 일이 처음 병원을 찾게 된 계기였습니다. 밤늦은 시간에 다시 남편에게서 전화가 오는데 그 후배가 음주 사고로 합의금 2천200만 원이 필요하다며 도와주고 싶다고 하더군요. 그래서 우리집은 도와줄 형편이 안 되는데 어떻게 도와주냐며 못 해주겠다고 했더니 갑자기 화를 내며 이혼을 하자는 겁니다. 그리고 만나는 사람들마다 자기가 19대 대통령에 출마할 건데 나오면 꼭 찍어 달라며 명함이나 작은 쪽지에 서명을 받아 모으기 시작했어요. 대통령이 되고 싶단 이야기는 전에도 몇 번 하긴 했었지만 서명을 받거나 하진 않았거든요. 그렇게 3일 정도를 회사도 가지 않고 술만 마시며 잠도 거의 자지 않더라고요. 그래서 회사 상사분이 아무래도 병원을 한번 가보는 것이 어떻겠냐 권해서 병원에 가게 되었지요. 처음엔 그냥 '스트레스 때문에 그런 거겠지. 병원에 가서 진료받고 한 주 정도 쉬면서 안정을 취하면 괜찮겠지'라고 생각하고 갔는데 당장 입원이 필요한 정도의 조울병이라고 하더군요.

조울병은 주기적으로 기분 변화를 보이는 질환이다. 따라서 조울병을 지닌 환자는 시기에 따라 다른 증상을 보인다. 보통 조증삽화와 우울증삽화로 나누지만 경조증, 혼재성삽화, 급속순환 등 다양한 양상을 보일 수 있다.

조증삽화

고양되고 과대하거나 과민한 기분은 조증삽화가 나타날 때 동반되는 특징적인 기분 상태이다. 대부분의 조증 환자들은 초기에 행복감에 도취되었다가 질환의 경과가 진행되면서 과민한 기분으로 변화하는 모습을 나타낸다.

전형적인 조증 환자는 여러 가지 면에서 주위의 시선을 끄는 경우가 많다. 이들은 너무 기분이 좋고 몸에 힘이 넘치고 뭐든지 할 수 있을 것 같은 자신감이 충만하여 가만히 있지 못한다. 여러 가지 사업 계획이 머릿속에 마구 떠올라 수첩을 깨알 같은 글씨로 가득 채우고, 하루에 수십 통씩 전화를 하고 많은 사람을 만나기도 한다. 오랜만에 만난 친구에게 갑자기 거창한 사업에 대해 설명하고 비싼 술집에 가서 흥청망청 돈을 쓰기도 하고, 생각의 속도와 양이 지나치게 빠르고 많아 주의집중이 안 되기 때문에 이들의 말은 앞뒤가 맞지 않은 경우가 많다.

말수가 별로 없던 사람이 갑자기 수다스러워져 이야기를 끊기가 어려울 정도이고, 하루 종일 돌아다녀도 전혀 피곤하지 않고, 하루에

두세 시간만 자고도 거뜬히 일어나기도 한다. 도박과 같은 중독에 빠지기도 하고 공공장소에서 지나치게 튀는 옷을 입거나 어울리지 않는 장신구를 하고 평소와 다른 행동을 하는 경향이 있다. 종종 종교적, 정치적, 경제적, 성적 및 피해적 사고에 과도하게 집착하기도 하는데, 이는 복잡한 망상 체계로 발전할 수도 있다. 조증 환자는 병에 대한 인식이 없기 때문에 자신의 문제점을 부정하고 이를 지적하는 사람들에게 과도하게 화를 내기도 한다.

한편 조증보다는 증상이 덜 심각하지만 명백하게 사회적·직업적 문제를 유발할 때를 경조증이라고 한다. 경조증삽화에 있는 사람은 기분이 상승하여 평소보다 기분이 좋은 것처럼 느껴지고 좀 더 생산적인 활동에 몰두한다. 따라서 경조증삽화가 있는 환자는 무언가 잘못됐다는 것을 인식하지 못하고 심지어는 이러한 기분을 유지하기 위해 조울병 치료 약물을 중단하기도 한다. 그러나 경조증은 그 기분 상태가 지속되지 못하고 대개는 조증이나 우울증삽화로 이행하기 때문에 반드시 치료가 필요한 상태라고 할 수 있다.

주요우울증삽화

주요우울증삽화는 우울감이나 흥미의 감소와 함께 아래의 증상 중 최소 5개 이상이 2주일 이상 지속되는 상태를 말한다.

- 거의 하루 종일 우울한 느낌

- 대부분의 일상생활에서 흥미나 즐거움의 상실
- 체중이나 식욕의 증가나 감소
- 수면의 어려움이나 반대로 지나친 수면
- 정신운동성 초조나 축 처지고 가라앉음
- 피로나 에너지의 감퇴
- 무가치감 또는 부적절한 죄책감
- 생각 또는 집중하거나 결정을 내리기 어려움
- 죽음에 대한 반복적 생각, 자살 계획이나 시도

환자가 이런 우울증삽화만을 경험한다면 주요우울장애로 진단하고, 조증삽화와 주요우울증삽화를 주기적으로 경험하면 조울병으로 진단한다. 결국 조울병에서의 우울증삽화와 주요우울장애에서의 우울증삽화는 증상만으로는 차이가 없으며, 임상적으로는 구별하기 어렵다. 단지 환자의 병력, 가족력, 일부 임상 증상, 앞으로의 경과 등을 근거로 구별할 수 있다. 따라서 우울 증상이 있을 때에는 반드시 정신건강의학과에 방문해 조울병의 가능성은 없는지 확인하는 것이 꼭 필요하다.

혼재성삽화

조증삽화와 우울증삽화의 증상이 동시에 또는 하루 중에도 교대로 나타나는 경우이다. 기분은 우울한데 말이 많고 사고의 비약을 보이

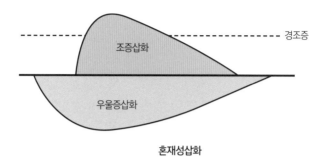

혼재성삽화

며 행동은 부산하거나, 또는 반대로 기분은 고양되어 있는데 기력과 의욕은 저하되어 있거나, 정신운동성 초조를 보이는 등 조증과 우울증의 증상이 동시에 나타나는 경우를 말한다. 얼른 생각하면 어떻게 우울한 기분과 들뜬 기분이 동시에 나타날 수 있는지 약간 의아한 생각도 들 것이다. 사실 이런 경우는 정신건강의학과 의사들조차도 애매해서 정확히 판단하지 못하는 경우도 있었다. 그러나 이런 기분 상태에 대한 연구가 진행되면서 정확하게 진단하는 방법이 개발되고 있다. 현재는 혼재성삽화가 생각보다 매우 흔하다는 것이 밝혀졌다.

조울병에는 어떤 유형이 있는가?

감기에도 목감기, 코감기, 몸살감기가 있듯이 조울병에도 여러 유형이 있다. 각 유형에 따라 증상의 특징이나 치료 방침이 조금씩 다르다. 앞에서 증상에 따라 조증삽화와 우울증삽화, 경조증삽화 등이 무엇이고 각각 어떻게 다른지 살펴보았는데, 조울병의 유형은 이들이 어떻게 조합되느냐에 따라 결정된다.

조울병은 한 번의 삽화로 끝나는 것이 아니라 지속적인 재발 삽화가 발생하기 때문에 이 전체 경과를 보면서 조울병의 유형을 정하게 된다.

1형 조울병(1형 양극성 장애)

1형 조울병은 조증삽화나 혼재성삽화를 한 번 이상 경험한 적이 있는 경우에 진단된다. 물론 우울증삽화도 경험한 적이 있는 경우가 대부분이다. 이전에 조울병 증상이 없다가 처음으로 조증삽화를 경험한 환자에서는 다음에 언젠가 우울증삽화가 있을 것이라고 예상할 수 있다.

전형적인 조증삽화의 경우에는 심하게 들뜬 기분, 과대한 생각, 활동이나 에너지의 과도한 증가, 사고의 비약, 충동적인 행동 등의 증상이 1주 이상 나타나므로 입원치료가 필요한 경우도 많다. 예를 들어 40대 남자가 2주 전부터 말수가 늘고, 밤을 세워가며 실현 가능성이 없는 계획을 이것저것 세우다가 주위 사람들이 들어주지 않으면 불같이 화를 내고, 하루는 회장님을 직접 독대하여 계획을 설명하겠다며 회장실에 쳐들어가고, 밤에는 술집에서 수백만 원을 물 쓰듯 하는 행동이 갑자기 생겼다면 입원해서 치료할 수밖에 없는 경우가 많다.

이렇게 조증삽화는 겉으로 잘 드러나기 때문에 옛날부터 조울병

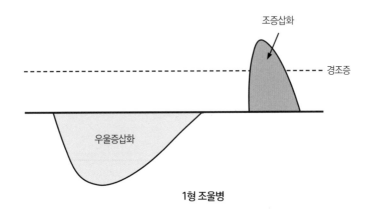

의 대표적인 증상 삽화로 알려져 있다. 그래서 1형 조울병은 조증삽화가 중심이 되는 조울병이라고 할 수 있다. 그러나 우울증삽화가 없는 것은 물론 아니다. 1형 조울병을 앓는 사람들도 조증삽화보다 오히려 우울증삽화를 더 자주 오랜 기간 겪는다는 사실이 점차 밝혀지고 있다.

2형 조울병(2형 양극성 장애)

2형 조울병은 우울증삽화와 경조증삽화를 왔다 갔다 하는 조울병의 한 종류이다. 환자가 우울증삽화와 경조증삽화를 모두 한차례 이상 경험했고 완전한 조증삽화나 혼재성삽화는 경험하지 않은 경우 진단될 수 있다. 때로는 우울증삽화가 없이 경조증만 있는 경우도 있다.

경조증삽화는 말 그대로 조증 증상이 심하지 않게 나타나는 삽화이다. 경조증일 때에는 잠이 좀 줄어들고 기분이 조금 상승되고 짜

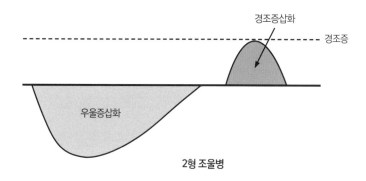

경조증삽화

경조증

우울증삽화

2형 조울병

증이 많아지고 과대한 생각을 하기도 하지만, 조증삽화에서처럼 위험한 정도는 아니다. 환자가 큰 문제를 일으키지만 않는다면 평소보다 조금 기분이 좋고 활발한 정도로만 보일 수도 있기 때문에 진단하기가 쉽지 않다. 환자들도 대부분 우울증삽화 때에만 치료를 받고 경조증삽화일 때는 치료를 중단하는 경우가 많아 의사들도 2형 조울병을 주요우울장애로 진단하고 치료하기 쉽다.

그러나 조울병과 주요우울장애는 각각 치료법과 치료 약물이 다르므로 경조증삽화에 대하여 더 면밀한 관찰이 필요하다. 특히 환자들은 경조증삽화 당시 자신의 모습을 평소 안정된 기분일 때보다 더좋아하는 경우도 많다. 하지만 경조증삽화를 조절하지 않으면 대부분의 경우 추후 우울증삽화가 나타날 가능성이 많기 때문에 경조증삽화와 우울증삽화가 모두 발생하지 않도록 치료를 계속 받는 것이중요하다.

급속순환형

1형 조울병과 2형 조울병 모두 급속순환형^{rapid cycling}이 될 수 있다. 급속순환형은 여러 번의 삽화(조증삽화, 혼재성삽화, 경조증삽화, 우울증삽화)가 빠르게 반복되는 양상을 말한다. 1년 동안 네 번 이상의 삽화를 경험했을 때 진단된다. 다른 말로 하자면 짧은 삽화를 여러 차례 많이 경험하는 것인데 환자들은 급작스러운 기분삽화의 변동으로 인해 훨씬 더 고통을 느낀다.

원래 조증삽화는 치료를 받지 않는 경우 평균 2~3개월 정도 지속되고, 우울증삽화는 평균 3~4개월 지속되는데, 급속순환형에서는 이 평균 기간 동안 짧은 삽화가 여러 번 왔다 갔다 한다. 어떤 조사에 따르면 조울병 환자의 약 10~15%가 급속순환형을 경험한다고 하는데, 다행스러운 것은 평생 급속순환형이 계속되는 사람은 거의 없고 일정 기간 동안만 급속순환형을 경험한다는 점이다.

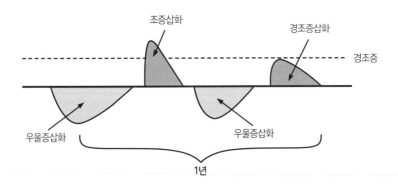

급속순환형 조울병

급속순환형은 기분조절제 없이 항우울제만을 복용했을 때 발생 가능성이 높아지기 때문에 정확한 진단과 적절한 치료 약물의 선택이 중요하다.

조울병은 왜 생기는 것인가?

한 가지로 다 설명할 수 없다

조울병은 어떤 한 가지 원인이 아니라 여러 가지 요인들이 복합적으로 작용하여 발생한다. 조울병뿐만 아니라 대부분의 병이 그렇듯이 그 원인은 한두 가지로 단정 지을 수 없다.

여러 연구들을 통해 조울병은 뇌에 있는 뇌세포의 기능과 연결에 문제가 있는 것으로 밝혀졌는데, 이런 뇌의 기능 이상이 많은 복합적인 원인으로 인해 생길 수 있기 때문이다. 또한 조울병을 앓는 사람은 감정이 쉽게 변화하기 때문에 신체적 혹은 정신적 스트레스에 더 취약하다. 조울병 자체가 스트레스 때문에 생기는 것은 아니지만, 유전적으로 또는 신체적으로 조울병에 취약하게 태어난 사람이 수면 부족, 과도한 음주 등으로 인해 신체 리듬이 깨지거나 지속적으로 과도한 스트레스 상황에 놓이게 되면 뇌의 기능에 부정적 영향을 주어 쉽게 증상이 드러날 수 있다.

이렇게 조울병의 여러 가지 원인을 크게 두 부류로 나누어 볼 수 있는데, 뇌 등 관련 신체의 생물학적 취약성(체질), 그리고 스트레스 등의 외부 환경요인이 그것이다. 암이나 당뇨병 등의 만성질환의 경우 질환이 생기기 쉬운 체질이 있는데, 이를 생물학적 취약성이라고 한다. 여기에 심리적 또는 신체적 스트레스 등 외부 환경요인이 더해지면서 병이 생긴다고 의학자들은 생각한다. 이 개념은 조울병에도 적용할 수 있어서 타고난 생물학적 취약성과 외부환경 촉발요인이 함께 작용하여 병이 발생한다는 것이 일반적인 견해이다.

심장병을 예로 들어보면, 부모님 중에 심장병을 앓는 분이 있다면 심장병의 유전적 요소로 인하여 본인도 혈압이 높거나 콜레스테롤 수치가 높을 가능성이 있다. 이를 평소에 잘 치료받지 않고 오래 방치한다면 심장에 산소와 영양을 공급하는 관상동맥에 동맥경화나 손상이 점차 심해지고, 이때 큰 스트레스를 받아 심장으로 가는 산소 공급이 갑자기 줄어들면 무리했던 심장이 발작을 일으켜 심근경색이 될 수 있다. 이를 예방하고 치료하려면 평소에 혈압과 콜레스테롤을 조절하기 위한 약물치료나 스트레스에 잘 대처할 수 있는 생활습관(운동이나 식이요법 등)이 필요하다. 조울병도 이와 비슷하다. 약물을 이용해 뇌의 생화학적 불균형을 바로잡고, 동시에 정신치료나 생활습관 개선을 통해 재발을 방지하고, 스트레스에 잘 대처하도록 하는 것이다. 그럼 생물학적 취약성과 환경적 스트레스에는 어떤 것이 있는지 더 살펴보자.

때로는 체질이 문제가 된다

타고난 생물학적 취약성에는 유전적인 요소, 뇌의 생화학적 불균형, 타고난 성격 기질 등이 포함된다. 유전적인 요소란 가족들 중에 조울병을 앓은 사람이 있다면 다른 가족 구성원들도 조울병과 같은 기분 장애를 겪을 가능성이 높아진다는 것이다. 그러나 명심해야 할 것은 가족들 중에 조울병 환자가 있다고 해서 꼭 조울병 환자가 또 있는 것은 아니라는 점이다.

쌍둥이들을 조사한 연구 결과에 따르면, 유전자가 100% 완벽하게 똑같은 일란성 쌍둥이가 함께 조울병에 걸릴 경우는 57%, 유전자가 50% 똑같은 이란성 쌍둥이는 14% 정도에 불과하다. 나머지는 환경적인 요인이라고 할 수 있다.

뇌의 생화학적 불균형이란 뇌 활동에 필수적인 신경전달물질의 대사나 활성이 원활하지 않은 것으로 조울병의 여러 가지 원인 중 하나이다. 우리 뇌에 존재하는 주요 신경전달물질로는 도파민, 노르에피네프린, 세로토닌, 글루탐산, 아세틸콜린 등이 있다. 현재 완벽하게 밝혀지지는 않았지만 조울병 환자에게서는 각각의 삽화에 따라 이런 신경전달물질이 과도하게 또는 부족하게 생성되는 것으로 보고되었다. 또한 스트레스 호르몬이라고 알려져 있는 코르티솔 분비의 이상도 보고되었는데, 장기적인 스트레스나 코르티솔의 과다 분비는 감정 조절과 수면에 관계 있는 대뇌 변연계, 특히 해마의 뇌세포를 파괴시킨다. 그러므로 조울병은 단순한 심리적 질병이 아니며 약물치료가 꼭 필요한 뇌의 질환이다.

스트레스도 중요하다

조울병의 발병에 생물학적인 취약성이 많은 기여를 하지만, 스트레스와 이에 대한 개인의 대처 방법도 많은 영향을 미친다.

첫 번째로 인생의 전환점에 있는 경우를 생각해보자. 사람은 일생을 살면서 여러 차례 큰 변화를 겪는다. 청소년기에 학업 성취를 지나 청년기에는 취업, 결혼, 출산, 중년기와 노년기의 인생살이 등 굽이굽이 인생의 전환점을 경험한다. 이런 때에 대부분의 사람들은 정서적 위기와 심한 기분 변화를 경험하는데, 조울병의 생물학적 취약성이 있는 사람은 기분의 변화가 더 심해져 치료를 받지 않으면 조울병이 유발될 확률이 높아지는 것이다.

마찬가지로 다른 큰 스트레스를 주는 생활 사건도 조울병 삽화의 시작을 가속화시킬 수 있다. 심한 경제적 손실이나 갑자기 늘어난 업무, 실직, 가족과의 사별 등의 큰 사건은 생활의 리듬을 깨뜨려 조울병 삽화의 시작과 연관되는 경우가 많다. 이때 이런 어려운 시기를 가족들과 잘 나누고 주치의와 함께 좋은 대처법을 찾는다면 조울병을 예방하거나 줄일 수 있다.

잠을 잘 자는 문제도 조울병에서 아주 중요한 요소 중 하나이다. 어떤 학자들은 조울병을 기분 변화의 리듬에 문제가 생긴 생체리듬의 이상 증후군으로 생각하기도 한다. 잠은 우리 몸과 마음의 휴식이자 생체리듬의 기본이라고 할 수 있으므로 수면장애는 조울병과 아주 밀접한 관계가 있다.

앞에서 언급한 큰 스트레스들을 경험할 때, 많은 사람들이 잠을 잘 못 자는 불면 증상을 맨 먼저 호소한다. 이런 불면 증상은 생체리듬을 파괴하여 결국 조울병이 시작된다. 그러므로 조울병이 잘 조절되던 환자가 갑자기 잠이 잘 안 오고 수면리듬이 깨졌다고 생각되면, 즉시 주치의와 상의하여 약물 조절 등 적극적인 대처를 해야 할 것이다.

마지막으로 주변사람들과의 관계도 중요한 부분이다. 많은 사람들이 대인관계의 갈등에서 가장 큰 스트레스를 받는다고 호소한다. 실제로 가까운 사람들과의 문제가 더 큰 스트레스로 작용하기 때문에 가족 간의 관계는 조울병 환자의 재발 예방과 편안한 일상생활 유지에 아주 중요하다.

여기서 한 가지 반드시 밝혀둘 것이 있다. 조울병에 스트레스가 중요한 영향을 미친다 하면 조울병을 앓는 자녀를 둔 많은 부모들은 자신의 잘못으로 아이가 조울병에 걸렸다고 오해한다. 하지만 이는 전혀 사실이 아니다. 조울병이 심리적·환경적 원인만으로 발생하는 것이 아니기 때문이다. 사실 대인관계의 스트레스는 조울병 발병의 원인이라기보다는 재발에 영향을 미칠 수 있는 재발요인이라고 할 수 있다. 다른 말로 하면 조울병 환자에게 안정된 집안 환경과 따뜻한 부모, 헌신적인 배우자가 있다면 재발 없이 건강한 생활을 할 가능성이 높다는 것이다.

정리하자면 여러 가지 환경적 스트레스를 겪고 있고, 생물학적 취약성을 가진 사람이 이런 스트레스에 잘 대처하지 못하는 경우 조울병이 발병한다고 할 수 있다. 그러나 조울병은 생물학적인 요소가 많은 질환이고, 환경적 스트레스 한 가지 원인만으로 조울병이 발병한다고 볼 수는 없다. 그러므로 스트레스에 대한 자신의 대처 능력을 지나치게 탓하거나, 약물치료를 거부하고 의지로만 이겨내겠다는 생각은 매우 잘못된 것이다. 조울병의 올바른 치료에는 생물학적 취약성과 환경적 스트레스를 모두 적절하게 조절하는 것이 반드시 필요하다.

조울병은 유전되는 병인가?

많은 환자와 가족들이 이런 질문을 한다.

"조울병도 정신질환 중 하나인데 유전되면 어떻게 하나요? 아이에게 정신질환이 유전된다면 우린 아이를 낳지 않을 거예요."

조울병에 대한 사회의 편견 때문에 이런 걱정은 환자와 가족들을 더욱더 괴롭힌다. 그러나 조울병이 다른 신체질환에 비해 유전이 더 많이 되는 병은 절대 아니다. 당뇨나 고혈압 같은 신체질환과 유전성은 비슷한 정도이다. 부모님이 당뇨나 고혈압이 있다고 해서 반드시 자식들이 당뇨, 고혈압에 걸리지는 않는다. 마찬가지로 부모가 조울병이 있다고 해서 반드시 아이에게 조울병이 생기는 것도 아니다. 조울병을 앓은 부모가 있을 때 아이가 조울병에 걸릴 확률은 일반 부모에 비해 약 3~5배 높다고 보고되었다. 일반 인구의 조울병 발병률이 1% 정도이므로 부모가 조울병을 앓았다 하더라도 아이의 발병률은 3~5% 정도이다. 나머지 95% 이상은 조울병이 발병하지 않는다는 뜻이다.

이와 같이 유전적인 요소란 여러 가지 생물학적 취약성 중 단지 하나의 요소에 불과하다. 그러니까 자신이 조울병 치료를 받고 있다고 해서 아이에게 조울병이 유전되지는 않는다. 환자 자신이나 가족들이 그렇게 생각하고 있다면 주치의 선생님에게 자신의 걱정에 대해 바로 질문하고 정확하게 알아서 조울병에 대한 잘못된 생각을 바로잡아야 하겠다.

한 가지 주의해야 할 점은 임신을 계획할 경우 미리 담당의사와 상의하는 것이 좋다. 임신 중 비교적 안전하게 사용할 수 있는 약물도 있지만 사용하기 어려운 약물도 있기 때문에 여성의 경우 임신을 계획할 때에 반드시 담당의사와 상의해야 한다.

조기에 발견할수록 좋은 경과가 따른다

조울병은 재발이 매우 흔한 질병으로, 처음 병이 생긴 조증 환자의 경우 90%는 재발하는 것으로 알려져 있다. 또한 재발 횟수가 늘어남에 따라 증상이 더 심해지며 치료에도 잘 반응하지 않는 특성을 지닌다. 이러한 특성은 결국 학습장애, 직장 생활의 어려움, 대인관계의 어려움 등과 같은 여러 가지 기능적 측면에서의 어려움을 가져온다.

조울병과 관련된 사망률은 일반인보다 2~3배 정도 더 높으며, 환자의 10~20%는 생명을 위협하는 위험한 행동을 하고, 환자의 3분의 1이 일생 동안 적어도 한 번 이상의 자살 시도를 한다. 이러한 여러 가지 조울병의 기능적 손상의 특성 때문에 조울병은 세계보건기구가 2000년에 발표한 15~44세 사이의 성인 인구에서 전 세계적으로 장애로 인한 부담이 가장 큰 질병 순위에서 5위를 차지하기도 하였다.

하지만 조기 진단을 통해 치료를 빨리 시작한다면 치료가 늦어져서 생길 수 있는 재발 및 기능 손실을 상당 부분 줄일 수 있다는 점에서 조기 진단을 통한 적극적인 치료가 조울병에서 특히 중요하다고 할 수 있다.

그렇지만 생각과는 달리 조울병의 조기 진단이 결코 쉬운 일은 아니다. 최근의 발표 자료에 의하면 조울병 환자가 정확한 진단을 받기까지 평균적으로 3~4명의 의사를 만나고, 정확한 치료를 받기까지는 무려 8년 이상이 걸린다고 한다. 이렇게 조기 진단이 어려운 이유를 크게 환자와 치료자 측면에서 생각해볼 수 있다.

치료자 측면에서 보면 진단이 어려운 이유는 조울병의 대표 증상이 조증이나 경조증이기 때문이다. 따라서 치료자가 조증이나 경조증에 초점을 맞추는 경우가 많아 우울증만을 호소하는 경우에는 조울병이라고 생각하기가 쉽지 않다. 여러 번 재발하는 우울증이 있다고 하더라도 조증이나 경조증이 없으면 보통 주요우울장애로 진단이 되어 항우울제로 치료를 하는 것이 일반적이다.

1형 조울병 환자를 12년 이상 추적 조사한 최근의 연구를 보면 증상을 가지고 있는 기간은 전체 기간의 47.3%(10년으로 환산시 4.7년)인데, 이중 조증이나 경조증은 증상의 18.8%(10년으로 환산시 10.8개월)의 기간 동안 증상을 보인다. 반면 우울증은 67.5%(10년으로 환산시 3.2년)의 기간 동안 증상을 보였다.

또한 2형 조울병 환자의 경우에는 경조증은 2.4%(10년으로 환산시 1.5개월)에 불과하지만 우울증은 전체 증상의 93.3%(10년으로 환산시 5년)를 차지할 정도로 대부분의 증상은 우울증이다. 따라서 환자가 우울증만을 호소하고 과거의 경조증이나 조증 기분 상태를 말하지 않는다면 주요우울장애(우울증의 대표 유형)로 진단되는 경우가 적지 않다. 특히 2형 조울병의 경우 증상의 94% 정도가 우울증이기 때문에 설령 현재 시점에서는 우울증을 보였다고 하더라도 1~2년 또는 훨씬 후에야 상대적으로 짧은 기간 동안 경조증을 보일 수 있다. 때문에 현재 시점에서는 주요우울장애라고 진단을 하였더라도 시간이 지나 조울병으로 진단이 바뀌는 경우도 꽤 있을 수 있다.

환자의 측면에서 보면 가벼운 경조증의 경우 대부분의 환자들이 이를 증상으로 인식하지 못하는 경향이 있기 때문에 진료를 받으러 오지 않는다. 뿐만 아니라 우울증이 심해져 치료를 위해 진료를 받으러 온다 하더라도 경조증에 대해서는 잘 보고하지 않고 주로 우울증에 대해서만 보고하게 되어 경조증이 간과되는 경우가 많다.

환자는 경조증 증상에 대해 단순히 '살다 보면 기분이 좋을 수도 있고 자신감이 커지고 즐거울 수도 있다'라고 생각한다. 그리고 평소보다 좋은 기분은 오히려 창의력이 높아지고 일의 능률도 높아지기 때문에 전혀 이를 병적인 증상이라고 인식하지 않을 수도 있다.

한국인의 정서상 자신이 조울병이라고 진단되는 것보다는 주요우울장애라고 진단되는 것을 더 받아들이기가 쉽다. 때문에 의사가 경조증의 증상에 대해 질문을 하더라도 잘 대답하지 않는 경우도 있다. 이러한 복합적인 이유들로 인해 조울병은 실제보다 진단율이 낮게 보고되며, 많은 시간이 흐른 후에야 조울병으로 진단되어 치료가 늦어지는 경우도 있다. 특히 주요우울장애로 진단된 경우는 치료 자체가 다르기 때문에 환자가 상당한 어려움을 겪게 될 수 있다.

지금부터 한 가지 사례를 통해 조울병 환자의 치료 경과를 살펴보자.

🔵 사례

아주 짙은 화장과 붉은색의 화사한 옷차림을 한 27세의 여자가 119 구급대를 통해 가족들과 함께 방문하였다. 여자는 2주 전부터 돈을 있는 대로 쓰고 밤에는 잠을 이루지 못하였다고 했다. 최근에는 하루에만 카드로 500만 원 이상을 쓴 적도 있고 사업을 시작하기 위해 사업 장소를 찾는다며 택시를 타고 다니면서 이곳저곳을 돌아다녔다고 했다. 병원에 도착해서는 빠른 말투로 자신이 유명인사가 될 것이라고 말을 하며 쉴 새 없이 계속 이야기를 했다. 과거 병력을 살펴보니 8년 전부터 우울증으로 몇 차례 약을 복용하였지만 현재는 복용하지 않고 있다고 했다. 가족들 말에 따르면 과거 우울증이 심해져 병원에 찾아갔을 때 주요우울장애라는 진단으로 항우울제를 복용하였다고 했는데, 지금처럼 소리 지르고 함부로 돈을 쓰는 일은 처음이라고 했다. 담당의사는 가족 및 환자와 면담을 해나가면서 환자가 이 정도까지는 아니었지만 두 차례 정도 평소와 다르게 말이 많고 성격이 내성적인 것에 비해 일에 자주 참견을 하기도 하는 모습이 10여 일 정도 보였다고 하였다. 그러다 큰 문제 없이 다시 좋아져서 원래 모습으로 돌아오기도 하였으므로 이러한 모습이 크게 이상하다고 환자나 보호자 모두 생각하지 않았다.

그리고 이전 병원에서 치료받는 동안 이러한 부분에 대해서는 별로 이상하다고 생각하지 않아 의사에게 말한 적은 없었다고 했다. 담당의사는 조울병이라고 진단을 내리고 기분조절제를 처방했다. 환자는 40여 일 동안 입원 후 언제 그랬냐는 듯 깔끔한 모습으로 퇴원하였으며 현재까지 계속 약을 복용 중이다.

위의 예의 경우 이 여자 환자는 조울병으로 진단이 되기까지 8년이 걸렸으며, 처음에는 주요우울장애로 진단되어 항우울제로 치료를 받았다. 이 환자의 경우도 주로 우울증 때문에 병원을 찾았으며 평소보다 말이 많고 참견하는 부분에 대해 환자나 가족 모두가 경조증의 증상이라고는 생각하지 않았기 때문에 의사에게 보고하지 않았다. 의사 역시 단순히 주요우울장애라고 판단하여 처음에는 조울병에 대해 고려하지 않았던 것이다. 하지만 8년 만에 조증 증상이 나타나면서 조울병이라고 진단이 바뀐 경우로 조울병이 초기에 정확하게 진단되는 것이 쉽지 않다는 것을 보여주는 단적인 예라고 할 수 있다.

조울병은 재발률이 높고 우울증 시기에 자살을 시도하는 경우도 많다. 이를 방지하기 위해서는 무엇보다도 약물치료가 필요하다. 좀 더 빠른 진단과 이에 따른 적절한 치료, 그리고 정확한 약물의 사용은 다음과 같은 상황들을 피할 수 있도록 도울 수 있다.

- 자살
  -자살의 위험은 조울병이 발생하고 초기 몇 년 사이에 높다.
- 알코올 및 기타 물질의 중독
  -조울병 환자의 절반 이상이 알코올 남용 또는 다른 물질들에 대한 남용이나 중독 증상을 함께 가지고 있다. 어떤 경우는 조울병으로 인한 수면장애나 불안 증상을 감소시키기 위해 스스로 술이나 중독성 물질을 찾기도 한다. 하지만 이러한 물질남용은 오히려 조울병을 악화시키고 경과를 나쁘게 할 수 있다.
- 결혼 및 직업 문제
  -즉각적인 치료는 안정된 결혼 생활과 생산적인 직업 활동을 지속할 수 있도록 도울 수 있지만, 치료가 늦어지는 만큼 환자의

기능적인 손실은 커질 수밖에 없다.

- 부분적인 치료
- 만약 조울병 환자가 주요우울장애로 진단받아서 기분조절제 대신 항우울제를 복용하게 된다면 때때로 항우울제가 조증을 유발 또는 악화시킬 수도 있다.

구분해야 되는 다른 정신질환들(감별질환)

정신질환들은 서로 비슷한 증상들을 보이는 경우가 많다. 따라서 전체 정신질환을 조망하지 않고 한두 가지 증상에만 초점을 맞추면 장님이 코끼리 만지는 격으로 엉뚱한 진단을 내릴 수가 있다. 이때 다른 정신질환들과 구분하여 정확한 진단을 내리는 것을 감별진단이라고 한다. 조울병의 경우도 마찬가지이므로 조울병과 관련 깊은 정신질환에 대해 잘 알고 이들을 잘 구분하는 일이 중요하다. 그래야 조울병을 정확히 진단할 수 있고 적합한 치료를 할 수 있기 때문이다.

특히 소아청소년의 경우 적절한 초기 치료를 통해 질환이 만성화되거나 전반적인 발달에 악영향을 미칠 가능성을 줄이는 것이 시급하므로 감별진단의 중요성은 매우 크다.

조울병은 주요우울장애, 정신병적장애, 주의력결핍과잉행동장애(ADHD)와 혼동되기 쉽다. 특히 어린 시절에 조울병이 발병할 경우 진단에 어려움이 있을 수 있다. 아동기의 조울병을 조현병(=정신분열병)이나 주의력결핍과잉행동장애, 적대적 반항장애로 오진하는 경우도 있다. 따라서 심각하게 고통받는 아동 중에서 심한 감정 조절의 어려움이나 높은 수준의 초조함을 보이는 아동은 초기 조울병이 아닌지 정확한 진단을 받아야 한다.

주요우울장애

소아청소년 조울병은 대부분의 경우 처음에는 우울증삽화로 시작하는 경우가 흔하기 때문에 조울병과 주요우울장애를 구분하는 것은 쉽지 않다.

소아청소년 조울병의 진단은 장기적인 병의 진행 과정에서 정확하게 진단할 수 있는데, 초기에 주요우울장애로 진단하였어도 이후에 조증이 나타난 경우에는 조울병으로 진단이 바뀐다. 한 연구에 의하면 소아청소년기에 주요우울장애로 진단받은 환자의 약 40%가량은 최초의 우울증삽화에서 6~10년이 지난 후 조울병으로 진단된다고 한다.

만약 주요우울장애를 진단받은 소아청소년의 가족 중에 기분장애를 지닌 사람이 있는 경우, 항우울제 복용 뒤 경조증삽화가 나타난 경우, 우울증삽화의 발병이 빠르게 나타난 경우, 그리고 정신증과 정신운동지체가 수반된 경우에 우울증에서 조증으로 전환될 위험성이 더 크다고 알려져 있다.

정신병적 장애

정신병적 장애와 조울병 모두 과대망상, 피해망상, 과민성과 초조, 긴장증과 같은 공통된 증상을 보이기 때문에 소아청소년기에 조현병(=정신분열병)과 같은 정신병적 장애와 조울병을 구분하는 것은 쉬운 일이 아니다. 그러나 정신병적 장애에 비하여 조울병에서는 즐거움, 의기양양함이 두드러지고, 끼어들기 불가능할 정도로 빠르고 강한 언어구사와 과잉 행동이 특징적이다. 조울병 환자의 가족들 중에는 기분장애를 지닌 사람의 비율이 높은 것이 특징이다.

특히 조울병과 구분해야 할 정신병적 장애로는 조현정동장애가 있는데 현저한 기분 증상이 없을 때 망상이나 환각이 발생한다면 조현정동장애로 볼 수 있다. 그러나 조울병의 경우에도 자신이 경험한 일들을 납득하고 이해하기 위한 과정의 결과로 망상을 발전시킬 수 있다. 쉽게 말하면 조현정동장애란 조울병과 조현병(=정신분열병)이 같이 나타나는 것이라 할 수 있다. 이 두 질환을 엄격하게 구별하는 것은 정신건강의학과 전문의조차도 어려운 일로 오랜 기간 경과를 관찰할 때 진단을 내릴 수 있다.

주의력결핍과잉행동장애(ADHD)

소아청소년의 경우 ADHD[Attention Deficit Hyperactivity Disorder]와의 감별이 매우 중요하다. 과잉행동, 주의산만, 빠른 언어구사, 그리고 전반적인 적응에의 어려움은 조울병과 ADHD에 모두 포함되는 것이기 때문에 소아기에는 ADHD와 조울병을 혼동하게 될 위험이 크다.

ADHD는 증상이 소아기부터(만 6세 무렵) 나타나게 되며, 조울병보다 더 만성적으로 진행된다. 즉 ADHD는 조울병과 달리 증상의 시작과 끝이 명확하지 않고, 조울병의 경우 지나치게 과대하거나 의기양양한 기분, 정신병적 양상이 나타난다는 점에서 ADHD와 다르다.

아동의 경우 1형 조울병이나 2형 조울병의 진단 기준 전부를 만족하지 못하고, ADHD의 증상과 겹치는 부분이 많아 ADHD로 진단되는 경우도 있다.

특히 아동기에 발병하는 조증은 만성적으로 진행된다. 우울증과 혼재된 조증으로 우울증과 조증의 순환이 빠르게 나타나는 경우가 흔하다. ADHD에서 보이는 신경심리학적 결함도 보이므로 정확한 감별에 유의해야 한다. 정확한 감별진단을 위해서는 정신건강의학과 전문의에 의한 세밀한 문진과 관찰, 객관적인 평가 도구를 활용한 진단을 받는 것이 좋다.

물질사용장애

여기서 물질이라는 것은 뇌에 어떤 작용을 하는 약물을 의미한다. 흔하게 접할 수 있는 약물로는 다이어트 약이나 술이 있고, 극단적인 경우로는 마약이 해당된다. 환자에게서 나타나는 조증이 물질에 의하여 유발되는 것인지를 확인하는 것이 중요하다. 만약 조증이 물질에 의한 것이라면 조울병이라고 하지 않는다. 물질을 사용하지 않는 해독 기간이 1개월 이상 지난 이후에도 조울병의 증상이 나타난다면 조울병이라고 볼 수 있다.

조울병과 함께 걸리기 쉬운 질환들(동반질환)

통계적으로 조울병 환자의 10~15%는 자살로 사망에 이른다. 심각한 조증 증상이 있는 일부 환자들은 아동 학대나 배우자 학대, 그 밖의 다른 폭력적인 행동을 동시에 보일 수 있다. 소아청소년 조울병 환자의 경우 학업 태만이나 학교 문제, 성인의 경우에는 직업 문제, 이혼, 그리고 반사회적 행동 등이 병의 결과로 나타날 수 있다. 이러한 문제들뿐만 아니라, 조울병은 다른 장애와 함께 나타나는 경우도 많다. 이렇듯 다른 장애와 동시에 나타나는 것을 공존질환 또는 동반질환이라고 한다. 주의력결핍과잉행동장애, 품행장애, 물질사용장애, 불안장애는 조울병과 함께 흔히 나타나는 질병이다.

주의력결핍과잉행동장애(ADHD)

조증과 ADHD는 함께 나타나는 경우가 많다. 실제로 조증이 있는 소아청소년 환자들의 60~90%가 ADHD를 가지고 있다고 보고되었다. 특히 조증의 발병 나이가 빠른 경우, ADHD와 관련될 가능성이 더 높다. 조증이 소아기에 시작된 환자의 90%가 ADHD가 있는 반면에, 청소년기에 시작된 환자의 경우 57%만이 ADHD를 지닌 것으로 알려져 있다. 이렇듯 조증과 ADHD는 높은 관련성을 보이는데, 이는 유전적인 측면에서도 확인된다. 조울병을 가진 부모들은 조울병이 없는 부모들보다 자녀에게서 ADHD가 나타나는 비율이 더 높다고 알려져 있다.

품행장애

조울병이 있는 청소년의 41~69%는 품행장애를 보일 수 있다. 조울병 청소년이 보이는 품행장애가 조울병과 독립되어 나타난 것인지, 혹은 품행장애가 조울병 증상의 일부인지에 관해서는 논란의 여지가 있다. 이 두 질환이 높은 관련성을 보인다는 것은 잘 알려진 사실이다. 품행장애는 주요우울장애와 함께 나타나는 경우가 많은데, 소아청소년기의 우울증은 종종 조증에 앞서 나타나므로 조증과 품행장애가 함께 발생할 가능성이 높다고 예상할 수 있다.

물질사용장애

조울병과 물질사용장애의 공존 가능성 또한 높다. 흥분제의 경우 환자들 스스로 경조증을 증가시키려는 목적으로 사용할 수 있고, 술은 흥분된 기분 상태를 증가 혹은 감소시키기 위하여 사용하기도 한다. 특히 청소년기에 조증이 발병한 경우, 품행장애와 상관없이 물질사용장애의 위험이 높은데 성인과 마찬가지로 청소년들 또한 조증의 증상에 대한 나름의 대처 방식으로 물질을 사용하게 될 수 있다.

불안장애

성인의 경우 공황장애와 광장공포증은 각각 52%, 31% 정도로 조증
과의 높은 공존율을 보인다. 조증이 있는 아동 역시 공황발작이 나
타나는 비율이 높고, 다른 불안장애도 많이 보일 수 있다. 불안장애
의 경우 조증의 발병 나이와 상관없이 성인과 소아청소년 조증 환자
모두에게 높은 비율로 발생한다.

발병 나이

조울병은 10대 후반이나 20대 성인기 초기에 시작하는 경우가 제일
많다. 빠른 경우에는 8세부터 나타날 수도 있는데, 소아청소년 중에
서 조울병이 나타나는 경우는 1%라고 알려져 있다.

아동기에 발병하는 조증은 성인기에 발병하는 조증보다 아동기 행
동장애와 함께 나타나는 경우가 빈번하다. 특히 우울증삽화와 조증
삽화가 같은 시기에 혼합되어 나타나는 혼재성 조증인 경우, 소아청
소년기 때 발병하는 경우가 많다고 알려져 있다.

청소년기에 나타나는 경우는 반사회적 인격장애나 조현병(=정신분
열병)으로 오진되는 경우도 있다. 청소년기의 조증은 정신증, 물질남

용, 자살 시도, 학업 문제, 시무룩하게 생각에 잠기는 것, 강박 증상, 여러 신체 증상 호소, 과민성과 자주 싸움을 거는 것 등의 반사회적 행동으로 나타날 수 있다.

　조울병 자체가 노년기에 발병하는 경우는 흔치 않다. 노년기의 조울병은 뇌 혈관성 장애, 일산화탄소 중독과 같은 신경학적 장애와 관련 가능성이 높다. 따라서 인지 기능의 장애가 노년기 조증에 있어서 중요한 증상으로 나타난다. 노년기 발병 조울병에서 인지적 기능 장애를 제외한 다른 증상은 성인기 때 발병한 조울병의 증상과 유사하지만 그 심각성과 강도는 비교적 약한 편이라고 알려져 있다.

2장

조울병의 치료

병의 단계에 따라 달라지는 치료법

현재 조증이나 우울증삽화에 있는 경우 일단 증상을 호전시키는 것
이 가장 중요한 과제이다. 이 시기를 급성기라고 한다. 대개 급성기
증상은 일정한 기간이 지나면 사라진다. 그러나 여기서 치료가 끝나
는 것은 아니다. 조울병은 재발을 잘하는 질환이기 때문에 앞으로의
증상을 예방하는 치료가 반드시 필요하다. 이를 위한 치료를 예방(유
지기)치료라고 한다.

- 급성기
  - 이 시기 치료의 목표는 현재의 조증, 경조증, 우울증 또는 혼재성 삽화의 증상을 호전시키는 데 있다.
- 예방 또는 유지기
  - 급성기 증상이 호전되고 나면 미래의 삽화를 예방하기 위해 지속적인 치료 유지가 필요하다.

다다익선, 여러 가지 치료법

조울병의 치료에는 가장 핵심적인 약물치료를 비롯해 가족 교육 및 가족치료, 정신치료 및 다양한 형태의 치료적 기법들이 사용된다.

약물치료는 급성기와 유지기 동안 거의 모든 환자들에게 필요하다. 조울병의 치료에서 약물치료는 가장 기본적이며 핵심이 되는 치료이다. 또한 약물치료와 함께 가족 교육은 가족들에게 조울병 환자들을 어떻게 대할 것인지, 환자와 가족들이 합병증을 어떻게 예방할 수 있을지를 도와주는 중요한 역할을 한다.

정신치료는 환자가 자신의 생각과 감정, 행동을 다룰 수 있도록 돕는다. 또한 기분삽화의 조기 발견과 치료에 중점을 두고, 환자의 스트레스 대응 능력을 높이며, 살면서 마주치는 문제들의 해결법을 교육한다.

환자들 간의 지지 그룹은 환자들로 하여금 질병이 나만의 고통이 아닌 다른 사람들도 겪을 수 있는 것임을 깨닫게 하고, 치료 계획에 잘 따르도록 동기를 북돋아준다.

약물치료

조울병을 치료하는 데 가장 중요한 약물은 기분조절제(리튬, 여러 가지 항경련제 등)이다. 물론 기분조절제 외에도 담당 주치의는 불면이나 불안, 안절부절못하는 증상 등을 줄이기 위하여 다른 약물도 함께 처방하는 경우가 많다. 기분조절제는 종류에 따라 약간씩 차이는 있지만 모두 뇌의 신경전달물질과 연관되어 신경세포의 기능 회복에 영향을 주는 것으로 알려져 있다.

과하지 않게 우울하지 않게, 기분조절제

기분조절제는 다음의 두 가지 조건을 만족해야 한다.

첫째, 조증이나 우울증의 급성 증상으로부터 안정을 제공하고 새로운 삽화의 발생을 예방하는 데 도움을 주어야 한다.

둘째, 우울증이나 조증을 더 악화시키지 않고, 기분의 순환을 야기하지 않아야 한다.

일반적으로 기분조절제로 생각되는 약물은 리튬, 발프로에이트, 카바마제핀, 그리고 라모트리진 등이다.

리튬은 최초의 기분조절제이며 오늘날까지 쓰이고 있다. 발프로에이트, 카바마제핀, 그리고 라모트리진은 뇌전증을 조절하는 항경련제(경련치료제)로 개발되었으나, 다른 뇌질환인 조울병에도 효과가 있음이 밝혀져 널리 사용되고 있다. 최근 여러 약물들의 개발로 사용이 감소되었지만 전기경련 치료도 기분안정 치료로 고려될 수 있고 심각한 우울증이나 조증에 주로 쓰이게 된다.

오래된 친구, 리튬(상품명 : 탄산리튬)

최초의 기분조절제인 리튬은 1950년대에 그 효과가 처음으로 발견된 이후 현재까지도 기분조절제로 사용되고 있다. 리튬은 전형적인 조증 양상을 보이는 '순수한' 혹은 '도취성(euphoric, 고양된 기분에 우울 증상은 거의 혼재되지 않은 상태)' 조증에 효과가 비교적 큰 편이다. 그리고 우울증에도 효과적인데, 특히 다른 약물과 병합할 때 효과적이다.

리튬은 혼재성 조증삽화나 급속순환형 조울병에는 효과가 다소 덜한 것으로 알려져 있다. 리튬은 혈중 농도가 너무 낮으면 효과가 적고, 너무 높으면 부작용이 생길 위험이 높아 리튬 혈중 농도를 주기적으로 검사해야 한다. 리튬의 흔한 부작용으로는 체중 증가, 진전(떨림), 오심과 소변량 증가 등이 있으며, 갑상선과 신장에 영향을 미칠 수 있기 때문에 주기적으로 갑상선 기능과 신장 기능 등을 평가하는 혈액검사를 시행하는 것이 필요하다.

경련 치료제의 재발견, 발프로에이트(상품명 : 데파코트, 데파킨)

발프로에이트는 수십 년간 뇌전증을 치료하는 항경련제로 사용되었다. 이후 여러 연구에서 기분조절제로서의 효과가 증명되면서 실제 임상에서 많이 사용되고 있다. 발프로에이트는 도취성과 혼재성 조증삽화에도 동등하게 효과가 있고, 급속순환형 조울병과 물질남용 혹은 불안장애의 합병중으로 나타난 조울병 증상에도 효과적이라고 알려져 있다.

다른 기분조절제와 달리 발프로에이트는 초기부터 비교적 많은 용량을 사용할 수 있어 급성 조증을 빠르게 안정시킬 수 있는 장점이 있다. 발프로에이트의 흔한 부작용은 기면(졸림), 체중 증가, 진전(떨림), 소화기 문제 등이다. 혈중 농도를 측정해 용량을 조절하는 것이 부작용을 최소화시키는 데 도움이 된다. 발프로에이트는 경미한 간 수치의 상승을 유발할 수 있고 혈소판 감소를 야기할 수도 있다. 효과에 비하면 심각한 부작용은 극히 드물지만, 간 기능 검사를 시행하고 때때로 혈소판 수치를 측정하는 것이 필요하다.

카바마제핀(상품명 : 테그레톨)

카바마제핀의 효과는 발프로에이트와 유사한 것으로 보인다. 많은 조울병 아형과 도취형, 혼재성 조증삽화 모두에서 효과적이다. 카바마제핀은 기면(졸림)과 소화기계 부작용을 일으킬 수 있고, 골수 억제와 간독성의 위험성 때문에 일정 기간마다 혈액검사를 하는 것이 필요하다. 카바마제핀은 약물 상호작용으로 인해 부작용이 나타날 수 있으므로 다른 약물과 함께 복용할 경우 세심한 주의가 요구된다.

라모트리진(상품명 : 라믹탈)

조울병 우울증삽화의 급성기 치료와 유지기 치료에 특히 효과적인 약물이다. 즉, 급성 우울증삽화의 증상을 호전시킬 수 있고, 새로운 우울증삽화의 예방에 도움이 되어 최근 다른 기분조절제 등과 병용하여 사용하는 경우가 많다.

라모트리진의 심각한 위험성 중 하나로는 1천 명당 3명 정도(0.3%)에서 나타나는 심각한 피부발진을 들 수 있다. 발진의 위험성은 용량을 서서히 올림으로써 감소하기 때문에 서서히 증량하는 것이 필요하다. 발진 이외에 심각한 부작용으로는 어지럼증, 두통, 시야 곤란 등이 있다.

팔방미인, 항정신병약물

한국 식품의약품안전처와 미국 식품의약국(FDA)에서 여러 가지 항정신병약물을 조울병 치료에 사용하는 것을 승인하였다. 이 약물들은 조현병(=정신분열병)이나 심각한 우울증 또는 조증에서 나타나는 환각이나 망상 같은 정신병적 증상을 치료하는 데 1차적으로 승인을 받았기 때문에 항정신병약물이라고 부른다.

항정신병약물은 크게 두 종류로 나뉘는데 오랫동안 사용해온 항정신병약물(정형, 또는 전통적 항정신병약물)과 새로운 항정신병약물(비정형, 또는 2세대 항정신병약물)이다. 할로페리돌, 퍼페나진, 클로르프로마진과 같은 정형 항정신병약물은 지연성 운동장애^{Tardive Dyskinesia, TD}라고 부르는 운동장애나 근육 강직, 안절부절못함, 진전(떨림) 등의 증상을 유발할 수 있다. 이런 이유 때문에 정형 항정신병약물은 조울병에서 기존 약물치료에 반응이 없거나, 새로운 비정형 항정신병약물에 부작용이 있는 경우에 종종 쓰인다. 반면 비정형 항정신병약물은 지연성 운동장애를 유발할 위험성이 극히 적고(약 1%) 운동장애나 근육 부작용도 적어 항정신병약물이 필요한 경우, 우선 비정형 항정신병약물을 선택한다.

비정형 항정신병약물은 정신병적 증상이 없을 때라도 조증 증상을 치료하는 데 단독 혹은 다른 약물과 함께 병합요법으로 사용될 수 있다. 현재 한국 식품의약품안전처에서 비정형 항정신병약물 가운데 몇 가지가 조울병의 조증삽화에서 승인을 받은 상태이다.

- 아리피프라졸(아빌리파이)

- 올란자핀(자이프렉사)
- 쿠에티아핀(쎄로켈, 쎄로켈 XR)
- 리스페리돈(리스페달)
- 지프라시돈(젤독스)

비정형 항정신병약물 중 일부는 체중 증가와 연관될 수 있다. 체중 증가는 올란자핀에서 가장 많이 나타나며, 리스페리돈과 쿠에티아핀도 살이 찔 가능성이 있으나, 지프라시돈과 아리피프라졸은 체중 증가의 가능성이 가장 낮다. 체중 증가는 제2형 당뇨병과 연관될 수 있기 때문에 미국당뇨학회에서는 비정형 항정신병약물을 복용하는 동안 체중, 혈당, 콜레스테롤 수치를 정기적으로 검사하도록 권고하고 있다.

항우울제

항우울제는 우울 증상을 치료하는 약물이다. 조울병 환자의 경우 현재 우울증삽화에 있다고 해도 항우울제를 조심스럽게 사용하며, 사용하더라도 기분조절제를 함께 사용하는 경우가 많다. 항우울제를 단독으로 사용할 경우, 환자의 기분을 고양시켜 우울증에서 경조증이나 조증으로 전환되거나 순환성이 가속화될 수 있기 때문이다. 따라서 조울병 환자에게 단독으로 사용하는 경우는 거의 없다. 조울병의 우울증삽화에서 대부분의 의사들은 다음 약물 중 하나를 고려한다.

- 부프로피온(웰부트린)
- 선택적 세로토닌 재흡수 억제제[SSRI] [시탈로프람(씨프람), 에스시탈로프람(렉사프로), 플루옥세틴(프로작), 플루복사민(듀미록스), 파록세틴(팍실), 설트랄린(졸로푸트)]
- 벤라팍신(이펙사)
- 멀타자핀(레메론)
- 둘록세틴(심발타)
- 올란자핀/플루옥세틴 조합(심비악스, 한국에서는 시판되지 않는다.)

급성기 삽화에 따른 약물치료

급성 조증삽화 치료

여러 약물 중에서 치료 약제를 선택해야 할 때, 과거에 어떤 약이 효과가 있었는지 환자의 치료 이력이 중요한 판단 근거가 된다. 환자가 겪고 있는 조울병의 종류는 무엇인지(예를 들어 급속 순환형인지), 현재의 감정 상태(도취형인지 또는 혼재성 조증인지), 그리고 환자에게 처방하려는 약물의 특정한 부작용 등을 고려해야 한다.

조증삽화는 전통적 기분조절제(리튬이나 발프로에이트)나 비정형 항정신병약물을 단독으로 사용하거나 이들 두 가지 약물을 함께 사용해서 치료할 수 있다. 또한 리튬과 발프로에이트를 병합하는 경우도 있다. 카바마제핀도 대체약으로 사용될 수 있고, 리튬 또는 발프로에이트에 추가하여 사용될 수도 있다. 제2형 조울병에서 보이는 경조증의 경우 대체로 리튬이나 발프로에이트, 비정형 항정신병약물을 단독으로 사용하는데 경조증에서는 이들 약물과 함께 정신치료를 병행하는 것이 효과적이다.

급성 조증삽화의 치료에 사용되는 약물이 완전히 반응을 나타내려면 수주에서 수개월이 걸릴 수 있다. 이런 이유로 의사들은 즉각적으로 효과를 볼 수 있는 벤조다이아제핀이라 불리는 로라제팜(아티반)이나 클로나제팜(리보트릴)과 같은 약물을 함께 사용해 조증삽화 동안 나타나는 불면, 불안, 흥분 등을 치료한다. 그러나 이런 약물들은 의존 가능성이 있기 때문에 약물 의존이나 알코올 의존의 병력이 있는 환자들에서는 주의 깊게 관찰하면서 사용해야 한다. 벤조다이아제핀은 졸음을 유발할 수 있기 때문에 낮 동안 졸음이 문제가 되는 직종에 종사하는 경우 조심해서 처방해야 한다. 하지만 불면과 불안 같은 급성기 증상을 조절하기 위해서는 필요한 약물이다.

급성 우울증삽화 치료

조울병 우울증삽화 치료에서는 일반적으로 두 가지 이상 약물의 병합요법과 정신치료가 추천된다. 경한 우울증은 라모트리진이나 리튬과 같은 기분조절제 단독요법만으로 회복되는 경우도 있다. 리튬에 항우울제나 라모트리진을 병합하는 치료는 좀 더 심각한 우울증에 사용될 수 있다. 정신병적 우울증(우울증인데 정신병 증상도 같이 보이는 우울증의 한 종류)에는 비정형 항정신병약물이 항우울제나 리튬, 라모트리진에 종종 병합되어 사용된다. 조울병 환자에게 항우울제를 사용할 때는 기분조절제와 함께 사용하여 조증삽화로 전환되는 것을 막아야 하며, 급속순환형 환자에게는 되도록 사용하지 않는 것이 좋다. 항우울제는 보통 효과를 나타내려면 수주가량이 소요된다. 많은 환자들이 처음 선택한 항우울제에 호전되기도 하지만, 일부 환자는 2~3개의 다른 항우울제를 복용한 후에 효과를 보기도 한다. 항우울제가 작용하기를 기다리는 동안 의사는 불면, 불안, 흥분 등을 호전시키기 위하여 항불안제 등을 처방하기도 한다. 만일 우울증이 지속되면 의사는 다른 약을 추가하거나(예 : 라모트리진, 리튬, 항우울제, 비정형 항정신병약물) 때로는 다른 약물로 바꾸기도 한다.

약물 부작용을 막는 방법

부작용이 없는 약은 없다. 조울병에 사용되는 약물들도 약간의 부작용은 있다. 사람들마다 약에 대한 반응이 다양하듯이 겪을 수 있는 부작용도 매우 다양하고, 어떤 사람들은 부작용이 나타나지 않기도 한다. 따라서 어떤 사람에게 특정 약물이 부작용을 일으켰다고 하더라도, 다른 사람에게 반드시 동일한 부작용이 일어나지는 않는다.

부작용을 예방하거나 최소화시킬 수 있는 특정한 방법들이 있는데, 의사들은 부작용을 줄이기 위해 보통 적은 용량에서 시작해서 천천히 용량을 늘려 나간다. 이 방법은 약이 효과를 나타내는 동안 기다려야 한다는 것을 의미하지만, 부작용이 나타날 확률을 감소시킬 수 있다. 리튬이나 발프로에이트는 적절한 용량을 복용하고 있는지 알기 위해 주기적으로 혈중 농도를 측정하는 것이 필요하다. 만일 부작용이 생기면 용량을 낮추거나 부작용을 줄이는 다른 약을 추가하기도 한다. 따라서 약물 복용 후 부작용이 의심된다면 담당의사와 상의하는 것이 좋다.

전기경련 치료

전기경련 치료Electroconvulsive Therapy, ECT는 심각한 우울증이나 조증에서 매우 효과적인 치료지만 잘 사용되지는 않는다. 불행히도 여러 가지 이유로 비전문가들에게 부정적인 인식이 퍼져 있기 때문인데, 사실 과장된 면이 많다. 이 치료는 효과가 빠른 편으로 특히 자살 위험이 높거나 증상이 심한 환자들에서 약물이 작용할 때까지 기다릴 수 없을 때 사용될 수 있다. 또한 여러 가지 약물에도 효과가 없었거나, 사용 예정인 약물이 내과적 상태나 임신 때문에 안전하지 못할 때 사용된다. 전기경련 치료는 마취 상태에서 조심스럽게 진행할 수 있고, 일반적으로는 10~15회를 실시한다. 가장 흔한 전기경련 치료의 부작용은 기억력의 저하인데 대부분 곧 회복이 된다.

입원치료가 필요한 경우

제1형 조울병 환자들은 대부분 입원을 경험하게 된다(예: 환자가 적어도 1회의 조증삽화가 있었던 경우). 조증과 우울증 모두 병식과 판단력에 영향을 미치기 때문에 조울병 환자들은 자신의 병을 부인하고, 결국 가족의 동의로 입원되는 경우도 있다. 이때 환자는 입원을 거부하며 가족들에게 화를 내는 경우가 많다. 하지만 나중에는 급성 조증삽화 때 도움을 받을 수 있게 해준 것에 대하여 고마움을 느끼는 경우가 많다. 특히 다음과 같은 상황에 바로 입원치료가 필요하다.

첫째, 자살이나 폭력 등의 충동적인 행동 문제로 안전의 확보가 필

요한 경우

둘째, 심각한 일상생활 기능의 장애가 있어 상시 간병인이 필요한 경우나 마땅히 간병할 사람이 없는 경우

셋째, 물질남용의 우려가 있어 이를 예방하기 위한 경우

넷째, 환자의 신체 상태가 불안정한 경우

다섯째, 약물에 대한 반응을 자세히 관찰해야 할 경우

예방(유지기) 치료

기분조절제는 예방 또는 유지기 치료에 필수적이다. 조울병 환자의 일부는 기분조절제만으로도 평생을 증상 없이 지내기도 한다. 대부분의 환자에서 유지기 치료는 삽화의 빈도와 그 심각성을 현저하게 감소시킬 수 있다. 정신치료 역시 조증이나 우울증삽화를 예방하는 데 효과가 있다. 이는 삽화를 유발할 수 있는 스트레스를 감소시키고 약물 순응도를 높이기 때문이다.

만약 적극적인 치료에도 불구하고 재발한다면 조급하게 포기하지 말고 인내심을 갖고 기다려야 한다. 성공적인 치료는 긴 시간 동안 경험하는 삽화의 빈도와 심각한 정도에 따라 달라질 수 있음을 깨달아야 한다. 기분의 변화가 있을 때는 심각한 증상이 나타나는 것을 예방하기 위해 병원에 방문하여 조기에 약물을 조절해야 한다. 약물

의 조절은 일상적인 치료의 한 부분으로 보아야 하는데, 이는 마치 당뇨병 환자가 인슐린을 조절하는 것과 비슷하다.

고혈압이건, 당뇨병이건, 조울병이건 간에 오랜 기간 동안 처방받은 대로 약물을 꾸준히 복용하는 것은 힘든 일이다. 많은 조울병 환자들이 유지기 치료 기간 동안 여러 가지 이유로 약물을 중단하기도 한다. 환자들은 급성기 증상이 없어지면 약물 복용이 필요 없다고 생각하기도 하고, 때로는 부작용으로 너무 힘들어서 약물 복용을 중단하기도 한다. 또한 그들은 경조증삽화가 온 것을 모르고 지나치기도 한다. 그러나 약물 복용의 중단은 거의 항상 증상의 재발을 야기하며, 이는 중단 후 수주에서 수개월 후에 나타날 수도 있다. 특히 리튬을 중단할 경우 자살률이 현저하게 증가한다는 보고도 있다.

만일 단 한 차례의 조증삽화가 있었던 환자라면 의사는 환자의 상태에 따라 약 1년 후부터는 약물의 용량을 천천히 줄이며 약물 중단을 시도해볼 수도 있다. 그러나 환자가 조울병의 뚜렷한 가족력이 있거나 매우 심각한 삽화를 겪었다면 더 오랜 기간 동안 치료를 유지하는 것이 원칙이다. 만일 수차례 이상 삽화가 있었던 환자라면 가능한 오랜 기간 동안 유지기 치료를 지속할 것을 권장한다. 담당의사와 상의하에 의학적 상태나 심각한 부작용, 임신 희망 등으로 인해 어쩔 수 없이 약물을 중단해야 하는 경우가 아니라면 약물 중단을 시도하지 않는 것이 바람직하다.

비록 이러한 상황이 있더라도 약물 중단의 절대적인 적응증이 되는 것은 아니며 가능하면 대체할 약물을 찾아보는 것이 좋다. 따라서 이러한 문제가 있다면 신중하게 담당의사와 상의하여 결정해야 한다.

정신치료

조울병의 치료에서 가장 중요한 것은 약물치료이지만, 정신치료 역시 중요한 치료 방법이다. 정신치료가 약물치료를 대신할 수는 없다는 것을 명심해야 하지만, 특히 심장이나 간질환 등이 심각해 약물치료에 한계가 있는 환자들에게 유용한 치료가 될 수 있다. 또한 정신치료는 불안, 식이장애, 물질남용 같은 다른 문제가 동반된 환자에게 많은 도움을 줄 수 있다.

정신치료는 조증삽화 때보다 급성 우울증삽화에서 더 많이 사용한다. 정신치료는 인생의 문제를 겪고 있는 환자를 도울 수 있고, 자신의 자아상과 목표 사이의 불균형을 조정해줄 수 있으며, 가까운 사람들에게 병의 증상에 대해 이해시킬 수 있다. 그리고 스트레스를 줄이고 약물 복용을 지속할 수 있도록 도와서 미래의 조증과 우울증삽화를 예방하는 데에도 도움을 줄 수 있다. 다양한 연구 결과 다음 형태의 치료들이 우울 증상을 호전시키고 재발을 막는 데 효과적이라고 알려져 있다.

정신치료는 일대일(환자와 치료자 단 둘)로 시행될 수 있고, 집단(비슷한 문제를 겪는 여러 사람들) 또는 가족과 함께 시행되는 경우도 있다. 치료를 제공하는 사람은 정신건강의학과 의사 혹은 정신건강의학과 의사와 같은 팀에서 작업하는 사회사업가, 심리사, 간호사, 상담사 등이 있다.

정신치료에서 최선의 효과를 얻기 위해 필요한 것

정신치료에서 최선의 효과를 얻으려면 다음과 같이 행동해야 한다.

첫째, 치료에 관한 약속을 잘 지켜야 한다.

둘째, 치료자에게 솔직하게 마음을 열고 이야기해야 한다.

셋째, 치료 중에 주어지는 숙제를 잘해야 한다.

넷째, 치료가 어떻게 이루어지고 있는지 자신의 느낌이나 생각을 치료자에게 알려주는 것이 좋다.

정신치료는 약물치료에 비하여 효과를 보는 데 대체로 수개월 이상이 걸릴 수 있으며, 사람마다 다르게 작용할 수 있다.

정신교육(Psychoeducation)

TV를 보다 보면 당뇨병이나 고혈압과 같은 다양한 만성질환에 대한 의료정보 프로그램들이 방송되는 것을 심심치 않게 볼 수 있다. 당뇨병에 대한 다양한 정보들을 알기 쉽게 설명하고, 이러한 상황이 되면 위험하니 병원에 가서 진찰을 받아보라고 하며, 어떤 음식은 피하는 것이 좋다는 것을 전문가 분들이 얘기를 한다. 이러한 교육은 질병의 악화나 후유증을 감소시키고 환자와 가족의 삶의 질을 호전시키는 것으로 잘 알려져 있다.

조울병에서도 정신교육은 꼭 필요한 부분이다. 질환의 인식을 변화시키고, 치료의 필요성을 교육하며, 술이나 다른 약물에 빠지지 않도록 하는 등 위험한 활동을 줄이도록 도움을 줄 수 있다. 또한 질환에 대처하는 자기관리 기술을 발달시킬 수 있으며, 이유 없이 짜증이나 화가 날 때나 잠이 줄어드는 등의 재발의 징후를 교육하여 적절한 치료를 받도록 이끌 수 있다. 이러한 교육을 통해 스스로의 기분 상태를 일목요연하게 관찰할 수 있고, 연속적으로 평가할 수 있는 기분차트mood chart를 이용하여 자신의 기분을 관리하는 방법에 대해 배울 수 있다.

인지행동치료

인지행동치료는 생각-감정-행동 사이의 연결된 고리를 이해하고, 감정이나 행동으로 나타나는 잘못된 생각양상을 찾아서 수정해 나가는 과정이다. 이는 단극성 우울증(주요우울장애)의 치료방법 중 하나로 잘 알려져 있다. 조울병에서도 우울증과 마찬가지로 스트레스 상황에 대한 잘못된 생각의 양상을 변화시키는 데 초점을 맞추고, 약물치료에 대한 생각의 변화를 통해 약물치료가 꼭 필요함을 인식할 수 있도록 하는 것이 중요하다. 나아가 경조증이나 조증의 예방을 위해 충동적 행동을 줄이는 데 목표를 두고 있다. 약물치료에 있어서도 약을 복용할 때와 복용하지 않을 때의 장단점을 기록하고 검토해 스스로 약물치료를 할 때 더욱 안정되고 편안한 기분임을 알아채도록 하는 방법 등을 사용할 수 있다.

가족중심치료

환자가 질병을 앓고 있을 때 가족이 심리적, 재정적, 환경적으로 환자를 돕는 것이 매우 중요하다. 질병으로 인해 가족이 파탄이 나기도 하고, 가족의 적극적이고 헌신적인 노력으로 환자의 질병이 잘 조절되기도 한다. 한 가정에서 조울병은 그 가정의 존립 자체를 뒤흔들 수 있는 절대적인 것이 될 수도 있다. 그렇기 때문에 가족들은 환자의 스트레스와 직업적 어려움, 질환의 정보, 가족으로서 환자를 도와줄 수 있는 방법을 폭넓게 이해해야 한다. 가족의 기능을 향상시키고 환자-치료자-가족 간의 협력이 절대적으로 필요하다. 가족중심치료는 가족 구성원 간의 의사소통이 원활해지도록 도와주고, 가족들이 환자에게 지지적인 태도를 가질 수 있도록 하며, 환자와 가족이 협심해서 문제를 해결해 나갈 수 있도록 돕는 치료 방법이다. 예를 들어, 환자와의 대화를 경청하는 훈련을 하고, 긍정적인 피드백을 통해 감정의 교류를 도울 수 있다. 또한 가족교육을 통해 가족들도 환자의 질환에 대해 잘 알 수 있도록 함으로써 가족들이 약물치료에 적극 동참하도록 참여를 유도할 수 있다. 추가적으로 환자를 돌봐주면서 발생하는 가족들의 스트레스를 확인하는 등 보호자의 정서적인 지지도 가족중심치료에 큰 부분을 차지한다.

대인관계 사회리듬치료

조울병은 대인관계에서의 갈등이 있거나 일상이나 사회 리듬이 깨졌을 때 증상이 불안정해지는 경향이 있다. 즉 사회적, 직업적으로 큰 변화가 있을 때 재발의 위험성이 증가한다고 할 수 있겠다. 대인관계 사회리듬치료의 목적은 환자가 언제 일어나는지, 언제 자러 가는지, 적절히 식사를 하는지, 어떠한 사람을 만나는지 등의 일상적인 사회리듬을 안정화시키는 것과 가장 최근의 삽화와 연관된 대인관계적 문제를 해결해 나가는 데 초점을 맞추는 치료 방법이다. 이러한 방법을 통하여 환자의 일상생활을 추적해 가면서 수면 양상 등의 일상뿐만 아니라, 평소와 다른 사건이 있는 경우(예를 들어, 시험기간, 장기간의 여행, 실연이나 실직 등)에도 평상시와 다름없는 일상을 유지할 수 있도록 도와주는 것이다. 규칙적인 일상생활과 대인관계에서의 마찰을 최소화할 수 있도록 도우며 이를 통해 사회기능 수준을 유지시키는 데 도움이 될 수 있다.

마음챙김(명상) 기반 개입

명상에 기반을 둔 정신치료는 우울증의 치료에서부터 시작되어 여러 가지 다양한 정신질환으로 확대되고 있다. 명상은 부정적인 생각을 알아차리고 이를 받아들임으로써 고통스러운 감정과 생각 사이의 연관성을 줄이는 데 초점을 둔다. 조울병은 기분삽화가 반복되고, 만성적인 경과를 보이는 질병이다. 이로 인하여 환자는 정신질환자라는 사회적 낙인과 개인적인 삶의 고통을 겪을 수 있다. 마음챙김을 통하여 이를 받아들임으로써, 불안정한 정서 상태가 안정화되는 데 도움을 받을 수 있다.

  이상의 심리사회적 치료를 종합해보면 다음과 같은 공통된 주제를 다루고 있다.

- 질환에 대한 적응을 돕는다.
- 약물을 잘 복용할 수 있도록 돕는다.
- 자존감과 자아 증진을 목표로 한다.
- 적응상의 어려움이나 고위험 행동을 감소시킨다.
- 일상생활과 기분에 부정적인 영향을 주는 대인관계나 정신사회적 요소들을 인지하고 수정한다.
- 우울증과 경조증 증상과 관련된 행동문제들을 극복할 수 있는 전략을 교육한다.
- 재발 증상을 조기에 발견하고 대처할 수 있는 기법을 교육한다.
- 질환과 치료에 대한 잘못된 생각과 태도를 파악해서 수정한다.
- 과제 등을 통한 자기관리 능력을 증진시킨다.

위의 다섯 가지 치료 방법 이외에도 다양한 심리사회적 접근법을 통한 치료가 시도되고 있다. 환자의 개인적 환경과 질환의 경과에 맞춰 당면한 문제에 대한 가장 효율적인 치료가 시도되는 것이 좋겠으나, 각 개인마다 기질이나 성격이 다르고, 유발하는 스트레스도 다르며, 가족들의 반응도 다를 것이기 때문에 어떠한 치료법이 옳고 그른가에 대한 판단을 하는 것은 무의미할 것이다. 다만, 치료의 궁극적 목적은 적절한 치료를 통한 재발의 방지와 정서적 안정, 가족 및 사회적 기능수준의 호전을 통한 삶의 질의 향상에 있다고 하겠다.

3장

가족들의 역할

—

조울병 환자의 가족들

조울병 환자의 가족들은 환자에게 갑작스럽게 발생한 여러 조울병 증상들로 인해 무척 당황하게 되고, 극심한 혼란에 빠지기도 한다. 조울병의 치료에 있어서 가족의 역할은 매우 중요하지만, 가족 내의 갈등과 같은 스트레스로 인해 조울병이 발병하거나 재발되는 경우도 많은 것이 현실이기도 하다. 가족들이 조울병에 대해 자세히 알고 대처했더라면 예방할 수 있는 여러 가지 문제들을 놓치는 경우도 흔히 볼 수 있다. 이 장에서는 환자의 치료 과정에서 있을 수 있는 많은 문제들에 대해 가족들이 어떻게 대처해야 하는지에 관해 다룰 것이다.

가족들이 먼저 건강해야 한다

가족들은 자신들이 마음먹은 대로 조울병을 치료할 수가 없다. 환자가 겪고 있는 기분 변화가 심한 시기들을 완벽하게 조절할 수도 없으며, 환자의 결정을 마음대로 이끌어낼 수도 없다. 치료 초기 가족들은 환자에게 모든 도움을 주고자 하며, 환자의 회복을 위해 모든 노력을 기울인다. 하지만 결국 가족들은 이러한 지나친 기대와 의욕으로 인해 본인들이 먼저 많은 스트레스를 받아 피로해지고 지치게 된다. 이런 경우 오히려 환자가 정말로 힘들고 가족들의 도움을 절실히 필요로 할 때 아무것도 도와줄 수가 없게 된다.

때때로 환자의 가족들은 우울증, 불안, 낙담, 사회적 낙인에 대한 두려움 등으로 고통받는다. 따라서 가족들이 환자의 치료에 진심으로 도움이 되기를 바란다면 첫째는 가족 자신을 위해서, 둘째는 가족이 돌보는 모든 주위 사람들을 위해서 가족 자신을 먼저 돌보아야 한다.

만약 가장인 아버지가 조울병 환자라면 어머니가 아버지를 대신해 경제적 부담을 해결해야 하고, 남아 있는 자식들은 어머니를 대신해 아버지를 간병하면서 아버지의 유일한 정서적인 지지자로서의 역할을 해나가야 할 것이다.

간혹 가족들은 환자의 질병에 대해 '나 때문에 혹시 환자의 질병이 시작되지는 않았나?' 또는 '나 때문에 환자의 증상이 더 심해지지 않았나?'라고 느끼기도 한다. 또는 자신이 너무 환자에게 지지적인 모습으로 다가가지 못했다고 생각하고 자책하기도 한다. 이러한 가족들의 상실감, 자책감 등의 여러 감정들을 다루는 몇 가지 방법을 소개하면 다음과 같다.

첫째, 질병과 질병으로 초래된 일에 대해 이해하고 받아들여야 한다. 실제 여러 연구들을 살펴보면 환자 가족들이 병에 대해서 완전히 이해하고 받아들이는 방법을 발견했을 때 가족 전체가 안정된 생활을 할 수 있었다.

둘째, 아픈 환자나 자신에 대한 현실적인 기대를 만들어가는 것이 필요하다. '항상 행복할 것이다'라는 기대는 하지 말고 자신의 느낌이나 감정은 자신의 권리라는 것을 받아들여야 한다. 환자가 회복하는 데는 시간이 많이 필요하다는 것을 인정하고 참을성을 갖고 기다리는 것이 필요하다. 그리고 환자가 그들의 예전 기능을 아주 빨리 회복할 것이라는 지나친 기대는 하지 않는 것이 좋다. 어떤 환자들은 아주 빨리 그들의 학교나 직장에 복귀하기도 하지만 또 다른 환자들은 그렇지 못하고 회복이 아주 더딘 경우도 있다. 자신의 상황을 다른 사람과 비교하는 것은 때론 좌절을 불러온다. 다른 사람에게 일어났던 일이 자신이나 자신의 환자에게는 그렇게 되지 않을 수 있다는 것을 인정하고 참을성을 갖고 기다리는 것이 필요하다.

셋째, 자신이 얻을 수 있는 모든 도움과 지지를 받아들여야 한다.

넷째, 긍정적인 태도를 발전시키고 가능하면 유머감각을 키우는 것이 좋다.

다섯째, 지지 모임에 참여하거나 전문가로부터 상담이나 지지를 받는 것이 도움이 된다.

여섯째, 취미나 레크리에이션, 여행, 등산과 같은 건강한 활동을 한다.

일곱째, 잘 먹고 적절하게 운동함으로써 먼저 자신의 건강을 유지한다.

여덟째, 긍정적 사고를 유지한다.

가족들은 조울병 전문가가 되어야 한다

조울병 환자, 특히 성인 환자가 그들의 의지가 아닌 질병으로 인해 용납되지 않는 행동을 하는 것을 보는 건 가족들에게 정말 많은 고통을 안겨 준다. 하지만 고통을 직시해야 이겨낼 수 있다. 가족 구성원 모두가 조울병에 대해 이해하는 것 이상으로 환자를 적절하게 도울 수 있는 방법은 없다. 즉 조울병의 원인, 경과, 증상들, 재발의 경고 신호 등 모든 것들을 가족들이 자세히 알게 된다면 질병으로 인한 환자의 행동들을 이해할 수 있게 될 것이다. 질병에 대해 잘 알지 못했을 때는 단순히 도덕적인 관점으로 환자의 행동을 판단해 환자를 무시하고 경멸할 수도 있다. 하지만 환자의 행동을 질병으로 인한 행동이라고 이해하게 되면 환자의 치료에 지지적 태도로 참여할 수 있게 될 것이다.

특히 가족들이 명심해야 할 것은 환자의 재발 증상이나 신호들에 매우 민감해야 한다는 것이다. 환자의 재발 증상이나 신호들이 감지된다면 먼저 치료 약물은 잘 복용하고 있는지, 특별한 생활의 변화는 없는지, 술이나 다른 약물을 복용한 것은 없는지 등에 대해서 면밀히 살펴보아야 한다. 그리고 전문가와 이러한 부분에 대해 바로 상의한 후 환자를 어떻게 도울 것인가에 대해 함께 보조를 맞추어야 한다. 증상 초기에 적절히 대처한다면 그렇게 하지 못했을 때 발생할 수 있는 여러 가지 상황들을 좀 더 쉽고 빠르게 해결할 수 있다. 또한 환자나 가족들에게 닥칠 수도 있는 위험으로부터 보호할 수도 있게 된다.

조울병은 관리하는 질환이라고 이해하는 것이 필요하다. 조울병은 외과적인 질병처럼 잘못된 부위를 도려내서 바로 예전과 같은 상태로 돌아올 수 있는 그런 질환이 아니다. 고혈압 환자가 식이조절, 운동, 약물과 같은 여러 가지 방법을 통해 혈압을 조절하는 것과 같다. 마라톤은 무조건 처음에 열심히 뛴다고 해서 결코 좋은 성적을 내지 못한다. 일관되게 자신에게 가장 알맞은 페이스를 찾아 달려야 가장 좋은 성적을 낼 수 있다는 교훈을 조울병 치료에서도 잊지 말아야 한다. 환자가 재발로 인해 힘들어할 때는 증상을 경감시킬 수 있는 약물의 조절과, 환자가 스트레스를 주는 상황으로 힘들어할 때는 스트레스에 대한 조절이 필요하다. 이처럼 조울병은 최선의 관리를 지속적으로 해주어야 하는 질병이라고 이해해야 한다. 그리고 관리에 가족들의 역할이 중요함을 깨닫고 효과적으로 환자를 도울 수 있는 방법들을 알아가는 것이 중요하다.

환자가 약물 복용을 잘하도록 도와야 한다

무엇보다 중요한 것은 약을 열심히 복용하는 것이 조울병 치료에서 가장 중요하다는 사실을 인정하는 것이다. 환자 스스로는 약을 계속 복용하고자 했지만 오히려 가족들이 약에 대한 부정적인 생각과 정신병으로 낙인 찍히는 것에 대한 두려움 등으로 약을 조기에 중단시켜서 결국 재발하게 되는 경우도 있다. 이와 반대로 환자가 약에 대한 부정적인 생각을 가지고 있어서 스스로 약을 조절하거나 끊으려고 하는 경우도 있다. 이때 가족들의 역할이 중요하다. 평상시 환자가 약물을 잘 복용하는지 살펴보고 꾸준히 약물을 복용할 수 있도록 격려해야 한다.

또한 술이나 다른 약물을 남용하지 않도록 해야 한다. 이런 약물들은 환자가 복용하고 있는 약과 상호작용을 일으켜 약효에 나쁜 영향을 미칠 수 있으며, 조증이나 우울증이 유발될 수 있기 때문이다. 만약 환자가 치료 도중 증상이 악화되거나 심각한 부작용이 생긴 경우, 약효가 없다는 생각에 스스로 약을 중단하게 하지 말고 의사와 상의하여 해결 방법과 최선책을 찾도록 격려해야 한다.

재발을 경고하는 징후들을 숙지하고 있어야 한다

조울병을 가진 환자들의 경우 약물을 제대로 복용하지 않아서 재발을 하는 경우가 가장 흔하기는 하지만, 가족들이 간과하기 쉬운 스트레스 상황 등의 환경적 요인으로 재발하는 경우도 많다. 어떤 경우에는 약물이 효과가 있어서 약물을 꾸준히 규칙적으로 복용을 하고 있음에도 불구하고 재발을 하는 경우도 있다. 어떤 이유에서건 조울병이 재발을 하게 된다면 최대한 빨리 의사와 상의하여 적절하게 대처를 하는 것이 필요하며, 가능한 재발의 초기에 개입을 하는 것이 빠른 회복과 안정화에 가장 중요하다. 따라서 조울병이 재발하여 심하게 악화되기 전에 재발을 경고하는 징후들을 알고 있는 것이 중요하다. 환자에게 이런 징후가 관찰된다면 가족들은 보다 더 관심을 가지고 관찰하면서 최대한의 주의를 기울이는 것이 필요하다.

조증의 재발을 경고하는 징후	우울증의 재발을 경고하는 징후
• 수면시간 감소 • 기분이 들뜨거나 불안정해짐 • 안절부절못하는 모습 • 말수가 많아지고 빨라짐 • 활동량 증가 • 쉽게 흥분하거나 공격적인 모습	• 피로감이나 무기력감 • 수면시간 증가 혹은 감소 • 집중력 저하 • 흥미 감소 • 대인관계의 회피 • 식욕의 변화

가족 간에 충분한 의사소통이 필요하다

평범한 가족 생활 중에 가족 간의 충돌은 일상적인 부분이라 할 수 있다. 하지만 가족 내의 갈등이나 스트레스로 인한 부정적인 영향을 최소로 줄여주는 것이 조울병 환자에게는 필요하다. 만약 이러한 충돌 상황이 발생한 경우에 도움이 되는 몇 가지 유용한 의사소통 방식에 대해 소개하겠다.

1. 환자와 자신의 한계를 인정하자.

환자를 포함한 가족들이 서로를 이해하고, 적절한 의사소통을 하기 위해서는 무엇보다 환자와 환자를 돌보는 가족들에게는 어느 정도의 한계가 항상 존재한다는 것을 인정하는 것이 중요하다. 환자가 증상을 가지고 있는 동안에는 자신의 기분을 완벽하게 조절할 수 없다는 것과 조증이나 우울 증상이 환자의 의지, 자기조절 능력을 발휘하지 못하게 한다는 것을 이해해야 한다. 가족들 역시 자신이 환자를 구원할 수도 없거니와, 질환의 회복을 책임질 수도 없다. 가족들은 환자를 도와주고 지지함으로써, 궁극적으로 회복에 이르도록 도와주는 역할을 하는 것이 최선일 수 있다. 이런 환자와 가족의 현실적인 한계를 인정하고 서로 이해하는 것에서부터 가족들의 의사소통은 시작되어야 한다.

2. 먼저 자신의 기대, 느낌, 불만족 등에 대해 분명하게, 그리고 아주 특정한 부분까지도 꼬집어 구체적으로 자세하게 이야기하자.

환자가 퇴원한 후 밤늦게까지 피아노를 치는 것 때문에 가족들이 잠을 못 자고 설치는 경우를 생각해보자. 이때 "너도 알겠지만, 제발 그러한 경솔한 짓은 중단해라"라고 두리뭉실하게 이야기하는 것은 가족이 현재 받는 느낌을 제대로 전달할 수 없으며, 오히려 환자는 자신을 간섭하는 것으로 이해할 수 있다. "제발 늦은 밤에는 피아노를 치지 말아다오. 네가 밤늦게 피아노를 치면 나는 무척 괴롭단다. 또한 다른 가족이나 이웃들은 잠을 자야 할 시간이란다. 만약 네가 10시 30분 이후에도 계속 피아노를 친다면 우리는 피아노를 치울 수밖에 없다"라고 이야기를 하는 경우에 환자는 자신이 피아노를 치는 것 때문에 가족들이 어떤 느낌을 가지는지, 그리고 어떤 결과를 초래하는지를 깨닫게 되며 자신의 행동에 대해 자신이 책임을 져야 한다는 것을 알게 된다.

3. 침착하게 이야기를 하자.

목소리를 높이는 것은 환자에게 적개심을 불러일으키고, 결국 충돌을 부채질할 수 있다. 그러므로 아주 조용하면서도 침착하게 때로는 단호하게 이야기를 하는 것이 필요하다.

4. 즉각적인 안심의 말보다는 적절한 지적도 필요할 수 있다.

종종 가족들은 환자를 무조건 안심시키려고 한다. 하지만 이런 경우 환자는 자신의 행동에 대해 객관적으로 바라보지 못한다. 환자는 종종 자신의 행동에 대해 인식하지 못하기 때문에 그러한 행동을 계속하는 경우도 있다. 이러한 경우 다른 사람에게 자신의 행동에 대한 지적을 받으면 이를 받아들이고 자신의 행동에 대해 판단할 수 있는 안목이 생기기도 한다. 하지만 중요한 것은 항상 조용하지만 단호한 어조로 환자가 받아들일 수 있도록 침착하게 말해야 함을 잊지 말자.

5. 간결하게 표현하자.

환자를 판단하거나 지적하는 말을 장황하게 하는 것보다 간결한 말이 오히려 환자에게 잘 전달된다.

6. 불필요한 비난은 삼가하고 긍정적으로 대하자.

환자는 자신이 조울병에 걸렸다는 사실만으로도 자존감이 많이 낮아진다. 계속 치료를 받는 것, 경제적인 부분 등 많은 부수적인 사실들이 환자를 더욱 주눅들게 할 수 있다. 환자 스스로 자존감을 높이고, 자신의 가치감을 느낄 수 있도록 도와주어야 한다.

7. 자신이 가지고 있는 정보는 가족 간에 서로 공유하자.
환자의 질병에 대해 가족이 함께 토론하는 것은, 어떤 상황에서 어떻게 대처할 수 있을지를 결정하는 데 많은 도움이 된다.

스트레스 관리가 필요하다

가족들은 환자의 치료에 있어 꼭 필요한 존재이며 근본적인 역할을 해낼 수 있는 중요한 치료자다. 특히 가족은 환자의 행동 변화, 약물의 효과, 재발의 경고 증상 등에 대해 가장 가까이서 목격하는 사람이다. 또한 가능한 스트레스가 적은 환경을 유지하는 데 중요한 역할을 할 수가 있다.

첫째, 가정 내에서는 회복기에 있는 환자가 일상 활동을 규칙적으로 할 수 있는 습관을 갖도록 하는 것이 중요하다. 즉 일어나는 시간, 식사 시간, 개인 위생, 작은 허드렛일과 같은 일들을 환자가 일정하게 하도록 환자와 상의하여 결정하고 약속하는 것이 필요하다. 규칙적으로 생활하게 하는 것은 가족들이 환자가 가족들의 일정한 활동에 같이 참여하기를 원한다는 메시지를 전달해줄 수 있다.

둘째, 회복기에 있는 환자에게 가족의 일들, 즉 휴가, 외출, 또는 다른 활동들을 결정하는 데 참여하도록 하는 것이 중요하다. 이러한 계획에는 환자가 가족들과 함께하기를 원하는지 아니면 혼자 지내기를 원하는지, 특정한 상황에서 환자를 어떻게 다루게 될지를 포함시켜야 한다.

셋째, 환자로 인한 큰 다툼과 관련된 스트레스를 줄이기 위해 특정 문제 행동들과 관련된 특별한 대책을 계획해야 한다. 즉 어떤 행동은 언제 가능한지, 언제 그런 행동은 용납될 수 없는지, 그리고 그 행동의 결과는 무엇인지에 대한 내용들을 정확하게 이야기하거나, 필요하면 서면으로 서약서를 작성하는 방법을 이용할 수도 있다.

넷째, 마지막으로 가족 구성원들 각자는 자기 자신의 흥미를 추구하며 스트레스를 해소할 수 있는 시간들을 나름대로 마련해야 한다. 자신만의 시간을 가지는 것은 환자와의 관계에서도 스트레스를 줄이는 데 도움이 된다.

자살의 위험으로부터 적절한 대처가 필요하다

조울병은 충동성이 높은 질병이어서 실제로 자살의 위험 또한 높다. 만약 환자가 자살하려는 의사를 표시하거나 계획하는 것을 알게 되면 전문가의 도움을 요청해야 한다. 하지만 자살 의도가 명확하게 드러나지 않은 경우, 또는 너무 흔히 위험한 행동을 할 경우 일반적인 위험 신호에 대해 인식하는 것이 매우 중요하다. 다음의 경우는 자살에 대한 위험 신호이다.

- 가치 없음, 희망 없음에 대한 느낌을 자주 표현할 때
- 고뇌 또는 자포자기에 대한 느낌을 표현할 때
- 죽음이나 다른 병적인 주제에 몰입하는 경우
- 사회적 위축(가족이나 주위 사람들을 피하고 혼자 지냄)
- 과속 운전이나 무기소지, 과음과 같은 위험 행동의 증가
- 상당히 우울해 있다가 갑자기 기분이 좋아지거나 에너지가 왕성해질 때
- 자살에 대한 글이 발견되었을 때
- 자살하겠다고 하는 확실한 계획을 가지고 있을 때
- 자신을 비난하는 환청이나 자살에 대한 환청이 들릴 때
- 자살 행동에 대한 가족력이 있을 때

이러한 상황에서는 즉각적인 대응책들이 필요하며 이를 정리하면 다음과 같다.

- 모든 무기들, 또는 자동차 이외에 다른 위험한 탈것들을 이용하지 못하게 해야 한다.

- 자동차 열쇠나 오토바이 열쇠 등을 가족들이 보관하고 환자에게 주지 않아야 한다.
- 약물의 과용을 막기 위해 오남용할 수 있는 약들이 있지 않나 살펴보고 미리 치워야 한다.
- 상황을 정확히 평가하기 위해 비난하지 않는 태도로 환자와 조용히 대화를 한다.
- 도움을 줄 수 있는 전문가와 통화를 한다.
- 위급한 상황에서는 119나 병원 구급차를 이용할 수도 있다.

지금까지 우리는 조울병 환자의 가족이 겪는 어려움과 슬픔, 환자의 가족으로서 대처해야 될 여러 가지 부분들에 대해서 알아보았다. 이를 다시 요약하면 다음과 같다.

1. 환자가 지속적으로 치료를 받도록 격려해야 한다.

지속적인 진료를 받고 술과 다른 약물, 또는 남용할 수 있는 유해물질들을 사용하지 않도록 해야 한다. 만약 환자가 치료 도중 잘 지내지 못한다거나 심각한 부작용을 호소하는 경우에도 의사의 권고 없이 스스로 약을 중단하지 못하게 하고, 이에 대해 의사와 상의하여 최선책을 찾도록 격려해야 한다.

2. 질병으로 인한 증상으로 이해해야 한다.

만약 사랑하는 사람이 우울증 또는 조증으로 힘들어하고, 가족들의 관심을 간섭으로 받아들인다 하더라도, 가족들은 이것이 실제로 가족들을 거부하는 것이 아니라 단지 질병으로 인한 증상이라는 것을 이해해야 한다.

3. 자살에 대한 위험 신호를 알아야 한다.

환자에게 으름장으로 제지하는 것은 매우 위험하다. 만약 환자가 그의 일을 잘 수행하지 못하고, 자살 생각이나 방법에 대해 표현하거나, 심한 낙담을 표현한다면 의사나 가족, 친구들에게 도움을 요청하고 환자와 대화를 시도해야 한다. 자살에 대한 위험이 높은 상황에서는 개인의 의사나 결정권, 프라이버시 등은 이차적인 문제이다. 만약 상황이 더 악화된다면 119나 병원 응급실에 전화를 해야 한다.

4. 미래에 있을 기분삽화 기간 동안에 어떻게 할 것인지에 대한 계획과 동의를 얻는다.

만약 환자가 조증으로 기분이 들뜨는 경향이 있다면 안정된 시기를 이용하여 환자와 협의하는 것이 필요하다. 환자가 안정기에 있을 때 미래에 있을 기분삽화 기간 동안에 어떻게 할 것인지에 대한 계획과 동의를 얻는 것이다. 보호 조치에 대해서도 협의해야 한다. 즉 신용카드나 차 열쇠, 은행 비밀번호 등에 대한 것들과 언제 병원에 갈 것인지 등을 의논해야 한다.

5. 다른 가족이나 친밀한 사람과 함께 환자의 치료와 관련된 부담을 나누어야 한다.

그렇게 한다면 환자를 돌보는 과정에서 받게 되는 여러 가지 스트레스를 줄일 수 있으며, 보호자가 스스로 지쳐버리거나 분노감을 갖게 되는 상황으로부터 도움을 받을 수 있다.

6. 환자가 한 삽화에서 회복된 후에는 그들 스스로가 자신의 페이스에 따라 인생을 살아가도록 지켜보아야 한다.

7. 희망을 북돋아 주어야 한다.

만약 사랑하는 가족이 병으로부터 점점 회복되고 좋아질 것이라고 믿는다면, 사랑하는 가족에게 그러한 메시지를 열정적으로 전달해야 한다.

8. 기분 좋은 날과 경조증을 구별할 줄 알아야 하고, 기분 나쁜 날과 우울증도 구별할 줄 알아야 한다.

조울병 환자도 다른 일반적인 사람처럼 기분이 좋은 날도 있고 나쁜 날도 있다. 깊은 관심을 가지고 가족과 환자 모두 그 둘 사이의 차이를 구분할 줄 알고 말할 수 있어야 한다.

9. 가능한 도움을 받을 수 있는 많은 사람들을 잘 이용하는 것이 필요하다.

10. 환자뿐만 아니라 가족들 개개인의 건강도 중요하다.

11. 가족이 앓고 있는 정신질환에 대해 가능하면 많이 배우고 알아둬야 한다.

12. 증상을 다룰 수 있는 방법들을 찾아야 한다.
만약 환자가 환각이나 망상을 가졌을 경우 환자와 논쟁하지 말아야한다. 왜냐하면 환자는 이 상황을 실제로 받아들이기 때문이다. 또한 환자를 비웃거나 비난하지 말아야 한다. 특히 갑작스런 공포 반응을 보이지 않도록 하자. 당신이 조용하면 할수록 상황은 더 나아질 것이기 때문이다. 침착하게 환자의 증상에 따른 행동을 진정시킬 수 있는 방법을 경험적으로 익히고 의사와 상의하면서 습득해 가자.

13. 작은 것에도 환자가 스스로 성취감을 느낄 기회를 만들고, 자존감을 향상시킬 수 있도록 격려하며, 작은 진전에도 환자와 함께 기뻐하자.

14. 만약 가족들이 환자의 자살 사고나 제어할 수 없는 행동이 있을 경우, 조용하고 침착하게 119에 연락하여 병원 응급실 등으로 환자를 이송할 수 있도록 조치하자. 혼자서 처리할려고 하지 말고 전문인력에 도움을 요청하는 것이 필요하다.

4장

소아청소년 조울병

가족력 때문에 아이가 조울병에 걸린 건가요?

먼저 부모 중에 한 명이 조울병이 있다면 과연 그 자녀도 조울병에 걸릴 것인가 하는 궁금점이 있을 것이다. 위험도를 정확히 수치로 설명하는 것은 어렵다. 그 이유는 조울병에는 여러 유형과 공존질환이 있기 때문이다. 연구에 따르면 부모 중 한 명이 조울병이라면 자녀가 조울병에 걸릴 확률은 약 10%였다. 조울병이 아닌 우울증 등의 전반적인 기분 장애까지 넓게 고려한다면 그 확률은 25% 정도였다. 유전적 요인 외에도 아이가 성장하면서 경험하는 부정적 사건이나 스트레스 등의 환경적 요인과 심리적 요인 및 대처방식을 포함한 여러 요인이 관여한다. 중요한 점은 1형, 2형 조울병보다 우울증에 걸릴 위험이 더 높다는 것이다. 일부 연구에 따르면 조울병 부모가 특히 21세이하의 연령에서 비교적 일찍 발병한 경우에 자녀의 조울병 위험도가 더 높았다.

그렇다면 다음의 질문이 생길 수 있다. 어른과 다르게 아이들의 조울병을 의심할 수 있는 모습은 무엇인가? 아이가 우울증에 걸렸는데 나중에 조울병으로 진행하는 것은 아닌가? 조울병을 미리 알 수 있는 징후 혹은 소아청소년에서 특징적이고 다른 질환과 감별해야 할 조울병의 증상은 무엇인가? 만일 진단을 받았다면 학교, 가정 혹은 또래들과의 관계에서 기능을 잘 유지할 수 있을까? 이 질문들에 대해서는 앞으로 다뤄나가겠다.

어른의 조울병과 아이의 조울병 증상이 다른가?

소아청소년 조울병의 다양한 모습들에 대해서 알아보겠다. 성인 조울병의 약 50~60%가 소아청소년 시기에 시작되는데, 성인과는 어떻게 다른 특성을 보일까? 두 질환을 별개의 질환으로 보지는 않는다. 하지만 소아청소년 시기에 조울병을 미리 알아차리고 진단하기에는 성인과 달리 다음과 같은 어려운 점이 많다. 기분삽화 기간이 더 짧고 증상 없이 지내는 기간이 짧으며 과민함을 자주 보이고 혼재성

삽화를 보이는 경우가 많기 때문이다. 예를 들어 평소와 다른 기분 변화가 성인과 달리 1~2주가 아닌 하루 이틀 정도만 보일 수도 있다. 다시 말해 증상의 빈도, 심각도, 지속기간이 다를 수 있다. 또한 공존 질환의 비율이 높은 점도 진단을 어렵게 한다. 성인에 비해 증상이 갑작스럽게 나타나지 않는 편이고, 삽화 사이에 증상이 큰 호전을 보이지 않는 경우가 많다. 우울증과 조증 양극단으로의 기분전환 또한 성인에 비해 많은 편이다. 단, 위의 내용은 일반적인 사항이며 각 개인별로는 일부 사항만 해당할 수 있다. 추가로 기분 증상은 발달수준에 따라서도 다르게 이해되어야 하는데, 8세 아이가 상상속의 친구가 있다는 것은 정상일 수 있고 아동에게는 들뜬 기분이 바보 같거나 엉뚱한 행동, 통제되지 않는 웃음 혹은 갑작스러운 울음 등으로 나타날 수 있다.

조울병 초기의 의심 증상

조울병의 증상을 조기에 알아차릴 수 있다면 증상을 개선시킬 수 있는 다양한 시도를 해볼 수 있다. 초기에 수면각성 주기를 조절해볼 수 있고 행동 활성화 방법을 사용한다든가 가족 교육 등을 통해 증상 조절을 도와 병의 경과를 좋게 할 수 있다. 따라서 다음의 증상이 조기에 나타난다면 의심해볼 수 있어야 한다.

2017년에 실행된 메타분석 연구에 따르면 조울병으로 진단되기 전 평균적으로 27개월 기간 동안 증상이 있었다. 이는 아이에게서 위험 징후를 발견하기에 충분히 긴 기간이다. 위험 징후로는 과도한 에너지가 가장 많이 확인되었고 다음으로 빠르고 많은 말, 과도한 수다, 들뜬 기분 또는 지나친 목표지향적 행동 순으로 나타났다. 예를 들면 아이가 밤에 5시간밖에 자지 않고도 다음 날 피곤해하지 않는 모습을 보일 수 있다. 또한 학령전기에 과민반응을 보이거나 신체 증상을 자주 호소하는 것, 학령기에 쉽게 울거나 감정기복, 수면장애를 보였던 경우에 16년이 지나 1형 조울병으로 진단될 위험이 높았다. 1형이나 2형 조울병으로 진단되지는 않았지만 특정할 수 없는 조울병인 경우에도 경과가 달라질 수 있는데, 가족력이 있다면 약 58%에서, 가족력이 없어도 약 38%에서 5년 안에 1형, 2형 조울병으로 진행했다.

아이들의 조기 위험 징후를 발견하기 위해 너무 노력하다 보면 아이가 감시받는다고 토로할 수 있다. 따라서 아이의 기분, 증상 외에도 관심사나 친구, 운동, 학교 이벤트 등에 대해서도 충분히 이야기를 나누는 것이 좋다. 또한 위험 징후 확인을 위해서는 다른 가족들도 세심한 관찰이 필요하다는 의견을 공유해야 한다. 심세훈 등이 개발한 '한국형 조울병 선별검사지-청소년용'을 이용하면 조기 발견에 도움될 수 있다.

아동기 조울병의 다양한 모습

과민함

과민함은 조증과 경조증의 증상일 수도 있지만 마찬가지로 불안장애, 우울증, ADHD, 적대적 반항장애 등의 다양한 정신질환의 증상일 수 있다. 아이가 불안하거나 우울하거나 혼란스럽거나 좌절하거나 어른들의 기대로부터 스트레스를 받는 등의 경우에 나타나는 과민함은 힘들다는 신호를 보내는 것으로 이해될 수 있다. 분노발작과 조증삽화를 혼동해서는 안 된다. 분노발작은 스트레스 상황이나 정서 조절의 어려움으로 인해 나타난다. 아이의 과민함이 조증삽화와 연관이 되려면 아이의 평상시 상태와 분명하게 다른 모습이어야 하고, 만일 우울증이나 조증삽화의 증상과 함께 과민함이 호전 악화를 반복하는 경우에는 조울병이 고려될 수 있다. 만일 과민한 증상이 일시적이지 않고 지속적으로 이어진다면 우울증이나 불안장애의 전구 증상의 가능성도 고려해야 한다.

급속순환형

급속순환형이란 기분삽화를 1년에 4회 이상 경험하는 것으로 아이들에게는 더 짧게는 하루 이틀 만에 우울증삽화와 조증삽화를 반복할 수 있다. 다시 말해 아이가 한 달 동안 혼재성삽화를 경험하면서 그 기간 동안 우울증삽화 경조증삽화를 하루 이틀 간격으로 반복한다면 이것은 급속순환형으로 생각될 수 있으며 성인에 비해 아이들에게서 더 흔하게 나타난다.

우울 증상

남아와 여아 사이에 약간의 차이가 있다는 것을 알아야 한다. 사춘기 이전에는 발병에 있어서 차이는 없지만 사춘기가 지나면 여아에서 우울증이 3배 정도 더 높게 나타난다. 남아는 우울감 대신에 지루해하거나 공허감, 불행감이 물질남용이나 사회적인 회피 등으로 나타날 수 있다. 여아는 또래들과의 관계나 자신의 신체상에 관한 문제에 더 많이 몰두할 수 있다.

조울병과 자살위험성

자살 생각과 행동은 청소년 시기에만 국한된 것이 아니라 한 연구에 따르면 13세 이전에도 50% 정도에서 적극적인 자살 생각과 행동을 보였다. 자살 생각이 모두 자살 시도의 전조 징후는 아니지만, 그럼에도 불구하고 아이가 자신의 삶이 무가치하다고 하거나 왜 사는지 모르겠다는 등의 이야기를 하면 무시하지 말고 심층적인 평가를 받아야 한다.

만일 아이가 좀 더 구체적으로 자해나 자살에 대한 계획을 갖고 있다면 안전한 치료를 위해 단기간 입원 치료가 필요할 수도 있다. 입원 자체에 대해서 굉장히 두려움을 갖고 계실 수 있지만 자살 고위험군이라면 비교적 짧은 기간 동안에 평가 및 치료계획을 수립하는 데 도움이 될 수 있다. 마찬가지로 자녀가 약물 또는 칼 등의 위험요인에 접근하지 못하도록 제한하고 안전계획을 세우는 것이 필요하다. 조울병을 앓고 있는 아이들이 모두 자살을 생각하는 것은 아니지만 보통 자살 위험성은 쉽게 드러나지 않기 때문에 주의 깊게 봐야 한다.

자해행동은 자살 시도와는 별개로 10대 시기에 보일 수 있는 흔한 행동이고 우울증보다는 조울병에서 더 흔하게 나타난다. 칼로 자해를 하는 경우 자기 파괴적인 충동을 의미하고 음주, 흡연 등의 물질남용이나 가출, 외박 등의 위험한 행동과 연관될 수 있다.

인지기능 문제

인지기능 문제의 확인은 신경심리평가를 통해서 이루어질 수 있다. 같은 연령대에 건강한 아이들에 비하여 조울병을 앓고 있는 아이들은 기억력, 주의력, 작업 기억력, 실행기능 등에 있어서 어려움을 겪을 수 있다. 일부 연구에 따르면 읽기나 언어적인 유창성에서도 차이를 보였다.

뇌 영상 연구에 따르면 조울병 아이들은 뇌의 전전두엽 활성도가 더 떨어져 있었고 이 점이 기억력이나 주어진 과제의 지속 및 완수, 그리고 정서 조절의 문제와도 관련될 수 있다. 또한 정서 조절에 있어 핵심적인 역할을 하는 편도체와 같은 변연계가 더 활성화되어 있는 소견을 보이기도 한다. 이처럼 전전두엽과 편도체 사이의 연결망에 변화가 있어 정서를 처리하는 데 어려움이 발생할 수 있다. 약물치료나 정신치료 등의 적절한 치료가 제공된다면 전전두엽의 기능을 강화시켜 증상을 개선시키는 데 도움이 될 수 있다.

위의 연구 결과가 조울병 아이의 부모에게는 굉장히 마음 아픈 소식일 수 있지만 학업적·사회적 기능에 있어서는 다양한 편차가 존재한다는 점을 알아야 한다. 치료를 통해 기분이 잘 조절된다면 인지기능에 있어서 상당한 개선을 보이는 아이들도 있다. 따라서 인지기능의 문제는 제때에 적절한 치료를 받게 된다면 그대로 진행되지 않을 수 있다.

또 중요한 점은 아이들의 학업 문제가 단지 동기부족 때문은 아니라는 것이다. 기분 증상이 없다면 아이들은 분명히 조금 더 노력을 기울일 수 있다. 아이가 분명히 열심히 노력한다 해도 기분 증상이나 동반된 질환이 조절되지 못한다면 그 영향으로 인해 학업수행 능력의 어려움으로 이어질 수 있다는 사실을 알아야 한다.

따라서 인지기능에 어려움이 있는 경우에는 학교에서 아이의 적응을 돕기 위한 개별적인 교육 계획을 수립하도록 학교와 소통하는 것이 중요하다. 이를 위해 담임과 심층적인 상담이 필요하며 추가적으로 주의력이나 기억력에 관한 인지치료가 도움이 될 수 있다.

구분해야 하는 다른 질환과 동반질환

소아청소년에서 조울병을 진단하는 데는 다양한 맥락에서 검토가 필요하다. 특히 부모의 관찰을 통한 충분한 정보가 의사에게 중요한 단서가 될 수 있다. 특히 동반질환 진단에 큰 역할을 하는데, 당신 자녀의 학업수행을 통해 주의력 또는 학습에 어려움이 있는지 알 수 있고, 그렇다면 ADHD 같은 질환의 동반 가능성을 확인해야 한다. 물론 기분 상태에 따라 주의력이 영향을 받았을 수도 있다.

또한 언어장애나 불안장애도 동반되는데 기분삽화에 따라 악화되는 양상을 보이기에 기분 증상과 상관없이 나타난다면 별도의 동반질환으로 생각해야 한다. 동반질환에 대한 정보가 중요한 이유는 그 정보에 따라 조울병 진단이 고려되기 때문이다. 예를 들어 10세 아이가 산만하고 신경질적이고 굉장히 초조한 모습을 보인다고 조울병을 진단하는 것이 아니고 ADHD나 불안장애 증상을 넘어서는 조증삽화나 경조증삽화의 증상이 반드시 있어야 한다. 또한 산만함이나 초조함이 조증의 증상으로 간주되려면 평소와는 분명히 다른 모습인지, 수면 욕구의 감소와 같은 조증의 증상으로 인해 악화된 증상인지 확인이 필요하다. 아이의 연령과 발달 수준에 따라서도 증상이 다르게 나타날 수 있는데, 사춘기 이후에 여아에서는 우울 증상으로 나타난다면 아동기에는 불안과 주의력에 어려움을 겪었을 수 있다.

동반질환의 중요성

동반질환은 조울병으로 잘못 진단되기도 하고 실제로 조울병과 함께 진단되는 경우도 있기 때문에 반드시 확인해야 한다. 조울병이 있는 경우에는 적어도 하나의 공존 질환이 있을 가능성이 높고 이는 경과와 치료 과정을 힘들게 할 수 있다. 동반된 부주의함이나 산만함, 불안이 기분삽화의 기간에만 나타난다면 별개의 질환이 아닐 수도 있다. 성인에서 감별해야 할 동반질환이 소아청소년에서도 마찬가지로 나타나지만 아이들에게 조금 더 흔한 질환에 대해 알아보겠다. 보통의 청소년에서 보이는 감정 기복과 조울병의 증상에 대한 비교는 QnA에서 다루도록 하겠다.

주의력결핍과잉행동장애(ADHD)

ADHD와 공통적으로 나타나는 증상과 구별되는 증상이 있다. 과민함, 빠른 말투, 주의산만함, 에너지 증가 등은 두 질환에서 공통적으로 볼 수 있다. 반면 고양된 기분과 과대감, 수면 욕구의 감소, 멈출 수 없는 생각, 성적 활동 증가와 같은 모습은 조울병에서는 나타나지만 ADHD에서는 드물게 보일 수 있다. 두 질환을 감별하기 위해 임상가는 출생 이후 전반적 발달의 맥락을 고려해 증상을 평가해야 한다. 조울병은 일정한 기간 동안 증상이 나타나는 반면 ADHD는 인지기능의 어려움이 지속될 수 있다.

파탄적 기분조절장애

파탄적 기분조절장애는 분노 폭발과 만성적으로 지속되는 과민함을 보이지만 조울병의 진단 기준에 해당하지 않는 경우에 고려될 수 있다. 먼저 상황에 적절하지 않으며 분명하고 반복적인 분노발작이 언어적·신체적·물리적인 공격성으로 나타날 수 있다. 또한 분노발작이 아이의 발달 수준에 맞지 않고 연령 증가에도 나타날 수 있다. 이런 모습이 일주일에 3회 이상 나타나고 분노발작의 사이 동안에도 아이는 짜증스럽고 몹시 화가 나있고 슬프거나 불안한 모습을 보인다. 아이들에게서 과민함은 조증과 우울증삽화에서도 흔히 나타날 수 있기 때문에 감별이 필요하다.

물질사용장애

물질사용장애는 조울병의 증상은 아니지만 조울병을 앓고 있는 10대들에서 매우 흔하게 나타난다. 기분 상태에 따라 흥분제 사용이나 음주와 연관될 수 있는데, 음주 및 흡연은 자해충동과도 연관될 수 있고 치료를 방해할 수 있어 다뤄야 한다.

신체질환

아이들에게는 신체적 질환이 흔하게 동반될 수 있다. 물론 아이가 기존에 비만이거나 높은 혈압과 혈당 등 심혈관계 질환의 위험요인을 갖고 있을 수 있지만, 조울병이 있는 경우에 좋지 않은 식습관과 높은 콜레스테롤 섭취로 심혈관계 질환 위험과 연관될 수 있다. 중요한 점은 이것이 이전부터 지속되던 모습인지 조울병 증상의 일부분으로 나타나는 것인지 아니면 약물치료와 같은 치료에 대한 반응으로 나타나는 것인지 구분하는 것이다. 또한 기분 상태뿐 아니라 신체적인 건강에 영향을 주는 기질적 요인도 고려해야 한다. 부모는 아이가 건강한 식습관을 만들 수 있도록 격려해야 하는데, 불안을 조절하거나 탄수화물에 대한 갈망을 충족시키려는 목적으로 음식을 섭취해서는 안 되고 식사 사이에 간식을 피하도록 교육해야 한다. 우울증이 있는 경우에는 탄수화물에 대한 욕구가 높아지기 때문에 식욕 조절이 어려울 수 있다.

아이의 감정기복을 대하는 방법

아이의 불안정한 기분 상태가 지속된다면 부모님께서 주의 깊게 판단해야 할 부분이 있다. 아이의 기분 변화가 저녁 준비를 어렵게 하거나 학교 갈 준비를 방해하고 과제를 끝마치지 못하는 등의 가정 안에서 어려움을 보이는지 확인해야 한다. 또한 수업 시간에 차분하게 앉아 있지 못한다거나 자주 또래들과 다투는 등 학교에서의 적응에 어려움은 없는지도 확인해야 한다. 이미 치료를 받고 있다면 아이의 기분 변화가 예측 가능한 수준으로 조절될 수 있도록 약물용량의 변화가 필요하다. 기분 변화가 심하지 않은 수준으로 나타난다면 상황에 따른 부모의 반응을 통해 아이가 스스로 조절을 할 수 있게 도와줘야 한다. 예를 들어 아침에 일어나서 짜증을 심하게 내는 경우에는 무시하는 것이 좋고 아이가 지루하거나 가라앉은 기분 상태로 인해서 오후에 집중하기 어려워한다면 구조화된 활동을 계획하고 보낼 수 있도록 해야 한다. 시험 기간에 과도하게 불안해하거나 예민해한다면 오히려 약간의 휴식 시간이나 격려가 도움이 될 수 있다.

2부

조울병,
나만의 문제인가?

진료 현장에서 마주치는 질환으로서의 조울병이 아닌 예술과 정치 및 다양한 분야에서 만날 수 있는 조울병의 여러 모습들을 조명하였다. 역사 속의 수많은 인물들이 조울병에 무너지기도 하였고, 혹은 잘 다스려 극복하기도 하였다. 그에 따라서 비극적 인생을 산 사람도 있고, 창조적 인생을 산 사람도 있다. 여러 예들을 통해 조울병의 다양한 모습을 이해할 수 있을 것이다.

5장

조울병과 창조적 기질

—

"약간의 광기(狂氣)도 없는 위대한 천재란 있을 수 없다."
– 아리스토텔레스 –

조울병을 앓은 창조적인 사람들

상상력과 창의력의 아이콘, 스티븐 잡스! 혁신적이라는 표현이 부족
하지 않은 아이폰과 아이패드를 만들어낸, 그리고 청바지에 검은색
셔츠로 청중을 몰입시키며 자신의 제품과 생각을 소개하는 모습으
로 우리 기억에 각인된 그에게는 약간의 조증 기질이 있었다고 한다.
놀랍게도 우리가 알고 있는 위대한 작가, 화가, 음악가, 배우, 정치가,
사업가 중에는 조울병을 앓았던 사람들이 의외로 많다. 그래서 정신
건강을 연구하는 일부 학자들은 '그들의 위대한 창의적인 업적이 조
울병과 관련이 있었을까? 혹시 조울병이 창의성을 높여주는 병은 아

닐까? 혹은 창의성이 풍부하면 조울병에 걸릴 위험이 높은 건 아닐까?' 등의 다양한 주제를 가지고 연구를 진행해왔다.

그래서 이 장에서는 '조울병과 창조적 기질'에 대한 여러 가지 궁금한 점에 대해 먼저 알아본 뒤 조울병과 관련된 저명한 인물이나 사건들을 각 분야 별로 나누어 소개해보고자 한다.

창조성이란 무엇인가?

'창조성'은 널리 사용되고 현대 사회에서 특히 중요한 특성으로 여겨지지만, 정확하게 설명하기는 쉽지 않은 개념이다. 창조성creativity이라는 단어는 라틴어의 'creo'(만들다)라는 단어에서 기원하였는데, 이는 이후 그리스어에서 'χειρ'(khir, 손) 그리고 동사 'χερεω 또는 χρεω'(khereo 또는 khreo, 손으로 모양을 만들다)라는 단어가 되었다. 이러한 단어에서 알 수 있듯이, 초기의 의미는 손기술과 관련된 의미였지만, 현재는 주로 정신적 작업을 의미한다. 객관적으로 창조성은 창조적 성과의 여부를 바탕으로 판단할 수도 있지만, 많은 창조적 인물의 업적은 많은 세월이 흐른 후에야 인정받을 수 있다는 점에서 창조적 성과가 꼭 필요한 것은 아닐 수도 있다. 현대에는 참신함과 고유함이 창조성을 설명할 수 있는 것으로 여겨지지만, 주의해야 할 것은 실용성과 어느 정도는 균형을 이루어야 한다는 것이다. 효율적이고 새로운 해법을 개발해내는 것이 창의성이라는 정의도 그럴듯하지만, 창의성의 발휘가 꼭 실용적인 면에서가 아니라 미학적인 면에서도 인정받을 수 있다는 점에서 충분한 설명이라고 할 수는 없다. 단, 창조적 사고의 핵심은 새롭고 다양한 해법을 찾아내기 위해 여러 가지 대안적이고 기존 체계를 벗어난 생각을 하는 능력이기 때문에, 지능지수와 같이 질문에 한 가지 정답을 찾아내는 능력을 평가하는 방법으로는 창조성을 평가하기 어렵다. 따라서 창조적 사고는, 개념적으로 서로 다르지만, 관계가 있는 여러 요소들을 전형적이거나 익숙하지 않은 방식으로 유연하고 새롭게 조합하는 능력에 바탕을 둔다고 할 수 있다.

조울병과 창조적인 직업은 연관이 있을까?

아주 오래전부터 창조성은 정신건강 문제와 연관이 있었다. 그리스 신화를 보면 예술의 여신인 뮤즈에게 광기가 있었다는 내용이 있으며, 아리스토텔레스는 천재를 광기와 연관해 말하기도 하였다. 이러한 태도는 저명한 창조적인 인물들이 종종 정신장애를 앓았으며, 창조성이 몇몇 특정 정신건강의학적 질환에서 높게 나타난다는 시각으로 현재까지 이어지고 있다.

안드레아센 교수(1987)는 조울병 증상에 대한 구조화된 면담과 질문을 사용하여 창조성과 기분장애, 특히 조울병 간에 명확한 연관성이 있음을 밝혀냈다. 아이오와대학의 저술가 워크숍에서 창조적인 일류 작가 30명 가운데 조울병(1형 또는 2형 양극성 장애)에 해당하는 비율은 무려 43%로 나타났는데, 이것은 창조적이지 않은 대조군의 4배에 해당하는 수치이다. 또한 문학작가 집단에서는 경조증과 우울증이 나타나는 조울병(2형 양극성 장애)이 30%로, 조증과 우울증이 나타나는 조울병(1형 양극성 장애, 13%)보다 더욱 흔하게 나타났다.

47명의 위대한 영국 작가와 화가를 조사한 다른 연구에서는, 38%가 기분장애로 치료를 받은 적이 있었다고 한다. 특히 시인의 경우에는 17%가 조증으로 치료를 받았는데, 일반 인구에서 조증의 평생 유병률이 1%에 불과하다는 점에 비춰보면 무척 높다는 것을 알 수 있다.

한편 켄터키대학의 루드비히 교수(1992)는 흥미로운 조사를 하였는데, 그는 「뉴욕타임스」 리뷰에 실린 1,005명의 저명인사의 자서전을 검토해 예술분야 전문가들은 비예술분야 전문가들보다 조증과 우울증의 비율이 유의하게 높다는 사실을 알아냈다. 그리고 59명의 여성 작가들을 대상으로 『정신장애의 진단 및 통계 편람, 제3판』(미국 정신의학회에서 출판하는 서적으로 정신건강의학적 질환의 진단을 위해 1952년에 초판이 출간된 이후 몇 차례의 개정이 이루어졌고, 현재 제5판이 사용되고 있다)의 기분장애 진단 기준을 질문지와 면담을 통해 조사한 루드비히 교수의 다른 연구(1994)를 보면, 작가 집단은 우울증(56%)과 조증(19%)의 비율이 연령, 교육, 아버지의 직업군을 짝지은 비작가 대조군 집단(우울증 14%, 조증 2%)에 비해 상당히 높게 보고되었다. 오리건주립대학의 트렘블레이 교수(2010)는 미국에서 대규모 정신건강의학적 질환 유병률 조사에 참가한 2,861명의 성인 정신건강의학적 질환자의 진단명과 직업을 조사하여 1990년에 발표한 적이 있는데, 여기서 그는 조울병 환자들이 '예술적'인 직업에 집중되어 있다고 발표하였다.

이러한 연구 결과를 토대로 보면, 창조적인 직업군에는 조울병이 다른 정신건강의학적 질환보다 많은 비율을 차지하는 것은 확실한 상관이 있다고 말할 수 있다. 그렇다면 조울병 환자들은 비직업적 활동, 즉 일상생활에서도 창조적인 활동을 많이 선택할까?

조울병과 창조적 활동, 취미는 연관이 있을까?

많은 연구에서 조울병은 일상생활에서 창조적 활동이나 취미를 즐기는 수준과 상관관계가 있다고 하였다. 스탠퍼드대학의 산토사 등(2007)은 관해기에 있는 조울병 환자 49명과 관해기에 있는 주요우울장애 환자 25명, 47명의 건강한 대조군, 32명의 창조적 대조군을 대상으로 연구를 수행하였다. 연구 결과 조울병 환자군과 창조적 대조군이 건강한 대조군에 비해 창조성을 평가하기 위한 척도[BWAS]에서 더 높은 점수를 받았다.

조울병은 유전적인 영향을 받는다. 즉 부모, 형제와 같이 가까운 가족 중에 조울병 환자가 있는 경우 조울병이 발생할 위험성이 높다. 그렇다면 창조성도 조울병과 함께 유전될 수 있을까? 앞에서 언급된 루드비히(1994)의 연구에서 작가들의 10%는 부모의 조증 가족력이 있었는데, 작가가 아닌 대조군 집단에서는 5% 정도였다. 다른 연구에서도 조울병이나 순환성 기분장애(짧은 기간 동안 반복되는 경조증과 경도의 우울증이 특징이며, DSM-5에는 조울병으로 발전할 위험이 15~50% 정도라고 기술한다) 환자의 가까운 가족은 조울병과 관계없는 대조군에 비해서 창조성 평가 척도 점수가 높았고, 다른 연구에서도 조울병 환자의 자녀는 창조성이 높았다. 이것은 조울병 소인素因이 일상생활에서의 창조성과 연관될 수 있음을 시사하는 결과이다.

조울병이 심해질수록 창조성도 증가하는가?

앞에서 살펴본 것처럼 조울병은 분명히 창조적인 직업과 일상생활에서의 창조적 활동과 관련이 있다. 그러면 조울병이 심할수록 창조성도 극대화될 수 있는 것일까?

캘리포니아대학의 아키스칼 교수는 이와 관련된 연구 결과를 몇 가지 발표했다. 1988년에 발표된 750명을 대상으로 한 그의 연구를 보면, 경한 양극성 스펙트럼 장애로 진단된 환자군에서는 8%가 매우 창의적이라고 평가되었지만, 그에 비해 1형 조울병, 조현병(=정신분열병), 주요우울장애 집단들의 경우에는 1% 미만이었다. 그리고 유명한 블루스 음악가들을 대상으로 한 그의 또 다른 연구(1994)에서 블루스 음악가들은 심한 조울병에 해당하기보다는 조증 및 순환성 기질 면에서 더욱 높은 점수를 받았다. 2005년의 다른 연구에서는 조울병으로 통원치료 중인 예술가 집단의 43%는 순환성 기분장애에 해당되었으며, 이 비율은 비교 집단(조울병으로 통원치료 중인 일반인)에서보다 4배나 높았다. 또한 이미 소개된 안드레아센(1987)의 일류 작가에 대한 연구에서, 작가 집단에서의 2형 조울병이 30%로서 1형 양극성 장애(13%)보다 더욱 흔했다. 이는 경한 정도의 조울병이 더욱 창조적인 이점이 있다는 사실을 뒷받침한다.

결론적으로, 창조성은 심한 형태의 조증보다도 조울병 기질이 약하게 표현된 경우(경조증과 순환성 기분장애)에 높은 경향이 있다고 여겨지며, 조울병의 유전적 영향(조울병의 가족력)이 있는 사람에서도 그러한 경향이 있다. 조울병 중에서 경조증 수준이라면 자신감과 풍부한 연상이 적절히 표출되어 목적지향적인 창조적 활동으로 발전이 가능할 수 있지만, 증상이 심해져 완전한 조증 상태가 되면 그 증상 자체의 심각함 때문에 오히려 창조성이 저해하는 결과를 초래한다.

무엇이 조울병 환자를 보다 창의적으로 만들까?

아직도 이 질문에 대한 더 많은 연구가 필요한 상황이지만 연구자들은 다음의 세 가지로 설명한다.

첫째, 질병 자체의 특징

슈만, 헨델, 그리고 고흐 등이 왕성하게 작품 활동을 한 시기와 그때의 기분삽화를 대조해보면, 경조증과 조증삽화 시기인 경우가 많다. 실제로 많은 창조적인 예술가와 화가들은 영감이 넘치고 창작열이 불타는 시기의 자신의 기분 상태를 매우 고양되어 환희에 찬 상태라고 묘사하곤 한다. 이것은 경조증의 기분 상태와도 매우 유사하다. 이 시기에는 생각의 속도가 빨라지고 그 내용과 연상작용이 증가하게 된다. 그 결과 생각의 질도 달라질 수 있다. 몇몇 연구에서는 조증환자들이 특징적인 조합적 생각(감각, 생각, 영상 같은 것들이 섞여서 나타나는 생각)이 많고, 다양한 대상들을 한 가지 모호한 개념으로 합쳐버리는 경향이 있다. 또한 조증 기간 동안에 일반적인 반응은 감소하지만 특이한 연상 단어는 3배나 더 많이 말했으며, 경조증 상태에서는 웩슬러 성인용 지능검사[WAIS]의 점수는 높아지고, 고양된 기분이 창의적인 문제해결 능력과 연관이 있다는 흥미로운 결과 등이 보고되었다. 이렇게 창의적 시기와 경조증 시기는 연상 속도의 증가, 새로운 아이디어, 원활한 생각의 흐름, 확장성 등 많은 것을 서로 공유하고 있다.

둘째, 질병과 연관된 기질-성격 특성

예술적인 직업 선택과 연관된 성격 특성을 조사한 29개의 연구를 분석한 결과에서는 '충동성'이 가장 중요하다고 주장한다. 그리고 동시에, 조울병이라는 '질환'은 진화적으로 불리하기만 한 것은 아닐 수도 있다. 조울병은 천재성이나 창의성을 결정하는 여러 유전자의 영향이 조합되어 극단적으로 나타나는 것일 수도 있다. 충동성은 여러 가지 제한에도 불구하고 자신의 것을 드러낼 수 있도록 돕는 역할을 한다. 한 연구에서 창의적인 하버드 대학생은 덜 창의적인 학생에 비해서 억제성이 낮았으며, 이는 충동성이 높음을 의미한다. 조울병에서는 이러한 충동성이 증가되어 있으며, 이는 조증삽화 동안뿐만 아니라 관해 상태(증상이 거의 없이 일정 기간 이상 안정되고 있는 상태)인 경우에도 지속된다.

또한 창의적 직업을 가지고 있는 사람들은 새로운 생각과 경험을 추구하고자 하는 동기를 뜻하는 '경험에 대한 개방성' 영역에서 높은 점수를 받는 것으로 나타났다. 이는 조울병, 특히 조증 위험과도 연관이 있다. 그 외에도 성공에 대한 욕구, 야망, 창조적 목표를 위한 헌신과 인내 등이 창조적 업적을 성취하는 것과 관련된 중요한 성격 특성이며, 조울병 환자들도 이러한 특성을 가지고 있다. 즉 조울병 환자에게서 보이는 이러한 기질-성격 특성이 자신의 창의성을 발휘할 수 있도록 돕는다고 여겨진다.

셋째, 질병을 앓은 경험

퓰리처상을 수상한 여성주의 경향의 미국 시인 실비아 플라스는 "내가 글을 쓰는 이유는 단 하나다. 내 안에서 시끄럽게 구는 목소리들 때문이다"라고 말했으며, 버지니아 울프는 소설 『댈러웨이 부인』에 나오는 한 젊은이가 경험하는 환각과 과대망상 등을 자신의 개인적인 경험을 토대로 써내려 갔다고 말했다.

미국 여류 시인 앤 섹스턴과 시인 존 베리먼은 자신의 고통을 창작에 필요한 요소로 생각하고 있으며, 고통을 피하려 하지 말라고 작품을 통해 밝혔다. 이렇듯 기분장애를 앓은 작가들 중에는 자신의 창작을 자신의 질병 경험, 질병으로 인한 고통, 시련으로부터 끄집어낸 결과로 보는 사람들이 있다. 이들은 기나긴 우울증의 충격과 고통을 묘사하고 어떻게 자신이 이에 대처했으며, 이 경험을 어떻게 작품에 표현했는지에 대해 기술했다.

한편 경조증 상태에서는 대인관계의 변화를 겪곤 하는데, 다른 사람과의 접촉이 늘어나며, 열정적인 때론 파괴적인 인간관계를 경험할 수도 있다. 이러한 새로운 경험을 하면서 예술가들은 삶에 대한 다른 전망을 가지기도 한다. 또한 약한 우울증은 이런 열정을 잠재우고 경조증 시기의 경험을 조용히 뒤돌아보며 냉철히 정리하게 해줄 수도 있다.

조울병 치료를 받으면 창조성이 감소하는가?

조울병에서의 핵심적인 치료는 약물 복용이다. 특히 많이 사용되는 약물에는 리튬과 항경련제(발프로에이트, 라모트리진, 카바마제핀 등)로 대표되는 기분조절제, 그리고 비정형 항정신병약물이 있다. 이 약물이 조울병의 증상을 호전시키고 재발을 막아준다는 사실은 이미 오랜 경험과 연구로 볼 때 명백하다. 하지만 약물치료가 창조성을 저해한다면 치료를 받지 않아야 하는 걸까? 창조적인 직업을 가진 조울병 환자에게 이 주제는 매우 중요하다. 실제 파비트라의 연구(2006)에서 알 수 있듯이 조울병을 앓고 있는 예술인들은 정신건강의학과 치료를 받는 것이 알려지면 대중의 인기가 떨어지고, 약물치료가 창조성을 방해할 것이라는 두려움 때문에 일반 환자들에 비해 치료를 덜 받고 있었다. 정말 조울병 치료 약물을 복용하는 것이 창조성에 부정적인 영향만 끼치는 걸까?

조울병을 앓았던 미국의 위대한 시인 로버트 로웰에 대한 일대기 연구를 살펴보면 그가 리튬을 복용하면서 창작 활동이 호전되는 명확한 패턴을 찾아낼 수 있다. 또한 리튬을 복용 중인 24명의 예술가의 생산성과 작품의 질에 관해 조사한 스코우(1979)의 연구에서 12명(50%)은 리튬 치료에 의해 자신이 창작 활동이 좋아졌다고 하였고, 6명(25%)은 변동이 없다고 하였으며, 나머지 6명(25%)만이 감소했다고 보고했다. 항경련제에 대한 연구는 리튬보다도 적기 때문에 결론을 내릴 수는 없지만, 리튬을 발프로에이트로 바꾼 후 환자가 느끼는 창조성이 개선되었다는 긍정적인 연구 결과가 보고된 적도 있다.

항정신병약물의 경우에는 아직 연구가 부족하지만 여러 연구자들은 항정신병약물이 창조성 측면에서 기분조절제보다 안전하지 않다고 생각한다. 항정신병약물 중에서는 진정 효과가 덜한 항정신병약물과 도파민 길항 효과가 가장 적은 비정형 항정신병약물이 정형 항정신병약물에 비해 창조성과 동기 측면에서 더욱 유리할 것으로 여겨진다. 따라서 창조성을 중요하게 여기는 조울병 환자의 경우 이러한 약물 특성을 고려해 약물 선택과 용량 조절을 해야 한다.

만약 급성기 삽화가 지났다면 완벽한 기분 안정을 치료 목표로 설정하기보다는 그들의 기능 수준에 초점을 맞추는 것이 더욱 좋을 수도 있다. 당연히 이러한 과정에 대해서는 자신의 주치의와 함께 충분히 고민하는 시간을 가지는 것이 좋다. 그렇게 함으로써 자신의 창조성을 지속적으로 가장 잘 발휘할 수 있게 될 것이다.

결론

위에서 살펴본 내용을 종합해보면 조울병과 연관된 창조성은 가벼운 정도의 조증 증상(경조증, 순환성 기분장애)을 겪고 있는 환자에게서, 그리고 조증 또는 경조증삽화를 경험한 적이 없는 조울병 환자의 가족 구성원에게서 가장 흔히 나타난다. 이유는 명확하지 않지만 경조증과 창의성이 공유하는 인지적 특성들과 기질-성격 특성들, 그리고 질병 경험 자체가 조울병에서의 창의성을 증가시키는 것으로 보인다.

치료적 측면에서 창의성이 요구되는 직업을 가지고 있는 조울병 환자의 경우 창의성이 저하된다는 등의 이유로 약물 복용을 거부하기도 하지만 적절한 치료를 받는다면 기분삽화로 인해 창의적인 성취가 단절되는 것이 아니라, 오히려 창의성을 꾸준히 발휘할 수도 있다는 사실에 주목할 필요가 있다.

6장

조울병과 정치가

"온 세계가 무대이며 모든 남녀는 한낱 배우에 불과하다. 각자는 퇴장도 하고 등장도 하며
주어진 역할에 따라 여러 가지 역할을 맡게 된다. 일생은 제7막으로 되어 있다."

– 셰익스피어, 「뜻대로 하세요」 중에서 –

조울병과 성공한 정치인

우리는 항상 '정치'라는 단어와 함께 살고 있으며 '정치'는 인간과
함께 생존하고 있다고 생각할 수 있다. 정치란 무엇인지 한마디로 정
의하기는 어렵지만 일반적으로는 권력투쟁을 통해 인간들이 맺고 있
는 사회적 관계를 유지·재생산시키거나 변화·혁신시키는 인간의 사
회적 실천으로 이해하고 있다.

또한 정치는 정치인들과 일반인들의 사회적 관계라고도 볼 수 있
다. 그러므로 정치인들은 일반인들의 신임을 얻어야 하고 그들의 문
제를 해결해줄 수 있어야 한다. 한마디로 정치인들은 수많은 요구를

해결해주는 다양한 얼굴의 만능 해결사가 되어야 하고 그에 걸맞는 능력을 가지고 있어야 한다. 지금까지 알려진 성공한 정치인 중에는 뛰어난 능력이 조울병의 조증이나 경조증 상태에서 발휘된 경우가 있었는데 그 사례들을 살펴보자.

영국의 정치가 윈스턴 처칠

제2차 세계대전에서 강력한 지도력을 발휘하여 전쟁을 승리로 이끌고, 전후 국제사회의 질서 구축에 크게 이바지하였으며, 제2차 세계대전 이후 '철의 장막' 같은 뛰어난 연설과 문필 능력까지 뛰어나 『제2차 세계대전』으로 노벨문학상까지 수상한 윈스턴 처칠.

프로필만으로 보자면 엄청난 에너지와 열정을 가졌을 것으로 보이는 윈스턴 처칠도 재발성 우울증이라는 정신적인 문제를 앓았다. 이는 놀랍지만 너무나도 잘 알려진 사실이다.

처칠의 우울증은 20대 초반에 시작되었고, 30대 중반과 40대 초반인 제1차 세계대전 동안에도 있었으며, 특히 50대에는 심한 우울 시기였다고 한다. 최고의 전성기인 60대, 제2차 세계대전 당시에는 다행히도 증상이 덜했던 것으로 보인다.

처칠은 우울증만 앓았던 것이 아니었다. 우울한 시기가 아닐 때는 기분 변화가 잦았던 것으로 보인다. 우울한 시기가 지나면 성미가 까

원스턴 처칠

랜돌프 처칠(윈스턴 처칠의 아버지)

다롭고 공격적이었다고 한다. 천사처럼 순하다가 갑자기 악마처럼 사나워진다든지, 파도 꼭대기가 아니면 바닥으로 요동치기도 하였다. 이렇게 기분이 오르내리는 성격을 기분순환형 성격이라고 표현하기도 하며, 가벼운 조증과 심각한 우울증이 반복되는 경우 조울병의 정의에서 2형에 해당된다고 볼 수 있다.

처칠의 이러한 기분장애에는 가족력이 있다. 처칠의 아버지인 말버러 8대 공작인 랜돌프 처칠 경은 섹스에 과도하게 집착하였으며, 신경매독에 걸렸고 조증과 정신병 증상을 겪었다고 한다. 신경매독은 유전되는 질환이 아니라서 이것만으로는 처칠에게 기분장애의 가족력이 있다고 보기는 어렵다. 하지만 처칠의 딸이 약물 과다 복용으로 자살하였고, 처칠의 사촌도 심각한 우울증으로 고통받았었다는 것으로 보아 어느 정도의 기분장애 소인은 가지고 있었다고 할 수 있다.

흔히 우울증은 외부적인 사건이 원인이라고 생각하는데, 처칠의 경우에서 알 수 있듯이 지극히 내부적인 원인, 생물학적인 원인에 기인한 경우가 많다. 부유하고 유명해지고 정치적으로 유력해져 널리 존경을 받았을 때나 전쟁 중 전세가 유리하게 진행되고 있는 상황에서도 조증이나 우울증은 반복되었다. 심지어 전설적인 인물이 되어 존경을 한몸에 받았을 말년에도 스스로를 실패자로 생각하였다. 이는 기분장애와 관련한 인지 이론으로 잘 설명될 수 있는데, 처칠과 같은 위대한 지도자도 우울한 기분이 자신의 업적이나 명예마저도 초라한 것으로 보게 만들 수 있음을 보여주는 좋은 예라고 할 수 있다.

처칠이 활동할 당시에는 지금과 같은 기분조절제나 항우울제가 광범위하게 사용되지 않았고 주로 술에 의지해 스스로를 치유하려 했다. 조울병이 있는 사람들은 알코올 남용을 하는 경우가 잦다. 우울할 때 술이 안절부절못하는 기분을 완화시켜 주는 경우도 있지만 자살의 위험을 증가시키기도 하고 조증 시기에는 과소비, 섹스에 몰입, 폭력 등을 부추기는 경우도 흔히 있으므로 이는 위험할 수 있다. 아무튼 처칠은 술의 도움을 받아 저술 활동을 하였다. 그가 경조증 상태에서 약간 대담해졌다는 것은 그에게나 연합군 측, 즉 자유세계 우방의 입장에서 보면 정말 다행스러운 일이라 할 수 있다.

평화시에 처칠은 주변으로부터 상상력, 능변, 근면함, 능력을 타고 났으나 판단력과 지혜를 가지지 못했다는 평가를 받고 정치의 중심에서 소외되기도 하였다. 그러나 처칠은 자신을 갉아먹는 우울증에

굴복하지 않고 살아 남았던 터라 이를 통해 터득한 현실주의적인 판단이 제2차 세계대전과 같은 위기 상황에서 경이로운 리더십을 발휘하게 하였다.

처칠이 남긴 많은 명언 중에서 "결코 양보하지 말라, 결코 굴하지 말라. 결코, 결코, 결코, 위대한 것이든 사소한 것이든, 커다란 것이든 시시한 것이든 결코 굴복하지 말라"라는 말이라든지, "과거의 일을 과거의 일로서 처리해 버리면, 우리는 미래까지도 포기해 버리는 것이 된다"라는 말은 처칠 자신이 길고 긴 우울증과의 싸움에서 물러서지 않고 이겨내는 과정에서 얻어낸 큰 깨달음의 바탕에서 나온 것이다.

처칠과 관련된 일화들을 보면 그가 과연 우울증을 앓았던가 싶을 정도로 긍정적이며 자신감이 충만해 있고 익살과 유머가 넘치는 사람이었다.

화장실과 관련한 유머를 두 가지 정도 소개하고자 한다. 당시에 영국 노동당은 대기업 국유화를 주장했다. 의회에서 치열한 설전을 벌이다가 정회를 하자, 화장실이 만원이 되었다. 처칠이 들어섰을 때는 빈자리가 딱 하나뿐이었는데, 그곳은 국유화를 주장하는 노동당 당수 애틀리의 옆자리였다. 처칠은 그곳으로 가지 않고 다른 자리가 날 때까지 기다렸다. 이를 본 애틀리가 물었다.

"제 옆에 빈자리가 있었는데, 왜 여기서 기다립니까? 혹시 제게 못마땅한 일이라도 있습니까?"

처칠이 말했다.

"천만에요. 덜컥 겁이 나서 그리로 못 갔습니다. 당신은 뭐든 큰 걸 보면 국유화하자고 주장하는데, 혹시 제 물건도 국유화하자고 달려들면 어쩝니까?"

또 다른 일화로는 1940년 처칠이 영국 총리로서 첫 임기가 시작되는 날이었다. 연설을 마친 처칠은 화장실에서 두 팔을 만세 자세로 들고 있었다. 이 모습을 직원들이 보고 당황한 기색을 보이자 처칠은 말했다.

"의사가 무거운 걸 들지 말라고 해서."

결론

포기를 모르는 도전 정신, 과거를 통해 미래를 보는 뛰어난 예지력, 현실주의에 바탕을 둔 행동주의, 이러한 것이 처칠을 위대하고 존경받는 지도자로 자리매김하게 하였다. 그 밑바탕에는 유머와 긍정적인 마음을 잃지 않고, 자신이 앓고 있는 우울증과 감정의 기복을 시련으로 받아들이지 않고 성장의 밑거름으로 삼았던 그의 인간 승리가 있었다.

미국의 정치가 제시 잭슨 주니어

미국의 흑인 인권운동가로 널리 알려진 제시 잭슨 목사의 장남으로 1965년에 태어난 제시 잭슨 주니어는 어린 나이에 정치를 시작하였다. 1984년 아버지 잭슨이 민주당 대통령 예비후보 경선에 출마하자 열아홉 살의 나이로 아버지의 참모가 되어 정치에 입문하였다. 이후 시카고 남쪽 흑인 지역에 지역구를 두고 정치인으로 활동하였으며, 1995년 30세의 나이로 연방 하원 의원에 당선되었다.

연방하원 의원으로 당선된 뒤부터 그의 화려한 정치 생활이 시작되었다. 1999년엔 빌 클린턴 대통령 부부와 함께 미국 대통령의 캠프 데이비드 별장에서 미식축구 챔피언 결정전을 시청했을 정도였다. 제시 잭슨 주니어는 흑인과 서민을 위한 공약을 앞세워 2012년까지 10선을 기록하며, 시카고를 정치적 기반으로 성장했던 버락 오바마 대통령의 뒤를 이을 차세대 흑인 지도자로 주목받았다. 그리고 2008년 미국 대통령 선거 때는 오바마 캠프에서 선거 공동위원장을 맡기도 했다. 이렇게 빠른 정치적인 성장 뒷면에 점차 어두운 그림자가 드리워지기 시작했다. 바로 필요 없는 지출과 사치에 빠지면서 돈이 궁해졌고 결국 선거자금을 유용하는 사태가 벌어진 것이다.

2009년부터는 제시 잭슨이 정치자금을 유용한다는 이야기가 정가에서 흘러 나왔으며, 일리노이 주 연방 상원 의원직을 노리고 지명권을 가진 다드 블라고예비치 전 일리노이 주지사에게 현금 로비

를 했다는 의혹도 불거졌다. 당시 미
국 하원 윤리위원회가 조사에 나섰
지만 혐의를 입증하지는 못해 위기에
서는 벗어났다. 그러나 이때부터 그의
정치적 입지는 크게 흔들리기 시작했
다. 결국 미국연방수사국(FBI)이 그의
부패 혐의를 조사하기 시작하면서 그
의 비리와 부정이 드러났다. 이런 상

제시 잭슨 주니어

황 속에서도 그는 2012년 11월 선거에서 10선에 성공하였으나 갑작
스런 사퇴를 하면서 정계를 은퇴하였다. 그 이유는 자신이 조울병을
앓고 있고 그것을 치료받기 위함이라고 말하였다.

　2004년도에 제시 잭슨 주니어는 체중 조절을 위해 비만대사 수술
을 받았다. 그 뒤부터 우울한 기분, 불안, 초조, 그리고 기분이 들뜨는
경조증삽화가 있었으나 치료를 받지 않고 지냈다고 한다. 약 8년 동
안 조울병으로 고통받아온 그는 2012년이 되어서야 메이요 클리닉에
서 2형 조울병으로 진단을 받고 치료를 받기 시작하였다. 치료를 받
기 시작한 뒤부터 그의 기분 상태는 안정이 되었으며 이전에 보였던
대인관계의 어려움, 불안, 초조, 예민함의 증상들도 많이 호전되었다.
그리고 제시 잭슨 주니어는 자신이 선거자금을 유용하고 부적절한
결정을 내렸을 때 정상적인 기분 상태가 아니었음을 이야기했다.

　제시 잭슨 주니어는 정계 은퇴 선언을 한 이후 선거자금 유용 혐의

를 모두 인정하고 형량을 감경받기로 검찰과 합의하였다. 법정 최후 진술에서는 "용서의 힘을 믿는다"라며 "나의 과오에 대한 죗값을 치르고 새사람이 되겠다"라고 말했다.

결론

제시 잭슨 주니어는 19세의 나이로 정계 입문을 하면서 승승장구하는 전도유망한 정치인이었다. 남들보다 자신감이 높고 추진력도 강하고 열정을 가진 정치인으로 평가되었다. 하지만 그의 열정과 자신감에는 조울병이 드리워져 있었다. 경조증삽화 때 보이던 자신감과 열정은 우울증삽화가 되면 짜증과 불안, 초조로 바뀌었고 자신이 한 책임지지 못할 말과 행동에 반복적으로 상처를 받았다. 일반적인 2형 조울병 환자들의 경우처럼 증상이 나타난 뒤 오랜 시간 동안 치료를 받지 못하면서 조울병의 정도는 점차 심해지는 양상이었다. 만일 제시 잭슨 주니어가 일찍 조울병을 진단받고 치료를 시작하였더라면, 지금은 정신장애를 극복한 성공적인 정치가가 되었을지도 모르는 일이다.

7장

조울병과 음악가

"음악은 인간이 현재를 인식하는 유일한 영역이다."
― 이고르 스트라빈스키 ―

"음악과 사랑은 정신의 날개이다."
― 루이 엑토르 베를리오즈 ―

음악과 인간의 정서

음악이 없는 세상은 상상하기 어렵다. 세상에서 음악이 사라진다면
어떤 일이 벌어질지 그림동화 『노래하지 않는 피아노』는 말해준다.
피아노 연습에 싫증난 주인공 꽃별이는 음악이 없어졌으면 좋겠다고
생각하게 되는데, 그런 소원이 이뤄진 후 음악과 노래, 악기 소리가
우리를 얼마나 행복하게 만들어 주는지에 대해 깨닫게 된다. 이렇듯
음악은 인간의 삶에 지대한 영향을 미친다. 아마도 그러한 이유는 음
악이 인간의 정서와 관련되기 때문일 것이다. 누구나 자신의 감정과
정서에 정확히 일치하는 음악을 듣게 되는 순간 치유와 소통이 일어

남을 느끼게 된다. 모든 이에게 만족과 공감대를 불러일으키는 전조나 음 관계의 법칙들은 국가나 문화를 떠나 인간성의 보편적 정서에 기초하여 인간을 감동시키고, 각양각색 음들의 결합은 저마다 다양한 의미와 표현으로 개개인의 정서를 대변한다.

오래전부터 많은 철학자와 현인들이 음악과 인간의 정서 간의 밀접한 관련성을 제시해왔다. 대표적으로 아리스토텔레스는 음악은 인간의 감정을 모방하고, 감정에 큰 영향을 미친다고 했다. 또 플라톤은 특정 음악이 정서적 측면에 영향을 미치는 특징에 대해 관찰하고, 어떻게 작곡되고 연주되는지에 따라 다른 감정을 유발시킬 수 있음을 언급하였다. 예를 들어, 일반적으로 장화음은 기쁨과 즐거움을, 단화음은 슬픔과 우울함을 표현하고, 빠른 박자와 불규칙한 리듬은 기쁘고 쾌활하고 즐겁다. 또 개개인마다 다른 정서를 느끼는 경우가 있는데, 이것은 음악이 인간의 기억 속에서 과거의 특정 맥락이나 사건과 연관되어 기억의 회상과 의미 부여를 불러일으키며 그러한 과정에서 정서 반응을 이끌어내는 것이라 볼 수 있다.

조울병과 음악적 창의성

음악적 창의성은 인간의 감정과 정서를 떠나서는 생각할 수 없다. 그렇다면 심한 조울병으로 고통받았던 음악가들의 창작 활동과 극적인 삶을 이러한 측면에서 이해해보는 것은 어떨까? 그들은 극단의 감정 변화와 광기를 경험하면서 느낀 음악적 영감을 통해 인간의 본능을 자극하는 시도를 하였다. 그 결과 탄생한 명곡은 시대를 거듭할수록 새롭게 조명받으며 끊임없는 감동을 선사한다.

낭만주의 음악의 거장 슈만

심한 조울병으로 고통을 받았던 대표적인 음악가로는 낭만주의 음악의 거장인 로베르트 슈만을 꼽을 수 있다. 아내 클라라 슈만과의 사랑은 서양음악사에서 가장 유명한 이야기로, 슈만의 음악은 대부분이 아내 클라라에 대한 사랑을 시적으로 표현하는 내용이었다. 그러나 그것들은 동시에 슈만의 어두운 내면의 고통을 예술로 빚어낸 것이기도 했다.

"음악은 기술이 아니다. 머리와 마음의 기능이다"라는 슈만의 명언처럼 지적이며 미학적이고 그 누구보다 낭만적인 그의 음악은 자신의 어두운 내면의 고통을 견디고 나온 결과물이라고 할 수 있다.

슈만은 이미 20세 초반(1830년경)부

로베르트 슈만

터 정신장애의 징후를 보이기 시작했다. 이후 30세경(1844년경)부터는 경조증 증상(창작력이 왕성한 시기)과 심한 우울증 증상이 서로 교차되어 나타났다. 그럼에도 불구하고 슈만은 1830년에 작품 제1번인 〈아베크 변주곡〉을 시작으로 이후 1840년까지 감정이 풍부하고 진폭이 넓은 다수의 피아노 명곡을 작곡하였다. 1840년 한 해 동안에는 마치 보물 상자 속 보석이 한꺼번에 빛을 발하듯 무려 183곡의 가곡을 작곡하였고, 1841년에는 다수의 교향곡, 협주곡, 실내악곡 등을 만들었다. 그의 독자적인 창조 세계는 최고의 경지에 도달했다는 평가를 받았다.

슈만의 천재적 창조성은 음악 속에 수수께끼 암호를 삽입한 유명한 일화에서도 드러난다. 슈만의 암호놀이 중 대표적인 작품은 〈아베크 변주곡〉이다. 이 작품의 주제는 A-B-E-G-G라는 5개의 음렬로 구성되어 있다. 평범하면서도 로맨틱한 이 멜로디는 이 작품을 헌정받은 백작의 딸인 파울리네 폰 아베크의 이름을 딴 것이다. 또 다른 문자 암호놀이 작품으로서는 대표적 피아노 곡인 〈카니발(사육제)〉이 있다. 이 작품에는 As-C-H라는 일명 '슈만 코드'라는 음형이 기본 동기로 등장하는데(독일 음명에서 As는 Ab를 뜻한다), 당시 사랑하던 여인인 에르네스티네 폰 프리켄과 관련하여 에르네스티네가 살았던 거리의 이름이 다름 아닌 Asch였으며, 이는 철자 순서를 바꾸면 슈만의 이름에서 몇 글자를 뺀 Sch-a-가 된다는 것을 알 수 있다. 이뿐 아니라 이 작품 곳곳에 재미있는 수수께끼 음형이 숨어 있다.

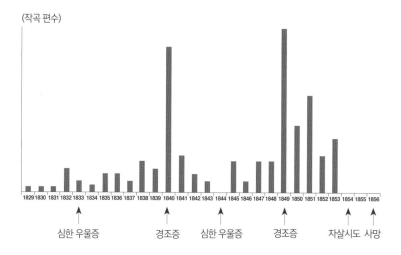

(작곡 편수)

심한 우울증　　　경조증　　　심한 우울증　　　경조증　　　자살시도 사망

　위의 그림을 보면 슈만의 조울병 경과에 따라 작곡 편수가 크게 늘었다 줄었다 하는 것을 알 수 있다. 우울증일 때 슈만은 큰 고통을 겪으며 1년 내내 한 편도 작곡하지 못한 적도 있었다. 결국 슈만은 1954년 2월 라인 강에 투신을 시도했으나 다행히 구조되어 그 후 정신병원에 수용되었고, 1856년 여름 2년간의 투병 끝에 46세로 세상을 떠난다.

　조울병으로 인한 극단적인 기분 및 에너지 변화의 경험, 그로 인한 혼란과 좌절은 분명 전 생애에 걸쳐 슈만에게 많은 고통을 초래하였을 것이다. 그러한 과정이 실제 슈만의 예술성과 창작 활동에 어떤 식으로 영향을 주었는지 명확히 말할 수는 없다. 하지만 슈만이 음악 평론가로서 활동하던 시절 사용한 근사한 두 개의 필명, 플로레스탄

(Florestan, 진취적이고 외향적인 정열가)과 오이제비우스(Eusebius, 절제된 시적인 몽상가)처럼 그가 내면을 울리는 심오한 상상을 통해 훌륭한 예술적 업적을 남겼다는 것만은 부정할 수 없는 사실이다.

발레가 사랑하는 음악가 차이코프스키

러시아의 대표적인 작곡가 차이코프스키 역시 조울병을 앓았을 가능성이 제기되지만, 슈만과는 달리 우울한 상태에서도 많은 작품을 작곡했다고 한다. 차이코프스키의 작품은 선율적 영감과 관현악법에 뛰어나다는 평가를 받으며, 화려하고 정열에 넘친 일면과 우울하고 감상적인 일면을 동시에 가진다. 차이코프스키의 일대기를 다룬 연구에서는 그가 26세부터 52세까지 26년 동안에 12회의 우울증 상태를 보였다고 한다. "나는 숨 쉬는데 공기가 필요한 것처럼 창작이 필요하다. 게을러지는 순간 우울증이 엄습한다. 오직 창작만이 나를 구해준다"라는 차이코프스키의 말처럼 그에게 음악은 정신적 고통에서 벗어나려는 노력이었다.

　유년 시절에 따르던 가정교사와의 이별의 충격이 회복되지 않고, 14세가 되던 해에 어머니가 콜레라로 사망하면서 심한 우울증과 자살 충동에 시달렸다고 한다. 또한 법률학교 기숙사 생활을 하던 이 무렵부터 자신이 동성애자임을 자각하게 되었고, 제정 러시아 당시

동성애를 죄악으로 취급하는 사회적
상황 속에서 좌절과 고독의 시간을
보냈다고 한다. 37세까지 독신이었던
그는 모스크바 음악원 당시 제자였던
안토니나 밀류코바와 결혼하지만 우
울 상태는 보다 심해졌고 불행한 결
혼 생활과 자신이 동성애자라는 것에
대한 죄악과 자괴감으로 강에 투신하

차이코프스키

는 자살을 시도한다. 그럼에도 불구하고 차이코프스키는 후원자 폰
메크 백작부인의 도움을 받아 끊임없이 창작 활동에 매달렸고 이는
계속된 연주와 대중적 성공을 가져왔다. 폰 메크 부인이 갑자기 결별
을 통보하자 심한 우울증이 또다시 재발했고, 이후로도 조울병 의심
증상들은 호전되지 않았다. 교향곡 6번 〈비창〉을 완성하고 얼마 후
1893년 향년 53세의 나이로 사망한다. 콜레라로 사망한 그의 죽음
을 일각에서는 비소 중독에 따른 자살로 보기도 한다.

그는 작곡 활동을 그의 목숨보다 더 소중한 의무로 여겼다고 한다.
그러한 숭고한 열정이 〈백조의 호수〉, 〈잠자는 숲속의 미녀〉, 〈호두까
기 인형〉 등 불후의 발레곡과 6개의 완성된 교향곡을 비롯한 수많은
명곡을 남겼고, 특히 인간의 비탄, 공포, 패배를 담은 최고의 걸작
〈비창〉을 탄생시켰다.

교향곡의 대가 구스타프 말러

후기 낭만주의 교향곡의 대가인 구스타프 말러는 조울병을 겪었는지 확실하지는 않지만 주기적인 우울증과 감정 기복이 있었던 것으로 유명하다. 그의 교향곡은 작곡 당시에는 크게 인정받지 못했으나 지금은 세계적인 오케스트라의 기본 레퍼토리가 되었고 길이와 규모, 가사 등에 있어 교향곡이란 장르를 한층 더 높은 경지에 올려놓은 것으로 평가받고 있다. 무엇보다 그의 대편성 교향곡들은 완벽한 관현악의 조화를 통해 인간과 자연과 우주를 감동적으로 표현한 뛰어난 곡들이 많았다. '말러주의자'라는 뜻의 '말러리안'이라는 말이 있을 정도로 수많은 지휘자들이 말러 교향곡의 해석에 도전하고 있을 정도이다.

말러는 51세로 짧은 생을 마감한 음악가이지만 그의 음악은 세대를 넘어 꾸준한 사랑을 받고 있다. 대표적으로 9개의 완성된 교향곡과 더불어 연가곡(특히 〈방황하는 젊은이의 노래〉와 〈죽은 아이를 그리는 노래〉), 교향곡과 연가곡의 두 성격을 띠는 〈대지의 노래〉가 유명하다.

말러는 오스트리아의 비엔나에서 국립오페라단의 지휘자로 성공하였다. 그러나 어린 시절에는 보헤미아의 유대인 가정에서 태어나 반유대주의로 인하여 고통을 당하였고, 항상 비주류 소수자로서의 고통을 의식하였던 우울한 기질의 사람이었다. 타협하지 않는 성격과 잦은 감정 기복으로 인해 말년에는 비엔나를 떠나 신세계인 미국 뉴욕으로 갔으나, 뉴욕의 메트로폴리탄 오페라에서도 이사회 임원들과의 불화로 고통스러워했다.

구스타프 말러

"나는 삼중으로 고향이 없다. 오스트리아 안에서는 보헤미아인으로, 독일인 중에서는 오스트리아인으로, 세계 안에서는 유대인으로서 그 어디에서도 이방인이다"라고 남긴 그의 말에서 평생 이방인으로서 느낀 소외감과 삶의 고통이 절절히 느껴진다. 또한 가까운 이들의 죽음(남동생의 권총 자살, 어린 딸의 죽음 등)으로 수차례 비탄과 슬픔을 경험하였고, 심장질환의 악화로 사망하기 전까지 죽음에 대한 두려움 속에서 고통받으며 살았다. 말러의 음악은 인종 차별, 사회적 갈등, 소외감, 우울증으로 점철된 그의 극적이고 파란만장한 인생의 행보와 무관하지 않을 것이다. "음악에서 가장 중요한 것은 악보에 기록되어 있지 않다"라는 말러의 말은 인생의 의미와 다양한 인간의 감정을 담고 있는 음악의 심오함을 가장 잘 표현한 말이라 생각된다.

결론

슈만, 차이코브스키, 말러 외에도 유명한 음악가들이 조울병을 겪었을 가능성이 있다. 병원에 수용된 경력이 있었다든지, 또는 자살 시도를 했다는 일화는 매우 많다. 우선 음악의 어머니 헨델이 조울병 환자였다는 주장이 있고, 모차르트의 활발함은 경조증으로 해석될 수도 있다. 베토벤은 감당할 수 없는 폭발적인 감정 표출, 과대망상과 같은 광기에 휩싸이기도 했다. 그 외에도 감정 기복이 심하여 조울병이 의심되는 음악가로는 고전음악 작곡가로 엑토르 베를리오즈, 안톤 브루크너, 오토 클렘페러, 휴고 볼프, 세르게이 라흐마니노프, 조아키노 로시니, 에드워드 엘가 등이 있고, 대중 음악가로는 미국 대중음악가의 창시자 어빙 벌린, 재즈의 전설 찰리 파커, 재즈 피아니스트 버드 파월 등이 있다.

이들 천재적 음악가의 삶은 현실에 만족하지 못하고 고통스런 나날을 보낸 경우가 대부분이었으며, 세속적 부귀와 행복을 추구하는 평범하고 안락한 삶과는 한참 거리가 있어 보인다. 그들의 삶은 한마디로 불행했다고 말할 수도 있다. 그러나 그들은 순탄하지 않는 삶의 굴레와 병으로 인한 고통 속에서도 내면의 알 수 없는 동기와 힘에 이끌려 자신들의 창조적 작업을 포기하지 않았다. 그 결과 인간에게 회복과 치유로 다가오는 위대한 음악들이 탄생되었을 것이다.

끝으로 한 가지 첨언을 하자면, 이 글이 위대한 음악가의 정서 문제에 대해 다루었지만 조울병과 같은 정신의학적 진단을 직접 대면 진료 없이 내릴 수는 없다. 현대의 정신의학 진단은 20세기 후반에서야 정립되었기 때문에 그 이전의 위인들에 대해서는 더욱 그렇다. 우리는 위인들과 주변인들이 남긴 자료들을 통해 추정해볼 수 있을 뿐이다. 최근 국내에서 출간된 슈만 평전에서는 슈만의 정신건강에 대해 굳이 정신질환이 아니고 신경매독이었을 가능성이 높다고 주장하여 정신질환을 더 나쁜 병으로 보는 듯한 서술을 하고 있다. 물론 베토벤과 슈베르트는 신경매독으로 추정하는 문헌들이 더 많다. 신경매독은 치료되지 않은 매독이 말기에 신경계에도 침투하여 많은 정신 문제를 일으키는 질병으로, 현대에는 매독이 초기에 거의 완벽히 치료되기 때문에 매우 드물다. 위대한 음악가들이 매독이었는지 조울병이었는지는 음악학자들에게 중요 연구 대상이지만, 우리에게 그 구별은 그리 중요하지는 않다. 그들이 어떤 병을 앓았던 간에 그들의 위대한 음악의 가치는 변치 않기 때문이다.

8장

조울병과 화가

———

만약 약물로 천재의 우울, 고뇌와 고독을 치료한다면
그의 창조성은 여전히 지속될 것인가? 치료 후에도 그는 여전히 천재일까?

— 자오신산 『천재적 광기와 미친 천재성』 중에서 —

조울병과 화가의 감정 상태

음악, 무용과 마찬가지로 글씨나 그림도 다양한 의미와 함께 작가의
감정이 묻어난다.

　명나라 축지산에 이런 말이 있다. '좋아하면 기가 화합하여 글자가
편안하고, 노하면 기가 상스러워 글씨가 편치 않다. 슬프면 기도 우
울해 글자가 딱딱하게 굳으며, 즐거우면 기가 평화를 찾아 글자가 아
름답다. 마음도 경중이 있듯, 글자 역시 편안하고 아름답고 상스러울
수 있다. 또한 글자는 깊이가 담겨 있기도 하고 비천해지기도 한다.
무궁무진한 변화가 있으며, 기의 편안함과 장엄함, 고담한 아름다움

이 계속해서 들어갔다 나왔다 한다.' 즉 사람의 감정 변화가 생기면 그가 쓴 글씨 역시 변화를 보인다는 의미이다.

국내에서 유명 화가인 이중섭은 그림 주제인 '소'를 통하여 강한 역동성과 거친 모습으로 우직함을 그려내면서 어떠한 것에도 굽히지 않으려는 본인의 의지를 표현한다. 나아가 일제의 지배 속에서 한국을 나타내는 저항의 상징으로 표현하고 있다. '소'에는 시대적 배경뿐만 아니라 작가의 심리 상태가 강하게 반영되었다. 일제 강점기와 한국전쟁 시기에 일본에 사는 부인, 자식과 떨어져 홀로 남겨진 한국에서 추위와 굶주림, 알코올 중독, 인생 경험을 소에 빗대었기에 그의 작품에서 두 가지 감정을 느낄 수 있다.

그림에도 감정이 큰 역할을 하기에, 감정이 요동치는 조울병과 밀접한 연관이 있을 수 있다. 엄청난 에너지를 쏟아내는 통로가 예술이

이중섭, <흰소> (1954)

며, 그런 엄청난 에너지 폭증을 보이는 조울병이 예술가에게 많이 발생하기도 하지만, 오히려 조울병이 그들을 위대한 예술가로 만들었다고 주장하기도 한다. 조울병을 앓았던 화가는 많이 있으나 그중 가장 유명한 화가를 꼽자면 빈센트 반 고흐, 에드바르 뭉크, 앤디 워홀 등을 들 수 있다.

그러나 1부에서 말했듯이, 조울병은 지금도 진단이 어려운 병이다. 또한 여기서 살펴보는 화가들은 조울병 진단기준이 마련되기 이전에 살았기에 진단적 접근보다는 그들의 조울 기질과 창조성에 관하여 살펴보기로 한다.

불운의 화가 반 고흐

1889년 12월 23일, 고갱과의 다툼 후에 자신의 귀를 자르고 그 귀를 다른 사람에게 선물했다는 기행으로 유명한 그는 그 사건 이후 정신병원에 입원 후에 퇴원했지만 불면과 환각 증상으로 병원과 예술가 공동체인 노란집을 오가며 작품 활동을 했다. 그러나 주민들의 탄원으로 병원에 재입원하게 된다. 1889년 7월에는 야외에서 그림을 그리던 중에 발작을 하여 한동안 의식을 잃었고 기억력도 더 나빠졌다. 1890년 1월경에는 격분 상태와 환각이 2개월 이상 지속되어 안정되기까지 몇 주가 지나서야 동생 테오에게 편지를 쓸 수 있었다. 그해 7

빈센트 반 고흐, <감자 먹는 사람들> (1885)

빈센트 반 고흐, <별이 빛나는 밤> (1889)

빈센트 반 고흐, <자화상> (1886)

빈센트 반 고흐,
<귀가 잘린 자화상> (1889)

월 27일 오후에 〈까마귀 나는 밀밭〉을 그린 곳에서 총상으로 출혈을 하며 하숙집으로 돌아온 그를 하숙집 라울 부인이 발견하여 병원에 도움을 청한 지 2일째인 29일 밤에 사망을 한다.

그는 담배와 커피를 즐겼고 식사를 잘 하지 않았다. 폭음을 많이 했으며, 특히 압생트라는 술을 즐겼는데 그 속에는 투존Thujone이라는 환각물질이 포함되어 정신질환의 발병에 영향을 미쳤을 것이다.

최근 여러 학자들이 고흐의 병명을 수십 가지 이상으로 추측하고 있으나, 대체로 측두엽 간질과 양극성 장애(조울병)는 확실하다는 의견이 지배적이다. 스스로의 표현에 의하면 우울하고 차가운 어린 시절을 보냈으며, 결국 아버지가 바라는 목사가 되지 못했다. 자신이 사랑하던 사람에게 버림받았고, 이후 매춘부와의 결혼 역시 가족들에 의해 뜻을 이루지 못하였다. 또한 영혼의 동반자라 여겼던 고갱에게 무시당하고 버림을 받는 등 그의 일생은 불운과 좌절의 연속이었다.

조울병 환자는 우울 시기에는 기분 저하뿐만 아니라 생각의 속도도 느려지고 눈에 보이는 세상도 어둡고 칙칙한 느낌이 드는 반면, 조증 시기에는 물체가 뚜렷하게 보이고, 선명하고, 밝고, 입체감 있게 보이는 특징이 있다. 빈센트 반 고흐의 우울증 시기이던 작품 초기에는 어둡고 음침한 그림이 주를 이루었으나, 그의 인생 말기 때인 조증 시기의 그림은 화려한 색채에 과장되고 왜곡된 사물을 표현함으로써 본인의 감정을 격렬하게 나타낸다.

색의 마법사라는 고흐의 작품들도 그 명암이 구별된다. 고흐는 돈도 없고 인간관계도 그다지 좋지 않아 초상화를 주문하는 사람도 별로 없다보니 1886년부터 1889년까지 약 30여 점의 자화상을 그렸다. 초기의 작품은 피곤하고 스트레스가 쌓인 얼굴을 하고 있으나, 후기의 작품은 강렬한 적색과 황색에서 무서운 광기가 느껴진다.

반 고흐는 자신의 귀를 자른 뒤 곧 생 레미의 정신병원에 입원을 하게 된다. 당시에는 정확한 진단은커녕 제대로 된 치료제도 없어 본인 스스로도 무척이나 힘든 삶을 살았을 것으로 여겨진다. 결국 2년 뒤인 1890년 권총 자살로 추정되는 서른 일곱 살의 짧은 생을 마감했다.

누가 고흐의 귀를 잘랐는지, 자살인지 타살인지, 지금도 논란이 되고 있다. 그러나 정신의학적으로 그런 사실은 중요하지 않다. 그의 900여 점의 그림과 1,100여 점의 습작들은 거의 그가 자살하기 전 10년 동안에 그려진 것으로 어림잡아도 이틀에 한 장의 그림을 그린

셈이다. 지금으로 치면 논문을 2일 만에 한 편씩 쓴 정도다. 그림 대부분은 에너지가 폭증하는 조증 기간 동안에 그렸으며 우울증 기간에는 상대적으로 작품 활동이 저조했다. 이런 양 극단적인 모습이 조울병을 의심케 한다.

작품 활동의 원동력인 광기(=조울병)를 조절하지 못해 37세에 요절한 천재는 결국 사후에 작품의 진가를 인정받는다.

극적이고 내면적인 그림을 그렸던 뭉크

에드바르 뭉크(1863~1944)는 평생 외롭고 고독했다. 어린 시절을 죽음이란 키워드로 설명할 정도로 5세 때 폐결핵으로 어머니가 사망하고 13세에는 가장 친했던 누이 소피에가 폐결핵으로 사망했다. 이후 엄격한 종교적 훈육으로 손찌검까지 했던 아버지로 인해 어머니의 부재는 더 커졌고, 외로우며 내성적인 아이로 성장한다.

20대 청년이 되어서는 항상 사랑을 갈구하고 집착했으며, 비극적이별과 좌절을 겪었고 1889년에 아버지의 갑작스런 뇌졸중으로 인한 사망과 그로 인한 경제적 궁핍, 6남매의 장남으로서 집안 살림에 대한 압박감에 시달렸고, 또한 여동생 라우라가 정신병으로 입원과 퇴원을 반복하던 시기였으며, 1886년에 사망한 누이 소피에의 죽음을 소재로 한 〈습작〉을 처음 발표했지만 화단으로부터 예술을 모욕

하는 오만방자한 화가라는 평가를 들었다.

그로 인해 공황, 우울, 불면, 불안, 피해망상, 환각 등의 증상을 보였다. 조울병과 알코올 중독으로 입원치료도 받았던 뭉크는 자신의 감정 상태가 불안함을 그림으로 자주 표현했다. 즉 인간 감정의 모든 국면을 형상화시키고자 했다. 그 가운데 대표적인 작품이 바로 우리에게 잘 알려진 1893년에 그려진 〈절규〉이다.

〈절규〉는 뭉크가 '생의 공포'라고 부르던 것을 표현한 작품이다. 핏빛으로 물든 하늘과 이와 대조를 이루는 검푸른 해안선, 동요하는 감정을 표현하는 굽이치는 곡선과 날카로운 직선의 대치, 그리고 극도의 불안감으로 온몸을 떨며 절규하는 한 남자! 이 남자의 절규는 인간의 존재론적 불안과 고통에 대한 울부짖음이다. 결국 뭉크는 그

뭉크, 〈절규〉 (1893)

림으로 자기 자신의 심리 상태를 표현한 것이다.

> 친구 두 명과 함께 나는 길을 걷고 있었다. 해는 지고 있었다. 하늘
> 이 갑자기 핏빛의 붉은색으로 변했다. 그리고 나는 우울감에 숨을
> 내쉬었다. 가슴을 조이는 통증을 느꼈다. 나는 멈춰 섰고, 죽을 것
> 같이 피곤해서 나무 울타리에 기대고 말았다. 검푸른 피오르와 도
> 시 위로 핏빛 화염이 놓여 있다. 내 친구들은 계속 걸어가고 있었
> 고, 나는 흥분에 떨면서 멈춰 서 있었다. 그리고 나는 자연을 관통
> 해서 들려오는 거대하고 끝없는 비명을 들었다.
>
> 뭉크의 노트(MM T 2367, 1892)

정신질환을 호소하던 20대의 뭉크의 불안한 심리 상태를 고려하
면, 이토록 강렬한 색감을 품은 거대한 자연은 뭉크에게는 위협적이
었고, 시각적 충격을 주었을 것이다. 뭉크는 이 시각적 충격을 청각적
으로 '자연의 비명'이라 표현했고 그 비명을 듣는 자신의 심리 상태
를 다시 시각적으로 표현한 것이 〈절규〉이다.

뭉크는 정신과적 치료를 잘 받은 후 정서적으로 안정된 상태에서
긍정적인 사고방식을 가지게 되었다. 그에 따라 색채가 밝아지고 작
품 양식이 변화되면서 이전의 표현주의적 강렬함 대신에 삶의 기쁨
과 자연의 풍요로움 및 인간과 자연의 친화가 돋보이는 그림들을 많
이 그렸다.

아이러니하게도 2015년에 오슬로에서 '반 고흐 + 뭉크'라는 이름으로, 암스테르담에서는 '뭉크 대 반 고흐'라는 이름으로 전시회가 열렸다. 10살 차이의 두 예술가는 서로 만났던 적은 없지만, 파리에서 활동했었고, 100년이 지난 현대 예술에 지대한 영향을 미쳤다는 공통점도 있지만, 둘 다 내적 고뇌와 번민으로 고통받은 예술가였으며 그들이 남긴 많은 편지와 노트, 집필에서 고스란히 볼 수 있다는 점도 공통점이다.

단지 차이점이라고는 고흐보다 오래 살았던 뭉크는 다음과 같이 말했다.

> 고흐는 그의 짧은 일생 동안 자신의 화염을 꺼뜨리지 않았다. 그는
> 화염과 숯으로 그의 붓에 불붙였고, 예술을 위해서 자기 자신을
> 불살랐다. 나는 경제적으로 좀 더 여유가 있고, 그보다 좀 더 오래
> 살고 있지만 고흐처럼 생각하고 열망한다. 내가 세상을 떠날 때까
> 지 내 불꽃들이 소멸하지 않고 불타는 붓으로 그림을 그리기를.
>
> 뭉크의 노트(MM T 2748, 1933. 10. 28)

두 개의 영혼을 가진 화가 고야

한 화가가 두 개의 영혼을 갖는 것이 가능할까? 풍자적이고 잔혹하

고야, <카를로스 4세의 가족 초상화> (1800~)

고야, <어리석은 행동들 제4번> (1816~1823)

기까지 한 모습과, 화려하고 약간의 풍자가 포함되었지만 우아한 모습을 보인 화가가 바로 프란시스코 고야이다.

첫 번째 발병으로 '검은 그림' 연작으로 그린 〈변덕〉 시리즈를 보면 괴기하고 독특한, 그리고 풍자적인 모습을 보이고 있다. 그러나 1800년에 그린 〈카를로스 4세의 가족 초상화〉를 보면 왕족답게 우아한 모습과 함께 왼쪽 뒤편 어둠 속에 자신의 모습을 그려 넣은 자신만의 풍자를 가미했다. 설명 없이 이 두 작품을 본다면 한 명의 화가라고 볼 수 없을 것이다. 그리고 인생 말기인 1819~1823년 사이에는 그의 고뇌와 함께 광기가 〈바보의 어리석음〉, 〈어리석은 행동들 제4번〉, 〈티오 파케테〉(1820~1823), 〈두 노인〉(1820~1823)에 나타나고 있다. 이러한 양면성이 창조성과 광기의 경계인 조울 기질로 볼 수 있다.

결론

여러 예술가들의 인생을 돌아보면 일반인이 겪기 힘든 다양한 고통의 경험이 많다. 굴곡진 인생에서 오는 힘든 삶을 이겨내는 한 가지 방법으로 내적 갈등을 예술로 승화시켜 인류의 문화, 역사에 큰 발자취를 남길 수 있었다. 그중에서도 조울병은 어린 시기의 트라우마와 젊은 시기의 심적 갈등으로 생긴 내적 에너지를 어떠한 방향으로 분출하는지에 따라 성공적인 삶이 될 수도, 파멸의 인생이 될 수도 있는 동전의 양면성을 가진 질병이다.

　파멸의 끝단으로 치달을 수 있는 조울병의 새드엔딩을, 적절한 치료와 주변의 도움으로 자신의 창조성을 안정적으로 드러내는 해피엔딩으로 바꿀 수 있기를 바라는 바란다.

9장

조울병과 문학가

"최고의 시절이자 최악의 시절이었다. 지혜의 시대이자 어리석음의 시대였고, 믿음의 시대였고,
불신의 시대였다. 빛의 계절이면서도 어둠의 계절이었고, 희망의 봄이지만 절망의 겨울이기도 했다.
우리 앞에는 모든 것이 있었지만, 또 한편으로 아무것도 없었다. 우리들 모두는
천국을 향해 가고자 했으나, 우리 모두는 다른 방향으로 나아가고 있었다."

– 찰스 디킨스, 「두 도시 이야기」 중에서 –

조울병을 넘어선 위대한 문학가

문학을 하는 사람들 중에 조울병(양극성 장애)을 앓았던 이들은 드물
지 않다. 창의성과 정신질환의 관계를 조사한 연구에 따르면, 작가에
서 발병하는 기분장애의 비율은 매우 높다고 보고된다. 작가들은 대
조군보다 알코올 남용 비율 또한 높았다. 잇따른 연구에서 작가에서
우울증과 조울병의 높은 유병률이 보고되면서 조울병과 작가의 창
의성 사이의 연관 관계는 타당성이 있는 것으로 여겨지고 있다.

  역사적으로 유명한 창의적인 작가 중 조울병과 관련 있는 작가로
는 어니스트 헤밍웨이, 실비아 플라스, 레오 톨스토이, 찰스 디킨스,

에밀리 디킨슨, 버지니아 울프, 마크 트웨인, 애드가 앨런 포, 로드 바이런처럼 우리에게 잘 알려진 소설가, 시인, 언론인, 극작가들이 포함되어 있다. 여기서 언급된 시인, 작가들은 실제 조울병을 진단받고 치료를 받았던 이들도 있고, 기분 증상과 행동 증상 및 가족력 등으로 미루어 보아 조울병을 앓았을 것으로 추정되는 이들도 있다. 이들 대부분은 조울병 외에도 내과적 질환, 알코올 중독, 약물 중독 등으로 고통받고 또는 불우한 생활환경으로 어려움을 겪었다.

실비아 플라스

시인이자 소설가. 그녀는 트라우마, 죽음 및 정신에 대한 개인적인 경험과 감정을 바탕으로 한 독특한 스타일의 시인이었다. 그녀는 자신의 삶과 유사한 자전적 소설 『벨자The Bell Jar』를 포함하여 어린 나이에 수많은 작품을 남겼다. 어린 나이에 아버지를 잃은 상실을 경험하고 학부 시절에 자살을 시도하고 정신질환 증상을 경험했다. 정신 쇠약 이후 그녀는 전기 충격 요법 및 심리치료를 받았지만 우울증과의 싸움은 계속되었다. 31세의 나이에 자살로 사망하기 전까지 그녀는 심한 기분장애로 고통받았다. 그녀가 죽음을 선택할 즈음에 밤늦게까지 일하고 아침 일찍 일어나서 수많은 강렬한 시를 썼던 시기가 있었는데, 이는 그녀에게서 보였던 삽화적인 다작의 시기들이 간헐적인 조증 또는 경조증 상태였음을 암시한다.

버지니아 울프

울프는 영국 작가로 글쓰기에 대한 그녀의 접근 방식은 문학에 큰 영향을 미쳤다. 울프는 1895년 어머니의 죽음 이후 드러나기 시작한 정신질환에 시달렸다. 열렬한 글쓰기의 시기와 아무것도 하지 못한 채 절망과 어둠 속에 잠기는 삽화적 주기를 특징으로 하는 기분 변화를 경험했다. 작가로서 그녀의 성공은 그녀가 겪었던 정신적 고통을 덜어주지 못했다. 1941년 울프는 조울병과의 오랜 싸움 끝에 자살했다.

찰스 디킨스

디킨스는 『위대한 유산Great Expectations』, 『올리버 트위스트The Adventures of Oliver Twist』, 『황폐한 집Bleak House』, 『두 도시 이야기A Tales of Two Cities』 등 셀 수 없는 명작을 남긴 영국 작가로, 역사상 가장 영향력 있는 작가 중 한 명으로 여겨진다. 디킨스 또한 우울증과 불면증을 안고 살았다. 잠 못 이루는 시간 동안 그는 런던의 거리를 배회하며 그의 소설에 등장하는 인물들에 대한 영감을 얻었다. 그가 몸소 체험하여 알게 된 사회 밑바닥의 생활상을 생생히 묘사하고, 세상의 어두움과 모순을 신랄하게 지적했다. 그는 작가로 성공했지만 심한 불면과 우울을 겪으면서 살았고 1870년 뇌졸중으로 사망하였다.

유명한 시인, 작가 중에 조울병을 앓았던 이들이 많다는 것은 놀라운 사실이 아니다. 감정을 깊이 느끼는 능력은 역사상 많은 위대한 작가들에게 고통이자 선물이었다. 자신의 마음속 깊은 인간적인 고통을 글쓰기로 표현하였고, 이것이 그들의 말이 오늘날에도 독자들의 마음과 마음을 사로잡는 이유일 것이다.

조울병과 창작활동

예술적 창의성의 심리적 특징은 경조증 증상의 여러 측면과 유사하다. 작가들의 전기 연구에서 창의적 과정이 조울병과 같은 사고 이상 및 기분장애의 정신병리적 특징과 관련이 있다는 견해가 제시되고, 대뇌의 잠재적 억제 메커니즘의 감소로 인해 보통의 사람들과는 달리 외부 자극에 대한 독특한 인식을 유발하는 것이 그들의 창의성과 관련이 있다는 가설이 소개되었다. 조울병의 특성이 창의성에 기여할 수 있는 반면, 동시에 질병으로 인한 위험을 내포하고 있어 다각적인 이해가 요구되며, 아이디어를 생성하고 창의력을 발휘하는 신경생물학적 모델 연구를 통해 간접적으로 창작 과정에서의 신경생물학적 증거들을 축적하고 있다.

조울병을 겪고 있음에도 불구하고 훌륭한 작품을 남기고 저명한 작가가 된 예가 많지만, 기분삽화를 경험하는 와중의 글쓰기 과정이 다른 사람들의 전형적인 글쓰기 과정과 다르다는 것은 의심의 여지가 없다. 경조증/조증 상태에 있는 경우 엄청난 속도와 많은 양의 글쓰기를 나타내기도 하고, 심한 우울 상태라면 창작의 발상이 저조해지거나 불가능해진다.

조울병을 겪고 있는 작가를 상대로 인터뷰를 통해 그들의 글쓰기 과정에 질병이 어떻게 영향을 미치는지를 연구한 결과에 따르면, 조울 증상으로 인해 경험하는 지각의 변화, 격정적인 감정의 변화, 집중력 저하, 기억력 저하를 극복하는 과정이 글쓰기의 과정에서 여러 형태로 영향을 미친다고 한다. 현재 경험하는 증상의 정도뿐만 아니라 치료를 받는 것에 따라서도 다양하고 복잡하게 영향을 받는다.

우울증 시기의 글쓰기

무감각, 낮은 자신감, 낮은 활력과 에너지 상태와 같은 우울 증상은 작가들의 창작 활동을 방해한다. 작가들이 자신의 질환, 우울증을 '내면에서 비명을 지르는', '통곡하는', '갇힌 듯한', '외부 세계와 단절된 듯한', '기쁨을 느낄 수 없는', '무력한', '절망적인', '살아있는 느낌을 느낄 수 없는', '멍한', '몸을 일으킬 수도 없는', '피곤한', '아무것도 하기가 싫은', '빈정대는', '냉소적인', '염세적인', '세상에서 사라지고 싶은' 등의 표현들로 설명하곤 한다. 우울 시기에 소위 슬럼프가 아닌 우울 증상으로 인한 깊은 나락을 경험한다. 가장 기본적인 단어조차 찾기 어렵고, 창조적인 발상을 하기도, 글을 쓸 에너지를 모으는 것에도 어려움이 있다. 쓰고 있는 이야기를 이어갈 수 없는 느낌, 집필 기능이 정지된 느낌을 경험하고, 그러한 자신에 낙담하고 절필할 지경까지 가기도 한다. 암울하고 우울한 시기에 이러한 절망과 깊은 고뇌를 승화하여 글로 표현하고 훌륭한 작품을 탄생시킨 작가는 소위 위대한 작가 소수이고, 대부분은 우울할 때 글을 쓰기가 어렵다. 감정을 글로 옮기는 것뿐만 아니라, 감정 표현을 하는 것, 감정을 느끼고 인식하는 것조차 어려워 지치고 포기하게 된다.

조울병을 앓고 있는 작가들의 보고에 따르면 가벼운 우울증 상태에서는 창의력을 유지한다고 보고된다. 가벼운 우울증에서는 비록 작업이 활발하지 않고 일관되고 구조화된 작품을 만들 수 있는 에너지가 부족하지만, 아직 예리한 감각을 유지하고 느끼고 글로 표현할 수 있다고 보고한다. 깊은 우울증 상태에서는 글을 쓸 수 없지만, 우울증이 가벼우면 감정을 표현할 필요를 느끼고 행동에 옮길 수 있다. 어떤 작가는 비록 우울 상태에서 글을 쓸 수 있다 해도 우울 상태의 글은 고통 가득한 지극히 개인사적인 글이 되는 경향이 있어, 일부러 글을 쓰지 않는다고도 한다. 물론 개인차가 있고 어떤 작가는 가벼운 우울 시에는 막힘이 거의 없다고 한다. 그러나 전반적으로 우울증이 글쓰기에 미치는 영향은 끔찍할 수 있다. 오랜 기간의 작가 생활 동안 우울한 기간에 작업을 거의 못하고 몇 년간의 공백을 보이는 경우가 드물지 않다.

경조증/조증 시기의 글쓰기

작가들이 자신의 경조증/조증 시기를, '고조되는', '사교적이 되는', '예술적이게 되는', '충동적인', '생각이 빨라지는', '생각을 좇아갈 수 없는', '활력이 넘치는', '뭐든 할 수 있는', '사랑에 빠진 듯한', '짜증나는', '신랄해지는' 등의 표현들로 설명하곤 한다. 조울병을 앓고 있는 작가의 글과 연구는 종종 경조증과 왕성한 창의적 사고의 연관성을 보고한다. 작가의 자기보고는 집중적으로 창조적인 시기의 증상이 경조증 상태를 연상시키고, 경조증의 인지적 스타일(예 : 지나치게 포괄적인 사고, 연관성의 풍부함)과 많은 공통점을 공유한다. 경조증 시기에 글 쓰는 작업의 환희와 전능감을 보고하고, 자신의 작품이 완벽하게 훌륭한 창작이 되는 느낌을 보고한다. 그러나 경조증삽화가 조증으로 진행됨에 따라, 명확하고 신속한 창작의 사고 과정은 점점 지나치고 기괴해질 수 있다. 조증 시기의 글쓰기는 앞뒤가 맞지 않고 아무런 내용도 없었다고 회고하는 보고가 있다. 조증 시기의 글쓰기 작업은 펜이 계속 움직이는데 말이 안 되는 이야기들로 채워진다. 작가의 조증 상태가 고조됨에 따라 글은 작가의 생각을 좇아가지 못하고 글은 흩어지고 읽기 어려운 것이 되기도 한다. 생각이 빨라지는 만큼 빨리 글을 쓸 수 없기 때문에 조증 시기에 글을 쓰는 것이 답답했다고 보고하기도 한다.

우울 증상기의 글쓰기와 마찬가지로 조증 시기에 글쓰기는 조증 증상과 유사하다. 작가들은 더 장황하고 더 많은 생각을 가지고 더 빠른 속도로 생각을 하는 경향이 있다. 조증의 임상적 특징인 '언어압박pressured speech'을 글에서 경험할 수도 있다. 조증 상태로 인해 너무 많이 쓰게 되는데, 결론으로 향해가지 못하고 오랜 기간 글을 쓰게 된다. 광기 수준으로 책을 쓰면서 몇 가지 세부 사항에 대해 지나치게 길게 이야기한다든지, 결론에 도달하지 못하고 세부적인 것에 집착하여 글쓰기를 멈추지 않는데 그것은 내용 없는 단지 하나의 지속적인 흐름일 뿐이었다고 어느 작가는 회고하였다. 어느 작가는 그가 조증 상태일 때 자신이 지금까지 쓴 글 중 가장 위대한 것을 쓰고 있다고 믿었으나, 나중에 읽어 보니 너무 안 좋은 작품이었다고 한다.

조증 시기에는 종종 과대사고를 반영하는 행보를 걷기도 한다. 특정 주제의 정보지를 쓰려고 글쓰기를 시작하였으나 베스트셀러를 쓸 것처럼 정신을 잃고 쓰는 등 광기의 글쓰기는 드물지 않다. 우울 시기의 작품이 내면 성찰에 초점이 맞춰지는 경향처럼, 조증 시기 글쓰기는 그 관심이 외부에 초점이 맞춰져 공개적인 글을 쓰는 경향이 있다. 비판적인 세계 정세를 논하는 글을 쓰거나, 항의나 신고 같은 논평 기고를 하는 경향도 있다. 작은 일에 짜증을 느끼는 조증 상태의 분노와 충동성을 반영하는 글쓰기 활동도 드물지 않다. 그 시기의 증상을 반영하는 글쓰기의 특성은 흥미로운 부분이다. 경조증/조증 시기의 글이 조증 상태에 대한 매혹적인 기록이 되기도 한다.

조울병 치료와 글쓰기

조울병 치료는 글쓰기에 어떤 영향을 미치는가? 약물치료가 작가의 인지기능에 영향을 미치고 창의성을 억제하는지 또는 예방하는지에 대해 논란이 많다. 조울병을 앓고 있는 작가들 인터뷰 연구 결과, 약물치료는 너무 졸리게 하고 정신을 흐릿하게 하고, 조증 상태의 마법 같은 에너지를 앗아간다고 느껴 약물치료를 거부하는 이들도 있다. 반면에 일부 참가자는 치료가 더 안정적인 상태를 만들어주어 더 창의적이 될 수 있다고 믿는다. 어느 작가는 약물요법이 자신의 창조적인 충동에는 영향을 주지만 창의성 자체에는 영향을 미치지 않는다고 말했다.

치료는 작가의 창의력에 어떤 영향을 미칠까? 치료와 관련된 흔한 선입견이 있는데 다음과 같다. 경조증/조증 상태와 관련된 높은 에너지 수준과 다행감이 창의성을 향상시키는 반면에 향정신성 약물로 인해 그런 고조된 기분을 무디게 한다. 또는 우울 시기의 지독한 내면 성찰로 일부 개인의 창의력이 높아질 수 있다. 그러나 이러한 선입견은 까마귀 날자 배 떨어졌다고 하는 현상과 사뭇 비슷하다. 핵심은 우울 증상이 내면 성찰의 주요 전제 조건이 되는 것이 아니고, 오히려 우울 상태를 견디는 자아의 능력이 의미 있는 내면 성찰을 가능하게 하는 것이다. 조증 방어로 현실을 부정하거나 자기 파괴적인 결과를 초래하지 않고, 현재 우울의 상태를 견디고 내면 성찰로 승화할 수 있는 성숙한 자아의 발달이 전제 조건이다. 심리적 어려운 상태를 견뎌내는 성숙한 자아의 기능이 비로소 창조적인 글쓰기 작업을 가능하게 하는 것이다.

평상시 영감이 떠오르지 않아 고뇌하는 작가들에서 경조증/조증 시기의 마법 같은 창의적인 충동에 매료되는 경우도 드물지 않다. 그러나 실제 완성된 작품으로 결과를 만드는 과정에서 많은 경우 중도 포기 또는 비현실적인 증상의 내레이션에 그치는 완성도가 떨어지는 작품을 내놓게 된다. 조증 또는 우울 시기의 창의성이 충만한 느낌은 말 그대로 느낌으로 그치는 경우가 매우 흔하다. 주관적인 느낌과 실제 그러함의 차이는 조울병의 기저에 깔린 정신역동의 특징 – 현실 부정, 전지전능한 환상 – 이기도하다. 이는 그 개인의 깊은 분석적인 작업을 통해 통합되어야 할 부분이기도 하다. 쉽지 않지만 때로는 깊은 자아 성찰을 통한 조울 시기의 심리내적 세계의 이해가 작품에 녹아들어 그 위대함을 발하는 경우가 있다.

조울병 연구에 참여한 많은 작가들은 본질적으로 우울증이나 조증 기간 동안 창의적으로 일할 수 없었다고 보고했다. 우울한 증상 기간에는 인지 능력과 에너지가 감소하고, 조증 기간에는 너무 산만하여 효과적으로 일할 수 없다고 보고한다. 조울병을 앓고 있는 작가들이 자신의 증상 기간을 파괴적이고 비생산적이라고 생각한다는 많은 예가 있다. 심한 조울병을 앓고 있는 미국의 유명한 시인 중 기분조절제의 약물치료 후 더욱 창의적인 활동을 할 수 있었다는 보고가 있다. 조울병 치료제인 리튬과 관련하여 24명의 예술가 그룹(작가, 작곡가, 화가 등)을 대상으로 연구한 결과에 따르면, 생산성과 작업의 질적인 측면을 평가한 결과, 피험자의 절반이 크게 개선되었고, 그들은 치료가 실제로 그들의 창조 능력을 향상시켰음을 발견했다고 한다. 이러한 결과는 적절한 치료가 조울병으로 고통받는 대부분의 창의적인 사람들에게 도움이 될 가능성을 시사한다. 또한 창의적인 예술가에서 높은 자살률 및 자살시도율과 관련하여 치료는 중요한 의미를 갖는다.

결론

많은 작가들이 영감이 넘치고 창작열이 불타는 시기의 기분 상태를 '매우 고양되고 상승되어 환희에 찬 상태'라고 말한다. 이것은 경조증의 기분 상태와 매우 유사하며 창의성과 경조증이 연관이 있는 것으로 판단된다. 경조증 환자들과 창의성이 높은 사람들은 모두 사고의 유창함과 탈억제 특성이 일반 사람들보다 훨씬 많다고 한다. 연구자들은 이 결과를 바탕으로 사고의 유연성과 낮은 억제 성향이 극도로 합쳐질 때 어떤 사람에게서는 정신질환이 초래되고, 어떤 사람에게서는 창의적인 성과로 나타난다는 가설을 제시하기도 하였다. 조울병을 앓은 작가들은 그들의 극심한 고통과 시련을 통해 깊고 강한 감정을 경험하고, 이를 통해 얻은 교훈이나 깨달음을 창작물에 표현함으로써 작품의 깊이와 의미를 완성한다. 그들에게 창작은 자기 내면의 고통과 시련으로부터 끄집어낸 결과인 것이다. 기분 증상에 따라 열정적인, 때로는 파괴적인 인간관계를 경험하며 이러한 경험은 작가들이 삶에 대한 다른 시각을 갖는 계기가 되었다. 경한 우울증 시기에는 경조증/조증 시기의 열정을 누그러뜨리며 그간의 경험을 뒤돌아보고 자신의 경험과 심리 과정을 통합하는 내면 성찰을 가능하게 해준다. 조울병은 작가들이 살아가는 데 실패와 좌절을 주고 학업 또는 직업적 성취를 방해하기도 했다. 하지만 고통스런 과정을 극복해 가면서 경험하는 것들이 인생의 특별한 경험들과 합쳐져 문학이라는 창작물을 낳는 데 귀한 밑거름이 되기도 하였다.

10장

조울병과 영화배우

나는 최고의 정점을 맛보기도 했고, 때론 바닥을 헤매기도 했다.

— 멜 깁슨 —

"지금 조울증 상태다. 지금은 조증인데, 순간에 우울증으로 바뀔지도 모른다."

2013년 10월에 한 배우가 라디오 프로그램에 나와 한 이야기이다. 여러 매체에서 이 발언을 두고 '여배우의 조울병 고백'이라는 제목으로 기사들이 쏟아져 나왔다. 그러나 실제 이 배우가 말한 '조증'이란 영화 개봉을 앞두고 '흥행이 잘될까' 하는 기대 때문에 긴장되고 흥분된 상태라는 표현이었다. 즉 본인이 조울병을 앓고 있다는 고백은 아닌 것이다. 그러나 정신질환에 대한 편견이 만연한 대한민국에서 연예인이 조울병이라는 단어를 입에 올린 것만으로도 충분한 기삿거리가 되었던 사례이다.

물론 본인이 조울병을 앓고 있다고 스스로 고백한 배우들도 있다. 지금부터 어떤 배우들이 본인의 지병을 밝혔고 또 어떻게 극복하였는지 알아보도록 하자.

"A long time ago in a galaxy far, far away…"로 시작하는 역사적인 SF영화가 있다. 2019년 9부작으로 대단원의 막을 내린《스타워즈》라는 작품이다. 수많은《스타워즈》의 등장인물들 중에서 특히 사랑을 받았던 인물은 레아 공주라 할 수 있다. 1977년부터 1983년까지의 오리지널 시리즈에서는 제국군에게 수난을 당하는 약한 모습이었다면, 2015년부터 시작된 마지막 시리즈에서는 제국군에게 멋진 반격을 날리는 저항군의 리더로서의 모습을 보여주었다.

영화 속 레아 공주의 삶이 순탄치 않았던 것처럼 현실에서 캐리 피셔의 삶도 많은 굴곡이 있었다. 캐리 피셔는 레아 공주의 이미지가 너무 강하여《스타워즈》시리즈 이후로는 영화에서 주연을 거의 맡지 못했으며, 마약중독과 비만 등으로 고생하였다. 또한 본인이 자서전에서 밝힌 바와 같이 조울병을 앓으며 긴 투병 생활을 하기도 했다. 본인이 앓고 있는 우울증에 black dog이라는 이름을 붙인 처칠처럼 캐리 피셔도 본인의 기분 상태에 이름을 붙였다. '기분의 급류를 타고 있는 로이'와 '벼랑 끝에 서서 흐느끼는 팸'이 그들이다. 조증의 상태를 로이라 부르고 우울증의 상태를 팸이라 부른 것이다.

마약을 투약하기 시작한 것은 조울병에서 벗어나기 위한 일종의 자가치료였다고도 말하였다. 전기충격요법을 받아야 할 정도로 증상이 심하였다고 말하였다. 후에 마약중독에서 벗어나 제대로 된 조울병 치료를 받기 시작하며 말하기를 "약을 먹으면 정상적이라고 느낄 수 있다"라고 고백하였다. 이러한 어려움 속에서도 적절한 약물치료와 조울병 자조집단 활동을 통해서 조울병과 약물 중독을 극복하면서 자서전과 영화 대본작업 등을 훌륭히 해냈다. 또한 2001년에는 한 정신과 전문잡지 인터뷰에서 본인이 어떤 병을 앓았고 어떻게 극복하고 있는지를 용기 있게 공개하여 조울병을 앓고 있는 사람들에게 희망을 주려고 하였다.

캐리 피셔 이외에도 스스로 조울병을 앓고 있다고 고백한 배우들이 많은데, 조울병과 관련된 유명인사 10인 안에 항상 꼽히는 캐서린 제타 존스가 대표적인 예이다.

그녀는 할리우드의 유명배우인 마이클 더글라스의 아내이자 《마스크 오브 조로》, 《엔트랩먼트》 등 수많은 영화의 주연을 맡은 여배우이다. 2010년 남편 마이클 더글라스가 암에 걸려 투병하는 중에 2형 조울병(경조증과 우울증이 반복되는 조울병의 한 형태, 2형 양극성 장애)에 걸렸었다고 고백하였다. 그녀의 작품 목록을 찾아보면 2009년부터 2011년 사이 주연을 맡은 영화가 없다는 것을 알 수 있다. 그 시기에 주로 우울증 상태였으며, 정신건강 전문가의 도움을 받았다고 고백하였다. 2012년 이후 다시 6편의 주연을 맡으며 활발히 활동하고 있는 것을 보면 치료가 성공적이었다는 것을 알 수 있다.

그녀의 성공적인 치료를 가능하게 한 중요한 요소로는 가족의 지지를 빼놓을 수 없을 것이다. 남편인 마이클 더글라스는 본인이 암 투병 중에도 아내인 캐서린 제타 존스에 대한 깊은 사랑을 지속적으로 표현하였고, 캐서린의 조울병 치료에 매우 적극적으로 참여한 것으로 알려져 있다. 그들의 친구는 한 잡지와의 인터뷰에서 "그보다 더 지지적일 수는 없을 것이다. 그들은 한 몸과 같다"라고 말하였다. 조울병을 대하는 그녀의 태도 역시 치료에 큰 도움을 주었다.

2013년에 그녀가 다시 조울병 치료에 들어갔다는 기사가 났을 때 그녀는 "조울병은 수백만의 사람이 앓고 있는 질환이며, 나도 그중에 한 명이다. 병을 숨기면서 고통받을 이유도 없고, 도움받으려는 사람은 부끄러워할 이유도 없다"라며 치료에 당당히 임하는 자세를 보여 주었다. 훌륭한 가족의 지지 체계와 본인이 치료에 적극적으로 임하려는 자세가 그녀의 성공적인 치료와 재기에 큰 영향을 미쳤을 것으로 생각된다.

멜 깁슨은 1977년부터 연기를 시작한 배우로 최근에는 감독으로도 활발히 활동 중이다. 멜 깁슨은 배우 겸 감독으로서 활동한 시간도 많지만 술과 함께 보낸 시간도 많았다. 스스로도 열세 살 때부터 음주를 시작했다고 밝혔으며 음주운전으로 처벌받은 경력도 화려하다. 30대 중반에 자살 시도를 한 경력도 있으며, 2010년에는 여자친구 폭행사건으로 곤욕을 치르기도 했고, 유태인과 여성에 대한 부적절한 발언들로 많은 안티 팬을 거느렸다. 그의 반복적인 음주, 자살 시도, 공격적 행동, 충동적인 발언들 모두 조울병을 의심할 수 있는 소견들이다. 2002년 한 매체와의 인터뷰에서 "나는 최고의 정점을 맛보기도 했고, 때론 바닥을 헤매기도 했다. 최근에야 내가 조울병이 있음을 알았다"라고 말해 그의 행동들이 조울병에 의한 것이라는 게 확인되었다.

멜 깁슨에게 조울병은 인생의 짐이었지만 그의 창조성의 원천이기도 했다. 독실한 가톨릭 교인이면서도 자살 시도를 했었던 경험들은 자신의 인생을 돌아보고 인생의 참 의미가 무엇인지를 고민하는 계기가 되어, 후에 《패션 오브 크라이스트》의 각본을 쓰고 감독을 하는 자양분이 되었다. 또한 그의 최근 주연작인 《비버》에서 그는 성공한 사업가이자 행복한 가정의 가장이 우울증에 걸려 망가지는 과정과 이를 극복하기 위해 노력하는 과정을 사실적으로 보여주었다. 이는 본인이 조증 시기와 우울증 시기를 경험하였기 때문에 더욱 멋진 연기를 보인 것이리라 짐작된다.

"Chanel No.5만을 입고 잔다"라고 말했던 메릴린 먼로도 정서의 문제를 가지고 있었으며 기분 변화의 폭이 컸다는 증언이 있다. 《바람과 함께 사라지다》의 주인공인 비비안 리 또한 조울병을 앓았다. 특히 비비안 리의 경우 그녀가 활동하던 시기에는 요즘과 달리 조울병을 치료할 수 있는 약물들이 개발되기 전이었으므로 제대로 된 치료를 받지 못하였고, 그로 인해 여배우로서의 평판과 로렌스 올리비에와의 결혼 생활을 망치게 된다. 적절한 치료 시기를 놓쳐 배우로서의 경력을 망친 예로는 《터미네이터》에서 여전사 역할을 맡았던 린다 해밀턴을 빼놓을 수 없다. 그녀는 20세에서 40세까지 20년 동안 조울병을 앓았다. 조울병 치료 약물을 복용하는 것이 그녀가 가진 배우로서의 능력을 없애버릴 것이라는 막연한 걱정 때문에 전문적인 치료를 받지 않고 술과 다른 약물들을 복용하며 조울병을 이겨내려 하였다. 그 결과, 그녀의 조울병은 오히려 악화되었고 그녀는 20세에서 40세까지의 시간을 '잃어버린 시절'이라고 표현하였다.

조울병을 앓는 한국의 배우들

비교적 정신질환에 대한 편견이 적은 외국에 비해 아직 우리나라에서 자신의 조울병 병력을 밝힌 영화배우는 거의 없다. 2010년 영화와 TV 예능 프로그램 등에서 활발히 활동하던 남자 배우 A씨가 마약 투약 혐의로 검찰 조사를 받던 중 자신의 마약 투약이 조울병 때문이라 밝히며 선처를 호소한 일이 있으며, 한국의 대표 배우 B씨가 "한때 조울병에 시달렸으나, 각종 운동으로 이를 극복했다"라고 밝힌 것이 전부이다. 최근 군입대를 한 젊은 배우 C가 본인이 조울병을 사유로 사회복무요원으로 대체복무를 할 것이라 밝히기도 하였다. 그러나 조울병의 유병률이 3~6%라는 사실에 비추어보면 아직도 많은 영화배우들이 본인의 병을 인식하지 못하고 있거나, 대중의 편견이 무서워 치료받지 못하는 것으로 짐작할 수 있다.

영화배우들이 유독 조울병이 많은 이유

왜 영화배우들에게 유독 조울병이 많은 것일까? 물론 조울병적 기질이 연기에 도움이 되었을 수도 있으나, 심한 조증 상태나 우울증 상태에서는 배우로서의 생활이 불가능하기 때문에 조울병을 가진 사람이 배우로서 성공하기는 어려운 일이다.

영화배우들의 삶에 대한 대중의 관심이 높아 그들의 일거수일투족이 언론에 노출될 기회가 많고, 정신질환의 여부가 뉴스거리가 되어 유독 많게 느껴진다고도 할 수 있다. 그러나 다른 한편으로 영화배우의 삶 자체가 조울병의 위험요소가 될 수도 있다. 앞서 언급한 여러 예처럼 모든 이에게 주목받고 엄청난 인기를 누릴 때는 저절로 기분이 고양될 것이나, 영화의 흥행이 실패하거나 대중의 관심이 한순간에 사라져버릴 때는 극심한 우울감을 느낄 것이 분명하다.

2008년 전 국민에게 큰 충격을 안겨 주었던 한 여배우의 자살 이후 남자 배우 B씨는 한 매체와의 인터뷰에서 "정상을 경험했던 사람은 그 후 인기가 떨어지는 것을 경험하면서 극심한 스트레스를 겪게 된다. 그것을 어떻게 잘 극복하느냐가 중요하다"라고 말했다.

또한 영화배우들은 영화를 촬영하는 시기와 쉬는 시기의 생활 방식이 판이하게 다를 수밖에 없다. 영화 촬영 중에는 만성적인 수면 부족에 시달리며 항상 긴장 속에서 생활하게 된다. 적절한 수면 시간을 유지하는 것은 병의 악화를 막고 재발을 막을 수 있어 정신건강의학과 전문의들이 조울병 치료에서 가장 중요하게 생각하는 부분이다. 심지어 수면 박탈로 조증을 유발할 수 있다는 연구 보고도 있다.

영화배우들은 만성적인 수면 부족, 스트레스 등으로 인한 조울병의 고위험군이라 할 수 있다. 더욱이 조울병이 발병하여도 편견이 무서워 치료받으려 하지 않고, 치료 약물에 의한 부작용을 두려워하여 체계적인 치료를 받지 않으려 하다가 배우 인생을 끝내기도 한다. 과연 남자 배우 B씨가 '각종 운동'만으로 조울병을 극복하였을까? 정신건강의학과 의사로서 단언하건대 운동은 조울병 치료에 도움이 될 수는 있으나, 운동만으로 조울병을 치료할 수는 없다. 또한 "한때 조울병으로 치료받았었다"라는 표현들도 사실이 아닐 것이다. 조울병은 재발이 잦은 병이라 지속적인 유지 치료가 꼭 필요하다.

결론

일반 사람들이 영화배우와 같이 롤러코스터를 탄 듯한 삶을 살지는 않지만, 영화배우들처럼 지속적인 스트레스 상태, 만성적인 수면 부족 등에 시달린다면 조울병 발병의 위험성이 커질 것이다. 또한 감정의 기복이 생기고 행동 양상의 변화가 있어 조울병이 의심되는 상황임에도 불구하고 사람들의 편견과 약을 먹는 것이 두려워 치료를 미루기만 한다면 영화배우가 더 이상 연기를 하지 못하는 것과 같이 우리의 직장생활, 가정생활을 유지하지 못할 것이다. 조울병을 성공적으로 극복한 영화배우들의 예에서 지속적인 치료의 중요성과 극복을 향한 희망을 찾아내야 한다. 조울병을 앓고 있지만 여전히 훌륭한 연기자로서의 역할을 하고 있는 한 남자 배우에 관한 기사 중 한 문장이 기억난다.

"그에게는 수많은 위기가 있었지만, 단 한 번도 극복하지 못한 적이 없었다."

11장

소설 속의 조울병

―

"인간실격. 이제 나는 더 이상 인간이 아니었습니다."

― 다자이 오사무, 『인간실격』 중에서 ―

조울병 환자의 모티브, 소설 속 인물

조울병 환자는 여러모로 극적인 면모를 가지고 있어 문학이나 미술, 영화 등 예술작품의 소재로 다루어질 소지가 다분하다. 하지만 실제로 예술가 그 자신이 조울병 환자로 알려지는 경우에 비해, 문학작품 속에 등장하는 인물 가운데 유명한 조울병 환자는 의외로 많지 않다. 크게 다음의 이유일 것으로 생각된다.

우선 작가가 인물을 설정할 때 조울병 환자를 상정하거나 조울병에 대한 전반적인 이해를 바탕으로 설정하였다기보다는 천재, 광인, 정열적 인물, 멜랑콜리아 등 대중적으로 각인된 전형적 캐릭터를 취하거나 이 가운데 소설의 플롯에 도움이 될 몇 가지 요소들(대개는 극적이고 매력적인 것들)을 선택적으로 취합하였을 가능성이 높다. 작가가 실제 조울병 환자를 경험하고 나서 모티브를 얻은 경우도 있겠으나, 그 경험이 종적이 아니라 횡적인 것이었다면 작품 속에 조울병 환자의 정확한 특성을 담아낼 수는 없었을 것이다. 더욱이 조울병이 명명된 것은 불과 한 세기 내의 일로서 고전문학에서 조울병의 증상들이 질병의 시각에서 다루어졌을 가능성은 낮고, 소설 속 가상의 인물이 현실 속의 조울병 환자를 온전히 대변한다고도 할 수 없을 것이다. 따라서 우리가 소설 속 인물의 조울병에 대해 이야기할 때 그 인물이 조울병 환자라고 단정하기는 어려우며, 조울병 환자의 모티브를 갖고 있는 인물이라고 말하는 것이 보다 타당할 듯하다.

또한 예술가 자신은 현실 세계 속에서 가시적인 행위를 통해 주변인들에게 조울병 증상을 드러내게 되지만, 소설 속 인물은 독자가 그 소설을 읽고 이야기하지 않는 한 존재가 드러날 수 없다. 다시 말해, 소설이 대중적인 성공을 거두거나 문학적 가치를 인정받지 못할 경우에는 작품 속 등장 인물이 회자될 가능성이 많지 않은 것이다. 이러한 이유들로 인하여 소설 속 인물의 조울병을 이야기하기란 결코 쉽지 않다. 하지만 몇몇 유명한 주인공들에게서 조울병으로부터 비롯되었을 가능성이 높은 모티브들을 추론해볼 수도 있겠다. 물론 조울병 환자로 알려진 작가가 자전적 소설을 쓴 경우라면 작품 내 인물을 놓고 조울병에 대해 이야기하기가 보다 수월할 것이다.

칭송받는 열정, 베르테르

스물다섯 살의 청년 괴테는 법관 시보로 근무하던 중 샤를로테 부프라는 여성을 만나 첫눈에 사랑에 빠진다. 하지만 그녀는 이미 약혼자가 있는 몸이었다. 절망감을 이기지 못한 괴테는 수습 근무를 그만두고 낙향한다. 고향에서 유부녀를 사랑한 친구의 자살 소식을 접한 괴테는 격정 속에서 신들린 것처럼 4주 만에 『젊은 베르테르의 슬픔』을 완성한다.

이 작품의 주인공 베르테르는 절대적 사랑을 희구하는 순수한 영혼과 풍부한 감성의 소유자이자, 사회의 모순을 직시하는 예리한 지성을 지닌 청년의 영원한 상징으로서 열광적인 호응을 불러일으켰다. 이 작품은 베르테르 신드롬을 일으키며 당시 '질풍노도Sturm und Drang' 문학 운동의 구심 역할을 했으며, 시대를 뛰어넘어 삶에 고뇌하는 모든 청춘들에게 울림을 주는 고전으로 평가받는다. 그런데 의학적인 시각으로 베르테르를 바라보면 몇 가지 의문이 남는다. 베르테르가 권총을 이마에 갖다 대자, 이를 말리는 로테의 남편 알베르트와 자살에 대해 논쟁하는 장면을 보자.

> "바람을 피운 아내와 저열한 유혹자를 의분을 삭이지 못해 죽인
> 남편에게 누가 먼저 돌을 던질 수 있겠는가? 그저 없는 환희의 시
> 간을 맞아 걷잡을 수 없는 사랑의 희열에 몸을 맡긴 처녀에게 누

가 먼저 돌을 던지겠는가? 우리나라의 법률 자체도, 아무리 냉혹하고 고지식한 법관이라도, 감동을 받아서 처벌을 철회할 걸세."

"그건 전혀 그렇지 않아." 알베르트가 대꾸했다. "격정에 사로잡힌 사람은 일체의 분별력을 잃고 취한이나 미친 사람으로 간주되니까."

"아, 자네처럼 이성적인 사람들이란!" 나는 웃는 얼굴로 소리쳤다.

"격정! 도취! 광기! 자네 같은 사람들은 아무런 동정심도 없이 느긋하게 지켜보기만 하지. 자네처럼 윤리적인 사람들은 술꾼을 나무라고 정신 나간 사람을 혐오하고 성직자처럼 그냥 지나쳐버리지. 그러면서 하느님이 자신을 그런 부류의 인간으로 만들어주지 않아서 다행이라고 바리새인처럼 감사하지. 나도 가끔 취해본 적이 있고 나의 격정은 광기에서 멀리 떨어져 있지 않지만, 나는 그 두 가지를 후회해본 적은 없네. 왜냐하면 뭔가 위대한 일, 불가능해 보이는 일을 해내는 비범한 사람들은 모두 예로부터 취한이나 광인으로 지탄받았다는 것을 내 나름으로 깨달았기 때문이지. 그런데 평범한 생활에서도 어느 정도 자유롭고 고귀하고 예기치 않은 행동을 하면 어김없이 '저 인간은 취했군, 바보같이 굴잖아!'라며 흉보는 소리를 듣는 것은 견디기 힘든 일이야. 자네처럼 냉정한 사람들은 부끄러운 줄 알아야 한다니까! 똑똑한 체하는 사람들이야말로 부끄러운 줄 알아야 해! 인간 본성에는 한계가 있어. 기쁨과 괴로움과 고통을 어느 한도까지는 견딜 수 있지만, 그 한도를 넘어가면 곧바로 쓰러지고 말지. 그러니까 나약한가 강인한가의 문제가 아니고, 도덕적으로든 신체적으로든 간에 과연 어느 한도까지 고통을 견뎌낼 수 있는가의 문제야. 그래서 나는 스스로 목숨을 끊는 사람을 비겁하다고 하는 것은 이상하다고 생각해. 마치 고약한 열병에 걸려 죽는 사람을 비겁하다고 하는 것이 적절치 않은 것과 마찬가지야.”

“그건 궤변이야! 말도 안 되는 궤변이라고!” 알베르트가 소리쳤다.

“자네가 생각하는 것처럼 그렇게 터무니없지는 않아.” 내가 대꾸했다. “다음과 같은 경우를 죽음에 이르는 병이라고 하는 데는 자네도 동의할 걸세. 일단 이 병에 걸리면 심신이 극심한 타격을 받아서 기력이 소진되고 작동을 멈춰서 다시는 기력을 회복할 수 없고, 제아무리 획기적인 소생술을 써도 생명의 정상적인 운행을 복구할 수 없게 되지. 그런데 이런 경우를 인간의 정신에 적용해보세. 제한된 환경에서 살아가는 사람은 외부의 자극에 영향을 받고 특정한 생각에 고착되어서 마침내 격정이 점점 크게 자라나 차분한 사고력을 잃고 파멸로 치닫는 것이지. 느긋하고 이성적인 사람이 그런 불행에 빠진 사람의 상태를 위에서 내려다보았자 아무런 소용도 없어. 그런 사람에게 뭐라고 설득해도 아무런 소용이 없다고! 환자의 병상을 지키는 건강한 사람이 자신의 기력을 아픈 사람에게 조금도 불어넣어주지 못하는 것과 같은 이치야.”

출처 : 『젊은 베르터의 고뇌』, 임홍배 옮김, 창비, 2012년

베르테르의 격정적이고 극단적인 모습은 도덕과 이성의 논리적 사고로 대변되는 고전주의에서 감정과 열정을 추구하는 낭만주의로 넘어가는 시대 변화 속에서 큰 반향을 일으켰다. 이러한 시대적 가치 판단을 잠시 유보하고 바라본다면 우리는 이 대화 속에 조울병 환자의 조증삽화에서 나타나는 충동성 증가와 판단력 저하, 팽창된 자신감, 퍼붓는 듯한 압력성의 발언 등을 엿볼 수 있다. 더욱이 베르테르의 말로부터 그가 우울증삽화를 겪은 적이 있으며, 당시 보였던 증상이 조울병의 우울증삽화에서 흔히 나타나는 마비된 듯한 무력감^{leaden paralysis}과 유사했던 것을 알 수 있다. 아마도 이 시기의 베르테르는 우울증삽화로부터 점차 조증이나 혼합형 삽화로 넘어가는 와중이 아니었을까 추정된다.

소설은 결국 베르테르의 권총 자살로 막을 내린다. 10~15%에 이르는 조울병 환자의 자살률을 대변하는 것처럼 말이다. 어쩌면 베르테르는 조울병 환자에 대한 낭만적 이미지를 형상화한 대표적인 인물일지도 모른다. 언젠가 한 독서토론 프로그램에서 베르테르가 조울병 환자일 가능성이 있으며, 적절한 치료를 받으면서 조금만 견뎠더라면 죽음에 이르지 않았을 수도 있다는 현실적인 이야기가 나왔다. 하지만 많은 사람들이 아직까지도 베르테르의 열정에 대해 깊이 공감하면서 자살로 마무리되는 소설의 결말에 대해 긍정적으로 평가한다. 이처럼 시대를 불문하고 사회의 규율에 저항하고 격정적인 사랑을 하는 청춘은 강렬한 매력과 카타르시스를 주기 때문에, 이러한 인물의 모티브는 문학 속에서 생명력을 갖고 꾸준히 재생되고 있는 것으로 보인다.

조울병 환자 작가의 투영, 에스더

1932년에 태어나 1963년에 세상을 떠난 시인 실비아 플라스의 삶은 「가디언」지의 표현을 빌리면, 대중을 매혹하는 '고급 연속극의 아우라'를 띠고 있다.

어렸을 때부터 천재적인 재능을 보인 데다가 아름다운 외모까지 지닌 전도유망한 미국의 여류 시인 실비아 플라스는 영국 최고의 시인 테드 휴스와 결혼한다. 이렇게 시작된 영미문학계 최고의 로맨스는 남편 테드 휴스와의 갈등과 별거로 무너진다. 혹한 속에서 우울증과 생활고에 시달린 실비아 플라스는 가스를 틀어둔 오븐에 머리를 박고 자살하는 참혹한 비극으로 막을 내렸다.

아이들이 자고 있는 방으로는 가스가 스며들지 않도록 테이프로 치밀하게 막아두고, 집주인에겐 의사를 불러달라는 노트를 남겨두었으며, 자살 시각을 방문객이 오기로 한 시각에 맞춘 것으로 보아 정말로 목숨을 끊을 의도는 없었던 것으로 추정된다. 그러나 가스가 새어나가는 바람에 아래층의 집주인은 의식을 잃었고, 방문객이 뒤늦게 집으로 들어갔을 때 실비아 플라스는 이미 사망한 상태였다. 이 사건은 1960년대 초반 태동하던 페미니즘의 조류 속에서 일약 전설의 반열에 올라 실비아 플라스는 본인의 의사나 진실과는 무관하게 비극적으로 희생된 여성의 상징적 존재로서 자리 잡았다. 이렇게 극적인 그녀의 삶에 가려 그녀의 작품은 덜 알려진 경향을 보이지만, 그녀의 작품들을 읽어보면 그녀의 문학은 자신의 삶을 기록하고자 하는 욕구에서 출발하였음을 알 수 있다.

그녀의 책 가운데 가장 유명한 『일기』에서 그녀는 방탕한 유혹녀가 되었다가, 순진한 소녀가 되었다가, 우등생이 되었다가, 파티걸이 되었다가, 타인을 향한 폭력성을 보여주다가, 자기 파괴 충동을 보이는 등 수많은 가면 속의 자아들을 불안정하게 표출한다. 사실 그녀는 이미 9세에 첫 번째 자살을 시도했고, 대학교 3학년 때 두 번째 자살을 시도한 적이 있었다. 당시 그녀는 정신과 치료를 잠시 받기도 했는데, 이때의 경험은 그녀가 자살하기 한 달 전 출간된 그녀의 자전적 소설 『벨자』에 그대로 투영되어 있다. 소설의 줄거리는 다음과 같다.

열아홉 살의 우수한 여학생 에스더 그린우드는 유명 잡지의 공모전에 당선되어 여름 동안 뉴욕에서 인턴으로 일하게 된다. 그러나 정작 뉴욕에서 에스더는 화려하고 음울한 대도시의 인간 군상 속에서 혼란스러워졌고, 내면은 대인관계에서 비롯된 허무함과 미래에 대한 비관으로 가득했다.

결국 에스더는 고향으로 돌아와 유명 작가가 강의하는 여름 학기 글쓰기 강좌를 들으며 마음을 다잡으려 했지만, 지원자 선정에서 탈락하며 절망에 빠진다. 그러던 어느 날, 에스더는 자신이 뭔가에 집중하거나 책을 읽는 것, 심지어 자는 것도 마음대로 할 수 없음을 알고 정신과 의사인 고든 박사와 몇 차례의 상담과 전기경련 요법을 받지만 큰 호전이 없었다. 점점 더 우울증에 빠져가는 에스더는 자살에 대해 강박적으로 생각하게 되고, 급기야 지하실에서 수면제를 한꺼번에 털어넣는다. 그러나 에스더는 심한 구토와 함께 자살에 실패하고 결국 정신병원에 입원한다.

병원에서 에스더는 담당의사인 놀란 박사와 친밀한 관계를 쌓아나가면서 전기경련 요법을 다시 받는다. 그러던 어느 날 자기 머리 위에 씌워져 있던, 우울함으로 채워진 '종 모양의 유리 그릇(벨자)'이 들려 올려지는 느낌을 받는다. 차츰 우울증삽화에서 벗어나게 된 에스더는 하버드의 와이드너 도서관 계단에서 만난 어윈이라는 교수를 유혹해서 성관계를 갖는다. 퇴원을 앞둔 에스더는 다시 불확실한 미래에 대해 두려움을 느낀다.

소설의 주인공 에스더 그린우드가 우울증과 자살충동으로 빠져들어가는 과정은 실비아 플라스 자신의 삶의 궤적과 일치한다. 객관적인 시각에서 바라보면 실비아 플라스와 그녀의 투영인 에스더 그린우드의 행동들은 상당 부분 조울병 증상을 반영하고 있음을 알 수 있다.

하지만 두 여인의 고통은 많은 사람들에게 인간관계에서의 환멸, 관용적이지 않는 사회로부터의 절망으로 인한 병증으로 여겨졌으며, 체제에 안주하지 못하고 영원히 꿈꾸며 저항하는 자의 실존적인 몸부림으로 받아들여졌다.

현실에서 실비아 플라스는 주치의로서 오랜 인연을 맺었던 닥터 루스 보이셔를 만나 전기경련 요법을 통해 우울증삽화에서 회복하게 되지만 『벨자』에서 묘사된 전기경련 요법 역시 평론가들에게는 남성우월주의적인 사회의 억압을 은유하는 것으로 해석되기도 했다.

'댈러웨이 부인'의 또 다른 자아 '셉티머스'

또 다른 자신의 정신질환을 작품 속에 투영한 작가가 있다. 바로 '의식의 흐름'이라는 새로운 서술 기법을 발전시킨 20세기 초 실험적인 작가로 유명한 버지니아 울프이다. 그녀는 1882년 영국 런던에서 부유한 문학가 집안에서 태어나 열세 살이 되던 해인 1895년에 어머니가 세상을 떠나면서 처음으로 우울증을 겪었고, 1904년 아버지마저 죽자 심한 정신착란을 일으키며 자살을 기도한다. 이후 브룸즈버리로 이사하여 당대의 지식인, 예술가들과 교류하며 1912년 레너드 울프와 결혼하고 점차 안정을 찾으며 평론, 집필, 강연 등 활발한 활동을 펼친다. 1915년 첫 소설 출항을 발표한 후 『밤과 낮』(1919)을 거처 『댈러웨어 부인』(1925), 『등대로』(1927) 등 탁월하고 비범한 실험적인 소설들을 발표하며 큰 반향을 일으켰다. 하지만 1939년 제2차 세계대전이 발발하면서 다시 심각해지는 정신적 고통으로 버지니아는 남편에게 마지막 편지를 남긴 후 이른 아침 주머니에 돌을 넣고 강가로 들어가며 스스로의 삶을 마감한다.

현대소설의 창작 기법인 '의식의 흐름'은 소설 속 인물의 의식세계를 자유로운 연상을 통해 그려내는 방법으로 외적 사건보다 인물들의 내면세계에 집중한다. 이러한 '의식의 흐름' 기법으로 쓰인 소설 『댈러웨이 부인』은 영국 런던의 50대 상류층 부인인 클라리사 댈러웨이가 저녁파티를 준비하는 하루 동안 다양한 인물들의 내면세계를 넘나들며 흘러간다. 흐름은 자연스럽게 버지니아가 댈러웨이 부인의 더블(또 다른 자아)로 구상한 셉티머스의 내면으로 이어진다. 셉티머스는 전쟁을 경험한 이후 정신이상 증상을 보이는 인물로 버지니아 본인이 정신질환을 앓으며 경험했던 내면세계를 적나라하게 보여준다. 다음의 구절을 살펴보자.

인간들은 나무를 베면 안 된다. 신은 존재한다. 세상을 변화시켜라. 아무도 증오심에서 죽이지는 않는다. 알려라. 그는 기다렸다. 귀를 기울였다. 참새 한 마리가 맞은편 난간에 앉아서 셉티머스, 셉티머스, 하고 네댓 번 이상을 짹짹대더니, 목청을 길게 빼면서 이번에는 그리스말로 생생하고도 날카롭게 어떻게 범죄가 없는지를 노래하기 시작했다. 그러자 또 한 마리 참새가 합세하여, 새들은 길고 날카로운 음성으로 그리스말로 노래했다. 망자들이 돌아다니는 강 건너 생명의 들판에 있는 나무들로부터, 어떻게 죽음이 없는가를.

(중략)

"보세요" 그녀는 거듭 말했다.

보라. 하고 보이지 않는 존재가 그에게 명령했다. 이제 그 음성은 인류 중 가장 위대한 자인 셉티머스에게 말하고 있었다. 죽음에서 생명으로 최근에 옮겨진 자, 사회를 개혁하기 위해 나타난 구세주, 침대보처럼, 오직 태양만이 녹일 수 있는 눈의 담요처럼 누워서, 영원히 고통당하는 속죄양, 영원한 고통의 구세주, 그러나 그는 그 역할을 원치 않았으므로, 그 영원한 고통, 영원한 고독.

출처 :『댈러웨이 부인』, 버지니아 울프. 최애리 옮김, 열린책들, 2007년

조울증의 조증 시기에 경험하는 과대감, 사고의 비약 그리고 전형적인 조증의 특성은 아니지만 심한 조증 시기에 흔히 동반되는 망상, 환청과 같은 증상들을 셉티머스의 의식의 흐름을 따라가며 생생하게 그려내고 있다. 또 다른 구절을 살펴보자.

풀밭에는 빨갛고 노란 작은 꽃들이 가득 피어 있었고, 그는 그걸 보고 등불들이 떠 있는 것 같다고 했다. 그러고는 끝없이 떠들고 웃고 이야기들을 지어냈다. 그러다 갑자기 '자 이제 우리 죽자'고

말했다. 강가에 서 있을 때였는데, 그는 기차나 버스가 지나갈 때 띠었던 것 같은 표정으로 강물을 내려다보고 있었다. 그녀는 그가 그대로 가버릴 것만 같아서 그의 팔을 꼭 붙들었다. 그러나 집에 가는 동안 그는 내내 조용했고-지극히 제정신이었다. 그는 자살에 대해 그녀와 논쟁을 벌이려 했고, 사람들이 얼마나 사악한지 설명하려 했고, 사람들이 길거리를 가면서도 거짓말을 지어내는 것이 다 보인다고 말했다. 그들이 모든 생각을 알 수 있다는 것이었다. 그는 모든 것을 안다고 했다. 이 세상의 의미를 안다고 말했다.

그러나 집에 도착했을 때 그는 지쳐서 더 걷지도 못했다. 그는 소파에 드러누워 그녀에게 손을 잡아달라고 했다. 아래로, 아래로, 불길 속으로 떨어지지 않게 해달라고 했다! 벽에서 자기를 비웃는 얼굴들이 보인다고, 역겹고 혐오스러운 이름으로 자기를 부르며 휘장 주위에서는 손가락질하는 손들이 보인다는 것이었다. 방에는 자기 두 사람뿐이었다. 하지만 그는 소리 내어 사람들에게 대답하고 논쟁을 벌이고 웃고 울고 점점 더 흥분해서 그녀에게 자기가 하는 말을 받아 적게 만들었다. 죽음이 어떻고 미스 이사벨 포울이 어떻고 하는 완전 헛소리였다. 그녀는 도저히 더는 참을 수가 없었다.

(중략)

그는 그녀의 손을 뿌리쳤다. 결혼은 끝났다. 하고 그는 고뇌와 안도를 동시에 느끼며 생각했다. 밧줄이 잘려 나갔다. 그는 몸이 둥실 떠오르는 것을 느꼈다. 자유였다. 그, 셉티머스, 인류의 주인은 자유로워야 한다고 정해진 대로였다. 그, 셉티머스는 혼자였다. 혼자만이 전 인류에 앞서서 부름을 받고 진리를 듣고 그 의미를 터득했다. 그것은 이제야 마침내, 문명의 모든 노력 끝에 — 그리스인들, 로마인들, 셰익스피어, 다윈, 그리고 그 자신을 포함하여 — 온전히 주어지려는 것이다. '누구에게?' 그는 소리 내어 물었다. 〈수상에게〉라고 그의 머리 위에 웅성대는 음성들이 대답했다. 지고의 비밀은 내각에 보고되어야만 한다. 우선은 나무들이 살아있다는 것. 다음으로는 사랑, 우주적인 사랑, 하고 그는 중얼거리면서 숨을 헐떡이고 몸을 떨었다. 이런 깊은 진리들은 너무 심오하고 너무나 난해해서 입 밖에 내어 말하려면 엄청난 노력이 필요했다. 그러나 세상은 그런 진리들에 의해 완전히, 영원히, 변화될 것이었다.

범죄란 없다. 사랑이다. 하고 그는 되뇌면서 연필과 메모지를 더듬어 찾았다. 그때 스카이 테리어 한 마리가 다가와 그의 바지 자락을 쿵쿵대자 그는 놀라 기겁을 했다. 개가 사람이 되려 하는구나! 그런 일이 일어나는 것은 차마 볼 수가 없었다. 개가 사람이 되는 것을 보게 되다니, 끔찍하고 무시무시한 일이다! 개는 곧 달아나 버렸다.

하늘은 자비롭고 무한히 인자하시다. 그의 약함을 용서하사 그런 일만은 면케 하셨다. 그러나 과학적으로는 어떻게 설명되는가? 어떻게 그는 사물들을 꿰뚫어 보고 개가 사람이 될 미래를 예견할 수 있는 것일까? 아마도 억겁의 진화로 예민해진 두뇌에 열파가 작용했기 때문일 것이다. 과학적으로 말하자면, 살은 세상에서 녹아 없어졌다. 그의 몸은 분해되고 마침내 신경 섬유만 남았다. 그것은 바위 위에 베일처럼 펼쳐져 있었다.

출처 : 『댈러웨이 부인』, 버지니아 울프. 최애리 옮김, 열린책들, 2007년

셉티머스의 내면세계와 이를 옆에서 지켜보는 루크레치아(셉티머스의 부인)의 두려움이 잘 표현되어 있다. 상식적으로 받아들이기 어려운 감각의 지각과 그 해석, 논리적으로 연결되지 않는 끊임없는 생각의 흐름 등을 보면 조증을 경험하는 환자의 내면을 조금이나마 그려볼 수 있다.

셉티머스는 전형적인 조울병 환자에 부합하는 모습은 아니다. 오히려 전쟁의 충격으로 인한 외상 후 스트레스 장애로 보는 것이 더 적절할 수도 있다. 하지만 정신질환을 가진 셉티머스의 내면은 조울병을 앓았던 버지니아의 경험이 투영되어 있어 조울증의 조증 시기에 환자들이 경험하는 내적세계를 '의식의 흐름' 기법을 통해 생생하게 보여주고 있다.

동화 속 낭만을 노래하다, 유쾌한 타우게니히츠

이제 조울병의 보다 유쾌하고 즐거운 면모를 담아낸 소설을 보자. 인

류의 영원한 동화책 중 하나라고 일컬어지는 독일 후기 낭만파 시인 요제프 폰 아이헨도르프의 『방랑아 이야기』이다.

타우게니히츠는 본래 건달, 쓸모없는 놈, 무위도식자 등의 의미로 사실은 부정적인 지칭이지만 작가는 이 단어를 반어적으로 사용하였다. 이 소설은 방랑아의 몽상과 우수, 먼 나라를 향한 동경, 자연과 인간에 대한 친밀감, 움트는 사랑과 삶의 기쁨 등 무한하고 아름다운 꿈의 세계로 인도한다는 평을 받고 있으며, 소설 속 주인공의 발걸음에 따라 흥미로운 모험의 세계가 펼쳐진다. 주인공이자 타우게니히츠인 화자는 이른 봄의 어느 날 아버지의 호통을 듣고 나서 충동적으로 넓은 세상에 나가 행운을 잡아보겠다며 집을 나선다. 여행을 떠나는 타우게니히츠의 한껏 들뜬 독백을 들어보자.

아버지의 물방앗간이 다시 덜커덩거렸다. 물레바퀴가 어느새 신명나게 돌아가고 있었다. 녹은 눈이 지붕으로부터 물방울이 되어 뚝뚝 떨어졌다. 그 속을 짹짹거리며 날아다니는 참새떼들. 나는 문지방에 걸터앉아 잠을 쫓아내느라 눈을 비볐다. 따사로운 햇살이 더할 수 없이 좋았다. 나는 건들거리며 긴 마을길을 걸어나갔다. 가슴속은 은밀한 기쁨으로 가득 차 있었다. 여기저기서 일하러 나가는 친지나 친구들을 만났다. 이들은 어제나 그제처럼 또 땅을 파고 쟁기질을 해야겠지. 나는 이렇게 자유 천지로 활보해 나가는

데 말이다. 나는 뽐내듯 사방을 둘러보며 이 불쌍한 사람들을 소리쳐 불렀다. 그리고 쾌활하게 안녕을 고했다. 그러나 나에게 관심을 보이는 사람은 아무도 없었다. 나에게는 영원한 일요일 같은 기분이었다. 이윽고 탁 트인 들판으로 나왔을 때, 사랑하는 바이올린을 꺼내 들었다. 그리고 큰 길을 따라가면서 연주에 맞춰 노래를 불렀다.

출처 : 『방랑아 이야기』, 정서웅 역, 문학과지성사, 2001년

전형적인 유쾌성 조증 환자의 모습이다. 산업화 시대 도시인의 조울병이 방황과 고뇌, 반항과 분노의 이미지를 갖고 있다면 전원 속의 조울증은 즐거움 그 자체인 것 같다. 자본주의화, 산업화되어 가는 현실에 대한 작가의 반발을 담고 있다는 해석도 있다. 이어서 소박하면서 한없이 아름다운 자연 예찬, 성과 정원의 귀족적 우아함, 솔직하고 명랑한 성격과 행동 및 깊은 신앙심, 아름다운 아가씨에 대한 순수하며 열정적인 사랑, 그녀를 절묘하게 구해 주는 우연한 행운, 그리고 행복한 결합으로 이어지는 결말, 그리고 방랑아이자 예술가로서의 면모를 여실히 보여주는 아름다운 시와 노래, 음악 연주 등 시종일관 낭만적인 장면들이 잇달아 전개된다.

아이헨도르프는 조울병 가운데 지극히 유쾌한 상태의 조증 환자에게서 모티브를 받아 주인공을 설정한 것 같다. 물론 현실 속에서라면 작품 속 주인공처럼 시종일관 유쾌함을 유지할 수 있는 조울병 환

자는 존재하지 않을 것이다. 하지만 이 작품은 앞서 두 작품과는 달리 동화적인 내러티브를 추구하였다. 조증이란 따지고 보면 인간 본성의 한 단면이 극대화된 것이기에, 조증 환자의 활기찬 모습이 현실에 추락하지 말고 가슴 한 켠에 여전히 꿈을 품고 살라는 작가의 의도에 부합한 것으로 보인다.

결론

조울병 환자의 모습은 수많은 문학작품 속에 반영되어 왔고, 대개는 작가의 의도에 따라 다양하게 변주되어 묘사되곤 하였다. 이러한 현상은 조울병이 기쁨과 슬픔이라는 인간 감정의 극대화된 모습을 보여주고, 행위에 있어 극적인 요소를 내포하고 있는 까닭에 감정의 표현과 정화라는 문학작품의 본질에 상응하기 때문으로 생각된다.

그러나 한 가지 유념해야 할 점이 있다. 작품 속 주인공의 고통은 독자의 감정을 정화해줄 수 있으나, 현실 속 조울병 환자의 고통은 그 자신과 주변사람들에게 여전히 고통으로만 남는 경우가 대부분이라는 사실이다. 문학작품에서 묘사하는 조울병 환자의 낭만적 혹은 실존적인 모습은 사실 문학작품 안에서만 존재하는 경우가 많다. 우리는 이 같은 차이를 분명하게 구분할 필요가 있다.

한편으로 조울병이 우리 인생에서 어떤 의미를 줄 수 있다면 그것은 긍정적인 일일 것이다. 인문학적 시각에서 보면 인간이란 단순한 세포의 총합 그 이상이며, 조울병 역시 단지 신경전달물질의 교란이나 뇌기능의 이상으로만 설명될 수 있는 성질의 것이 아니다. 그 이유는 정신 증상이 많은 요인들의 상호작용에 의해 발생하는 속성을 띠고 있으며, 인간의 생각과 감정, 행동을 평가하고 해석하기 위해서는 가치 체계의 개입이 들어갈 수밖에 없기 때문이다. 그리고 가치 체계는 개인을 둘러싼 시대와 사회 풍조의 영향력 하에 있다. 문학 작품은 이러한 가치관과 사회 풍조를 잘 반영하는 동시에 새로운 의미를 부여하는 역할을 한다. 문학작품을 통해 우리는 조울병에 대한 다양한 시각을 접할 수 있게 되고, 조울병에 대한 인식은 더욱 확장될 것이다.

영화 속의 조울병

"내 광기를 마주할 수 있는 방법은 오직 당신 역시 광기를 내뿜어 줄 때 뿐이죠."
– 영화 《실버라이닝 플레이북》 중에서 –

영화에서의 조울병 모습

인간의 지각 경험 중에서 시각만큼 정보를 선명하게 전달하고 감정을 잘 불러일으키는 것은 없다고 한다. 영화는 시각 자극과 청각 자극을 잘 조화시킨 대중매체이므로 좋은 영화를 보게 되면 관객들은 연기자의 처지에 같이 빠져들고 그 줄거리에 몰입하게 된다.

영화는 마음속 심리 상태나 이로 인한 행동 변화를 묘사하는 데 특히 적합하다. 영화감독은 다양한 영화적 기법을 통해 생각, 회상하고 감정을 느끼는 과정을 묘사하며 영화 속 주인공들의 생각과 감정이 행동과 일치하도록 하는데, 이는 다른 매체에서는 얻기 힘든 것들이다. 영화는 인물의 무의식적인 동기와 감정, 행동에 대한 방어기제의 많은 사례를 제공하고, 이를 통해 다양한 정신병리와 정신질환을 지닌 인물에 대해 잘 그려내고 있다. 또한 어떤 다른 형태의 예술보다 큰 영향력을 가지고 있으며, 정신질환에 대한 대중의 인식에도 중요한 영향을 미치는 것으로 알려져 있다.

영화에서 보면 정신질환을 지닌 사람들을 대부분 과격하고, 위험하고, 예측 불허한 사람으로 묘사하고, 정신과 의사나 이들을 돕는 전문가들은 차갑고 권위적이며 무능하고 어리석은 사람으로 묘사하기도 한다. 또한 정신병원을 환자의 인권을 고려하지 않는 감옥으로 묘사하고, 정신질환을 잘못된 행동에 대한 벌이나 악마에 관련된 것으로 묘사한다. 그런 면에서 영화는 정신질환에 대한 사회적 낙인에 대해 일부 책임이 있다고 할 수 있다. 우리는 영화를 보며 정신질환의 증상에 대해 이해하기도 하지만 극적 요소를 위해 과장되거나 왜곡된 부분에 의해 정신질환에 대한 오해와 편견을 갖기도 한다.

조울병은 극단적인 감정 변화와 행동 양상을 보이는 질병으로 많은 영화에서 소재로 사용된다. 영화에서 조울병을 지닌 사람들은 대개 창조적이고, 유쾌하거나 기분이 들떠 있고, 불안정한 모습을 보인다. 때로는 카리스마가 넘치고 매력적이거나 지나치게 유혹적인 것으로 그려지고, 어떤 때에는 무례하고 무모한 모습을 보일 때도 있다. 영화의 극적 요소를 부각시키기 위해 일부 증상만이 선택적으로 그려지기도 하고 천재, 광인 등의 전형적인 캐릭터 구축을 위한 수단의 하나로 이용되기도 한다. 그렇지만 영화는 어떠한 매체보다도 조울병을 지닌 환자를 더욱 실감나게 그려내고 있으며, 관객들이 조울병의 정신병리 현상을 이해하는 데 많은 도움을 줄 수 있다. 조울병을 지닌 인물을 다룬 영화는 많이 있지만, 여기서는 전형적인 조울병 환자의 면모를 묘사하는 영화와 독자들이 비교적 쉽게 구해서 볼 수 있는 영화를 우선으로 선택하였음을 미리 밝혀두는 바이다.

열정의 랩소디

《열정의 랩소디》(1956)는 화가 고흐의 삶을 그린 전기 영화로, 고흐의 그림에 대한 열정이 잘 표현되어 극찬을 받았다. 전체적인 줄거리는 다음의 내용과 같다.

> 벨기에 복음선교회 후원의 전도사 자격을 받지 못한 빈센트 반 고흐는 결국 오지의 탄광지대의 전도사로 부임한다. 그곳에서 그들의 아픔을 이해하며 전도사업을 벌이던 중 검열을 나온 복음선교위원회 위원들의 고압적인 관료 의식에 염증을 느끼고 고향으로 돌아온다. 고향에서 다시 미술 작업을 시작한 얼마 뒤 과부가 된 사촌 케이가 찾아오고 그녀를 사랑하게 된 고흐는 고백을 하지만, 완고한 그녀의 고집에 마음의 상처만 얻는다. 그러다 만난 술집 여

자와 살림을 차리지만 결국 그의 예술 생활을 이해하지 못한 그녀로 인해 다시 헤어진다. 고흐는 동생 테오가 있는 파리로 가서 후기 인상파의 화풍을 공부한다. 당시 인상파의 화풍은 사회적 편견에 의해 이단시되어 있었는데, 그럼에도 불구하고 고흐는 나름대로의 예술 세계에 몰두하게 된다. 그러다 폴 고갱과 만나게 되고 자신의 화풍을 이해해주는 그와 친하게 지낸다. 그리고 어느 정도 체계가 잡혀가는 자신의 화풍에 자연의 맑은 기운의 변화를 주고 싶은 열망을 가지고 남 프로방스 지방으로 떠난다. 그곳에서 고흐는 왕성한 작품 활동을 전개한다. 황금빛 들판과 태양이 작열하는 자연 등과 벗 삼으며 작업을 하던 도중 고갱이 찾아오고 그와 같이 생활을 하는 가운데 작업상의 이견으로 고갱이 떠나버린다. 그는 자신의 정신적인 강렬함을 이겨내지 못하고 자신의 귀를 잘라버린다.

빈센트 반 고흐에게 정신질환이 있었음은 잘 알려진 사실이다. 그가 정확히 어떤 정신질환을 앓았는지는 여러 가지 이견이 있지만 조현병(정신분열병)이나 조울병, 측두엽 기능장애를 가진 뇌전증(간질)을 앓았던 것으로 알려져 있다. 최근에는 그가 사용한 물감의 안료 성분인 비소로 인한 중독이나, 신경증과 간질을 치료하기 위해 처방받은 디기탈리스 중독으로 인한 신경학적 증상이 있었을 것이란 흥미로운 주장도 있다.

영화는 고흐의 삶과 내면을 잘 그려냈다. 평생을 따라다닌 사람들의 냉대와 가난, 상처받은 내면, 그리고 그림에 대한 열정과 천재적인 예술성이 잘 드러나 있다. 영화를 보면서 우리는 고흐가 어떤 정신질환을 가지고 있는 건 아닐까 의심하게 된다. 왜냐하면 고흐는 쉽게 흥분하고 충동적이며 때로는 무례하기 때문이다. 그는 선교위원들에게 심하게 화를 내고 전도사업을 그만두어 버린다. 사촌 케이에게는 쉽게 연정을 느끼고 불쑥 청혼을 하여 거절당하고, 다시 케이에게 찾아가 만나주기를 요구하며 촛불에 손을 대고 자해를 하기도 한다. 기이한 옷차림을 하고 남들의 시선 따위는 무시해 버리고, 잠을 자지 않고도 피곤해하지 않으며 새벽에 동생 테오를 깨워 그림에 대해 평가해 달라며 쉴 새 없이 떠벌리기도 한다. 그러다가 남프랑스로 불쑥 떠나 색채와 풍광에 매료되어 하루 종일 그림만 그리는 광기에 가까운 열정을 보인다. 고갱이 떠나버린 뒤에는 귀를 잘라버리며 자해를 하고 결국에는 우울 증상을 보이며 권총 자살로 삶을 마감한다. 우리는 이러한 장면에서 고흐가 심한 감정기복과 목표지향적 활동의 증가, 충동성, 수면 욕구의 감소, 말수의 증가 등의 증상을 보이는 조울병을 지녔을 가능성에 대해 생각할 수 있다.

영화에는 우리가 익히 보아온 자화상을 비롯해 고갱을 위해 그린 〈해바라기〉, 〈별이 빛나는 밤〉, 〈빈센트의 방〉, 〈감자 먹는 사람들〉과 같은 제법 많은 작품들을 볼 수 있다. 영화 속 고흐의 아름다운 작품들과 황금빛 색채를 바라보며 신들린 듯이 붓을 놀리는 고흐의 모습을 보면서 어쩌면 그의 천재적 예술성이 조울병과 연관되어 있는 건 아닐까 생각하게 된다.

미스터 존스

어느 날, 한 남자가 신문에서 보고 일자리를 구하러 공사 현장을 찾아간다. 그곳에서 그는 하워드를 만나게 되고 두 사람의 우정은 싹트기 시작한다. 일하는 도중 그는 갑자기 환각 상태에 빠져 공중 묘기를 보이는 한편, 비행 시도를 하려다 하워드에 의해 위험을 모면하게 된다. 그는 병원으로 옮겨졌으나 며칠 후 이상이 없다는 결과로 다시 풀려 나온다. 그러나 은행에 근무하고 있는 여직원을 만나 하루를 보내고 연주회에서 난동을 부린 죄로 또다시 병원으로 가게 된다. 의사인 리비 보웬 박사는 그의 이름이 존스라는 사실을 알게 된다. 리비는 그를 치료하며 뒷조사를 하여 과거의 여자에 대해 알게 된다. 이 사실을 알게 된 존스는 그가 믿었던 리비에 대한 분노와 배신감에 병원에서 나오고 만다. 그를 따라간 리비는 존스에게 사과를 하게 되고 결국 존스와 관계를 갖게 된다. 환자와 관계를 가졌다는 사실로 직업에 위협을 느낀 리비 그 사실을 동료 의사에게 고백하는데, 그는 존스를 다시는 만나지 말라고 하며 존스를 다른 병원으로 옮긴다. 이에 상처를 받은 존스는 얼마 후 병원에서 나와 비행 시도를 하러 공사가 완성된 현장으로 간다. 한편 존스가 자살 시도를 할 것이라는 사실을 눈치챈 하워드는 리비에게 연락을 하게 된다. 결국 진실한 사랑의 의미를 깨달은 리비 박사는 의사직을 포기하고 존스를 찾아나선다.

영화《미스터 존스》(1993)는 조울병 환자의 병적 행동이 잘 묘사된 작품이다. 미스터 존스는 40세 미혼 남자로 20대 초반에 조울병이 발병하였고 잦은 재발로 사랑하던 여자도 지쳐 떠나버린 상태이다. 존스는 3세 때 피아노를 연주한 신동이었으나 조울병으로 인해 피아니스트로서 보장된 미래는 좌절되었다. 그는 조증 시기이거나 약물에 취해 있을 때만 좋은 기분을 느끼고 나머지 시간에는 외롭고 우울해한다.

영화는 존스가 자전거를 타고 사람들과 경쟁하듯이 어디론가 가는 장면으로 시작한다. 얼굴에 웃음이 가득한 모습에서 그의 기분이 들떠 있음을 알 수 있다. 그는 공사 현장 지붕 위에서 일하던 도중 하늘 높이 지나가는 비행기를 보며 노래를 부르고 소리를 지르며 자신이 날 수 있다고 믿고서 비행 시도를 하다가 동료에 의해 위험을 모면하게 된다. 조증 시기에는 이렇듯 과장된 자신감과 과대망상을 보일 수 있으며 위험을 초래하는 행동을 스스럼없이 저지르기도 한다.

존스는 은행에서 1만 2천 달러를 인출하는데, 그 과정에서 은행 여직원을 알게 된다. 그는 돈을 흥청망청 쓰면서 어떻게 해서든 그녀를 유혹하려고 한다. 기분이 들떠 노래를 부르며 길거리에서 춤을 추고, 말이 많으며, 자신만만한 모습을 보인다. 음악에 매료되어 즉흥적으로 그랜드 피아노를 구입하고 값비싼 호텔을 예약한 뒤 콘서트에 갔으나, 청중으로 만족하지 못하고 오케스트라를 지휘하려고 시도하다가 콘서트는 중단되고 그는 체포되어 정신병원에 강제 입원하게 된다. 그는 여러 여자를 유혹하여 성관계를 가지며 입원한 후에도 주치의인 여의사 리비 박사를 유혹하려 든다.

영화는 이렇듯 의기양양하고 매력적이면서도 충동적이고 무책임한 존스의 모습을 잘 그려낸다. 조증 상태에서는 일반적으로 존스처럼 호감이 가고 외향적인 모습을 보일 수 있다. 또한 판단력이 매우 결여되어 낯선 사람에게 비싼 선물을 사주고, 필요 없는 물건을 구입하는 데 큰돈을 쓰기도 한다. 현실성 없는 계획을 세우고 술이나 약물에 탐닉하는 모습을 보일 때도 있다. 그들은 종종 성적으로 매력적으로 보이며 짧은 기간 안에 다수의 성적 파트너를 갖기도 한다. 지칠 줄 모르는 신체적인 에너지를 가진 것처럼 보이기도 하며 며칠 동안 잠을 자지 않고도 피곤함을 느끼지 않는다.

한편, 심리적 관점에서는 조증 증상을 내적인 우울감에 대한 반동이나 부정으로 이해할 수 있다. 잃어버린 사랑과 좌절된 꿈으로 인해 우울한 나날을 보낸 존스는 어쩌면 자신의 우울한 감정을 감추기 위해 조증적인 행동을 한 것은 아니었을까? 병을 인정하지 않고 치료를 거부하던 존스는 어느 날 갑자기 우울해진다. 자신은 무가치하고 살아 있을 이유가 없다며 자살을 시도한다. 존스의 경우처럼 조울병에서 나타나는 우울증은 조증 상태에 비해 그 기간이 훨씬 길고 일상생활이나 직업 활동에 미치는 영향도 더 심한 것으로 알려져 있다. 또한 일반적인 우울증에 비해서도 증상이 심하고 자살 시도가 많아 위험한 것으로 알려져 있다.

영화는 결국 미스터 존스와 주치의 리비 박사가 서로에 대한 사랑의 감정을 확인하고 환자-의사 관계의 선을 넘는 것으로 끝을 맺는다. 영화의 극적 요소를 위한 선택이었을 것으로 생각되지만, 의학적 측면에서 보았을 때 미스터 존스의 조울병 증상이 치료를 받으며 호전되어 가는 과정을 그러나갔더라면 조울병 환자의 치료에 대한 좀 더 실제적인 사례를 보여주는 영화가 되지 않았을까 생각한다.

실버라이닝 플레이북

패트릭(팻)은 우연히 아내의 부적절한 외도 현장을 목격하고 한순간 감정이 폭발하여 폭력적인 행동을 하게 된다. 팻은 아내에게 접근금지 명령을 받고 정신병원에 입원하여 8개월 동안 치료를 받고 퇴원한다. 그리고 자신의 인생을 찾기 위해 노력을 하지만 번번이 감정 조절의 어려움을 겪는다. 이른바 '긍정의 힘'을 믿으며 운동과 독서를 하고 아내 니키와 연락하려 하지만 실패를 거듭하기만 한다. 약을 잘 복용하고 치료 계획을 수립하라는 권고는 무시되기 일쑤이고, 가족들은 여전히 팻을 불신하여 갈등은 고조된다.

어느 날 팻은 친구와의 저녁식사 모임에서 우연히 티파니를 만난다. 티파니는 남편의 죽음으로 외로움과 죄책감을 가지고 살아가고 있었다. 팻과 티파니는 서로의 정서적 상처를 확인한 후 친밀감을 느낀다. 그러나 첫 만남부터 티파니는 예측불허의 행동으로 팻을 당황스럽게 하였고, 이후 지속적으로 티파니는 팻에게 관심을 보였지만 팻은 그런 그녀가 부담스럽기만 하다. 티파니는 팻의 떠나간 아내 니키에게 편지를 전해주는 조건으로 함께 댄스경연대회에 참가하자는 제안을 하고 팻은 어쩔 수 없이 이를 받아들인다.

《실버라이닝 플레이북》(2012)에 나오는 조울병 환자 팻은 흔히 감정을 통제할 수 있다며 과도한 자신감을 보이고 치료를 거부하곤 한다. 이 때문에 조울병은 자발적인 치료가 드물고 증상이 악화된 후에야 보호자에 의해 병원에 방문하게 되는 경우가 흔하다. 영화는 팻이 입원치료를 받으며 부정적인 감정이 자신을 망친다는 것을 깨닫고 긍정적인 감정을 지녀야 진정한 사랑을 되돌릴 수 있다고 다짐하는 장면부터 시작한다. 그러나 정작 투약 시간에 약을 감추고 몰래 뱉어버리고 스스로 감정을 통제할 수 있다며 치료를 거부하는 태도를 보인다. 의사는 팻의 상태가 조울병이라고 진단하고 약물치료를 권고하지만 팻은 이를 무시한다. 그리고 티파니에게 정신과 약을 먹으면 머리가 멍해져 정신이 혼란스럽고 살이 찐다며 약을 먹지 않는다고 고백한다. 즉 팻은 자신의 부적응적 감정 상태가 병적임을 어느 정도 인식하고 운동이나 감정 조절을 통해 극복할 수 있다고 믿지만 의학적 치료의 필요성에 대해서는 인식하지 못한다. 이는 조울병 환자의 일반적인 병식 결여 상태를 잘 나타내는 장면이다.

영화는 팻의 다양한 병적 행동을 잘 묘사한다. 팻은 새벽 늦게까지 아내가 가르치던 책을 읽고 책의 내용에 화가 나서, 잠을 자고 있는 부모를 깨워 쉴 새 없이 자신의 의견을 말하는 모습을 보인다. 또한 아침 일찍 일어나 쓰레기 봉지를 뒤집어쓰고 조깅을 하고, 클리닉의 접수실에서는 흘러나오는 노래 때문에 심기가 불편하다면서 폭력적인 행동을 보인다. 티파니와의 첫 만남 후에는 아내와의 웨딩 비디오를 찾는다며 온 집안을 뒤집고 절규하다가 급기야는 환각에 휩싸여 부모님을 폭행하기에 이른다. 이러한 장면에서 팻은 흥분된 기분 상태, 수면 욕구의 감소, 말수의 증가, 과다행동, 사고의 비약을 보이는데, 이는 전형적인 조증 증상의 일부로 이해할 수 있다. 또한 결혼식 노래가 들린다는 환청 현상과 아내가 내연남과 함께 짜고 자신을 내몰려고 한다는 망상을 보이는데, 조현병(=정신분열병)이 아닌 조울병에서도 상태에 따라 환각과 망상 등 정신병적 증상을 경험할 수 있다는 것을 알 수 있다.

영화에서 팻은 아내의 외도 장면을 목격한 후 감정이 폭발하는 모습을 보이는데 이로 인해 관객들은 심한 스트레스만으로 조울병이 발생하는 것으로 오해할 여지가 있다. 물론 영화에서처럼 극심한 스트레스를 받을 경우 증상이 드러날 가능성이 높아질 수 있지만, 의학적 측면에서 볼 때 이는 사실이 아니다. 조울병은 여러 가지 요인들이 복합적으로 작용하여 발생하는 것으로 알려져 있다.

영화 제목의 실버라이닝silver linings은 사전적인 의미로서 회색 구름 뒤에 가려진 햇살, 즉 밝은 희망을 뜻한다. 영화에서 팻은 티파니와의 관계에서 자신의 부정적 감정을 직면하고 이를 받아들인다. 그리고 서로에 대한 사랑의 감정을 확인하게 되면서 행동과 정서가 차분해지는 모습을 보인다. 그리고 팻은 떠나간 아내에 대한 집착에서 벗어나 티파니와 진정한 사랑을 하게 되며 자신의 실버라이닝을 회복하는 것으로 결말을 맺는다.

감독은 진정한 사랑의 관계를 찾게 되는 극적 요소를 실버라이닝으로 설정하였는데, 실제 임상에서는 꾸준하게 약을 복용하고 치료를 받으면 대부분의 조울병을 지닌 환자들이 큰 무리 없이 정상 생활을 할 수 있다(부모를 폭행한 사건이 있은 후부터 팻은 약을 복용하기 시작한다).

인피니틀리 폴라 베어

1978년 말 보스턴, 카메론(캠)은 조울증 증상으로 취직한 지 얼마

되지 않은 직장에서 사장과 싸우고 해고를 당한다. 캠은 학교에 가야 하는 딸들에게 자신이 직장에서 해고된 것을 축하하자며 밖으로 데리고 나가 버섯을 찾으러 다니거나 자연 풍경을 감상하는 등 에너지가 증가되고 들뜬 모습을 보인다. 캠의 기행에 지친 아내 매기가 두 딸을 데리고 떠나려고 하자 캠은 추운 날씨임에도 수영복 바지만 입은 채로 자전거를 타며 달려와 자신은 지금 조증이 아니고 정상이라고 주장한다. 캠은 떠나려는 아내와 아이들 앞에서 흥분상태로 위협적인 모습을 보이고 결국 출동한 경찰과 함께 정신병원에 입원하게 된다.

매기는 혼자서 두 딸을 힘겹게 키우던 중 아이들에게 좋은 교육환경을 제공해주고 빈곤에서 벗어나기 위해 뉴욕 컬럼비아 경영대학원에 입학하게 된다. 매기는 캠에게 자신이 뉴욕에서 약 18개월간 대학원을 다니는 동안 두 딸을 돌봐줄 것을 부탁한다. 매기는 뉴욕으로 떠나고 캠은 혼자서 딸들을 위해 음식을 만들고 학교를 데려다주는 등 일상을 유지하려고 하지만 롤러코스터 같은 감정 기복으로 인해 쉽지는 않다. 딸들은 캠이 이웃에게 부담스러울 정도로 친절을 베풀거나 참견하는 모습을 창피하다며 화를 내기도 한다. 때로는 캠이 아이들을 챙기며 집안일을 하다 지쳐 딸들에게 화를 참지 못하고 소리를 친 뒤 밖에 나갔다 다시 돌아와 사과하기도 한다. 하루는 캠이 딸의 친구들을 집으로 초대하자고 제안을 한다. 하지만 딸들은 정리되어 있지 않고 더러운 집이 창피하다며 질색을 한다. 하지만 결국 딸들은 친구들을 데리고 집을 오고 왜 이렇게 집안에 물건이 많냐고 물어보는 친구의 말에 아빠가 조울증이라서 그렇다고 이야기를 한다. 이 이야기를 들은 친구 중 한 명이 자신의 친척도 조울증인데 그 집도 이곳과 비슷하다며 대수롭지 않게 이야기한다. 두 딸의 걱정과 다르게 친구들은 집에서 신나게 놀고 캠도 부끄러워하지 않고 딸의 친구들과 즐거운 시간을 보낸다.

《인피니틀리 폴라 베어》(2014)의 첫 장면은 '우리 아빠는 1967년에 조울증을 진단받았다'로 시작한다. 영화 속 캠의 첫 입원 장면에서는 조울증 환자가 조증삽화에서 보이는 들뜬 기분, 에너지 증가, 말수 증가, 사고의 비약, 주의산만, 목표지향적 활동 증가와 더불어 위협적인 모습으로 자신과 타인의 안전에 위험을 줄 수 있는 모습을 그렸다. 이후 가족들이 입원한 캠을 면회하는 장면에서는 캠이 새로운 약을 먹으며 손 떨림, 느린 반응속도, 몸을 잘 가누지 못하는 부작용으로 힘들어하는 모습도 보인다. 이렇듯 영화는 조울증에서 보이는 증상과 입원 등으로 환자 본인과 가족들이 느끼는 감정을 섬세하게 묘사하는데 이는 감독이 자신의 아버지가 조울증 환자였던 경험을 녹여냈기 때문이라고 한다. 조울증을 포함한 정신질환은 질병을 경험하는 환자뿐 아니라 가족에게도 많은 영향을 준다. 가족은 환자에 대한 책임감과 부담을 느낄 수도 있다. 그러나 가족은 환자의 가장 든든한 조력자고 가족의 사랑과 지지가 환자의 회복에 긍정적인 역할을 한다.

영화에서 가족들이 캠에게 '리튬'을 잘 먹으라고 강조하는 장면이 수차례 나온다. 캠은 리튬을 복용하는 것이 마치 자신이 실험실의 쥐가 된 것 같다며 거부감을 느끼고 약물을 자의적으로 중단한다. 영화 후반부, 캠은 큰 스트레스 상황에서 자기 자신을 놓지 않기 위해 다시 리튬 복용을 시작하는데 이는 그 밑바탕에 가족들의 믿음과 애정이 있었기에 가능했을 것이다. 리튬은 조울증 치료에 사용하는 기분조절제 중 하나로 장기치료제로 사용되고 있으며 임상적으로 장기 사용 효과가 가장 많이 입증된 약제다. 그러나 환자는 정신과 약물을 먹는다는 부담과 질병에 대한 낙인 등으로 캠처럼 복약을 거부할 수 있다. 현재 조울증을 치료하기 위한 다양한 약물들이 있고 개인의 효과와 부작용에 따라 담당 의사와 상의하여 약물을 처방받을 수 있다. 환자와 가족에게 조울증의 경과와 약물 복용의 중요성을 교육하는 것은 회복을 위한 필수요소다. 진정한 회복이란 조울병을 관리하는 것을 배우고 조울병과 함께 살아가면서 일상의 의미 있는 활동과 관계를 이어 나가는 것이다.

이 영화의 초반부에 캠이 병원에 입원하는 장면에서 매기는 두 딸에게 선생님이나 친구들에게 이런 이야기를 하지 말라며 '우린 아빠가 좋은 분이고 우릴 해치지 않는다는 것을 알지만 다른 사람들은 그걸 이해 못 하거든. 슬픈 일이지'라고 한다. 영화 중반, 두 딸이 친구들에게 캠이 어질러 놓은 집을 부끄러워하며 아빠가 조울증임을 고백한다. 친구들은 그 사실을 대수롭지 않게 여기며 캠과 차와 토스트를 즐기는 등 함께 재미있는 시간을 보내는 장면으로 이어진다. 영화의 후반부, 캠은 사립학교로 진학한 두 딸의 운동 연습 등에 매번 참석해 응원하고 사진을 찍어준다. 이를 본 딸의 친구가 '너희 아빠는 어떻게 연습 때마다 오셔?'라고 묻자 딸은 편안한 표정으로 '다른 할 일이 없거든'이라고 대수롭지 않게 말하며 캠에게 손을 흔들어준다. 조울증 환자에 대한 낙인 그러나 그 조울증 환자도 어느 누군가의 가족, 아빠일 뿐이며 딸들에게는 그저 사랑하는 아빠의 여러 가지 모습 중에 일부분일 뿐임을 순차적으로 표현하며 캠과 가족들이 일상을 유지하며 한 단계 더 성장하는 모습으로 영화는 마무리된다.

결론

많은 영화들이 조울병을 소재로 하고 있지만 조울병의 다양한 임상경과를 제대로 묘사하는 영화는 드문 편이다. 영화 속에서 조울병은 대개 성격의 일부이거나 삶의 한 과정으로만 묘사된다. 또한 감독의 의도에 따라 조울병의 단면적 증상만이 묘사되어 영화를 보는 관객들은 조울병에 대한 환상이나 고정관념을 지닐 수 있다. 그리고 영화의 극적인 재미를 위하여 사랑이나 인간관계의 회복 같은 심리적·환경적 요소는 매우 강조되는 반면, 의학적 치료에 대해서는 제대로 다루어지지 않는 경우가 많다.

많은 영화에서 조울병을 지닌 인물은 정신병원에 강제로 입원하게 되고 약이나 주사치료를 받게 되는데, 관객들은 환자의 인권이 무시되고 인물 특유의 매력이나 창조성이 억압당한다고 느끼며, 의학적 치료에 대해 부정적 인식을 갖는 경우도 많다. 그러나 영화가 아닌 의학적 측면에서 조울병은 환자 및 그 가족들에게 매우 고통스러운 질병이고, 반드시 치료가 필요한 질병이며, 적절한 치료를 받는다면 얼마든지 정상적인 생활을 할 수 있음을 알아야 할 것이다.

영화는 인쇄된 책이나 교실 수업에서는 배울 수 없는 강렬함과 풍부함을 제공할 수 있다. 영화적 허구와 의학적 사실을 분명히 구별할 수 있다면 영화는 조울병의 다양한 증상을 이해할 수 있는 더없이 좋은 매체임이 분명하다. 영화는 분명 우리가 조울병을 지닌 환자와 그 가족들의 고통을 이해하고 조울병에 대한 우리의 인식을 넓히는 데 도움을 줄 것이다.

그 밖에 조울병을 다룬 영화로는 《파인 매드니스》(1966), 《영향 아래 있는 여자》(1974), 《블루스카이》(1994), 《불워스》(1998), 《사랑에 미치다》(2015) 등이 있으니 시간이 날 때 한 번씩 찾아보면 좋은 자료가 될 것이다.

13장

조울병을 고백한 사람

조울병, 나는 이렇게 극복했다.

― 케이 레드필드 재미슨 ―

최근 예술가, 연예인들을 비롯하여 여러 유명 인사들이 스스로 조울병을 앓고 있거나 조울병으로 치료받은 적이 있다고 공개적으로 밝혀 화제가 된 바 있다. 이 때문에 조울병에 대한 대중의 관심도 늘어난 것이 사실이다. 하지만 심한 감정의 기복과 에너지 수준 및 활동의 변화를 야기하는 조울병은 비단 유명 인사들만의 문제가 아니다. 연구마다 다소 차이가 있으나 조울병의 평생 유병률은 1~2% 정도로 보고되고 있으며, 증상이 비교적 경미한 경우까지 포함한다면 많게는 4.5%까지도 추정되고 있다. 조울병은 재발이 흔하고, 대인관계 및 사회 생활에 많은 부정적인 영향을 끼치며, 여러 다른 정신과 질환의 동반 비율도 높은 만성 질환으로 흔히 알려져 있다. 매스컴에서 조울병을 앓고 있는 많은 사람들이 상당한 고통을 받고, 대인관계 및 사회 생활에서도 심각한 어려움을 겪는 경우가 자주 보고되어 보는 사람들을 안타깝게 하는 경우들이 많이 있다. 하지만 상당 수의 조울병 환자들은 꾸준한 정신과 치료를 통해 증상이 잘 조절되어 안정적인 삶을 영위하며, 특히 이들 중에서는 자기 분야에서 남다른 두각을 나타내거나 훌륭한 업적을 남긴 사람들도 있다. 이 장에서는 조울병을 극복하고 도전적인 인생을 살았던 사람들 중에서 자신의 경험을 고백했던 사람들을 소개하고자 한다.

처음으로 소개할 사람은 시드니 셀던이다. 그는 작곡가로 처음 데뷔해 극작가 및 시나리오 작가로 활동하다가 소설가가 되었으며, 아카데미상, 토니상, 에드가상 등 수많은 상을 수상하였고, 많은 베스트셀러를 남겼던 미국의 대작가이다. 이처럼 화려해 보이는 그의 인생 이면에는 실제로 수많은 어려움과 역경이 있었다. 그는 17세의 어린 나이에 처음으로 자살을 결심할 만큼 극심한 우울증을 경험하였고, 이후로도 자주 심한 감정 기복으로 고생하였다. 그는 이 같은 경험을 그의 자서전인 『또 다른 나(The other side of me)』에서 고백하고 있다. 그가 처음으로 심한 우울 증상을 경험한 때는 17세로, 당시 약국에서 배달부로 근무하고 있을 때였다. 그는 약국에서 몰래 훔친 수면제로 자살을 시도하려 했으나, 우연히 아버지에게 발각되어 그의 첫 자살 시도가 무산되었다. 하지만 이후에도 자주 지나치게 기분이 들뜨는 조증과 가라앉는 우울증이 번갈아 가며 자신을 힘들게 했다고 한다. 그는 조증 상태일 때는 며칠씩 거의 자지 않고도 무척 왕성하게 글을 써내려 가다가도, 우울해지면 심한 자살 충동과 자신감 저하 및 부정적 생각들로 힘든 나날을 보내야만 했다. 하지만 조울병을 진단받고 정식으로 정신과 의사에게서 약물치료를 받으면서 조울병으로 인한 어려움을 극복하고, 많은 영화 시나리오, 소설, 극본들을 썼으며, 세계 최고의 작가라는 극찬을 받게 되었다. 또한 그의 많은 작품들은 베스트셀러로서 오랜 시간 수많은 독자들에게서 사랑을 받아오고 있다. 또한 그는 세상에서 가장 많은 언어로 자신의 작품이 출간된 작가로 기네스북에 이름이 오르는 영예를 차지하기도 하였다. 그는 여든이 넘은 나이에 발간한 그의 자서전에서 자신을 오랜 기간 괴롭혀왔던 조울병은 현재 리튬이라는 약물의 도움으로 많이 극복되었고, 자신은 여든이 넘은 나이에도 새로운 작업을 구상하며 활기찬 삶을 살아간다고 고백하였다. 그동안 자신의 삶의 역경과 여러 어려움들이 참으로 그의 인생에 소중한 경험이었다고 회고하며 많은 이들에게 희망과 도전의 메시지를 전하고 있다.

다음으로 소개할 인물은 존스홉킨스 의과대학 정신과 교수로 재직 중인 유명한 임상심리학자 케이 레드필드 재미슨^{Kay Redfield Jamison} 교수이다. 그녀는 조울병과 자살에 관한 훌륭한 여러 학술 논문들과 저서를 남긴 정신의학자이지만, 동시에 그녀 자신이 조울병 환자이기도 했다. 그녀는 28세가 되던 해인 1974년, UCLA 의과대학에 정신과 조교수로 재직할 당시 심한 조증을 경험하게 된다. 당시 그녀는 수면

시간의 감소와 함께 엄청나게 많은 시간 동안 지치지 않고 일을 하였고, 따라잡기가 힘들 정도로 생각이 많아졌다고 고백했다. 또한 그녀는 고가의 보석들을 사들이며, 자극적이고 도발적인 옷을 구매하기도 했다. 당시 그녀는 조울병으로 진단받았고, 리튬을 처방받았으나 여러 부작용들을 경험하게 된다. 또한 조울병을 제대로 치료받지 않을 때 재발 위험이 높고 경과가 더 악화될 수 있다는 것을 그녀 스스로 알았지만, 자신의 경우만은 예외적일 것이라고 생각하여 치료에 소극적이었으며, 또한 무엇보다 조증 시기에 경험하는 강렬한 황홀감을 포기하기가 힘들었다고 고백하였다. 이러한 여러 이유들 때문에 초기 수년간 그녀는 리튬을 불규칙하게 복용하였고, 잘 조절되지 않는 기분 증상으로 많은 어려움을 경험하였다. 조증과 조증 사이에 그녀는 극심한 우울증을 경험하기도 하였고, 처방받은 리튬을 대량 복용하여 자살을 시도한 적도 있었으나, 가족에게 발견되어 목숨을 건지기도 했다. 그녀는 결국 꾸준한 약물치료를 포함한 정신과 치료를 받게 되면서 많이 안정을 찾았고, 활발한 학문적 업적과 활동들을 할 수 있게 되었다. 그녀는 자신이 조울병을 앓으면서 겪었던 많은 어려움과 경험들을 진솔하게 담은 『조울병, 나는 이렇게 극복했다(An Unquiet Mind)』를 1995년에 출간하여, 정신의학계에 큰 기여를 했을 뿐만 아니라 조울병을 경험하는 환자와 가족들에게도 큰 도움을 주었다. 이 책은 지금까지도 베스트셀러로 많은 독자들에게 읽히고 있다. 뿐만 아니라 그녀는 자신의 자살 시도 경험과 그녀의 책을 읽고

서 그녀를 찾아왔던 수많은 자살 시도자들의 얘기를 들으면서 자살에 관한 저서를 집필하기로 결심하고, 경험과 학문적 이론이 결합된 훌륭한 자살 관련 서적을 집필하기도 하였으며, 사회적으로도 자살자들을 돕기 위한 많은 노력을 기울였다. 이러한 그녀의 노력과 업적이 인정을 받아 그녀는 미국에서 가장 훌륭한 임상심리사 중 한 명으로 선정되는 영예를 안았고, 미국 시사주간지인 타임지에서 "의학계의 영웅Hero of Medicine"으로 선정되기도 하였다. 지금도 그녀의 여러 저서들과 학문적 업적들은 정신의학의 발전에 큰 기여를 했다는 평가를 받고 있을 뿐만 아니라, 그녀의 삶은 많은 조울병 환자들과 자살시도자 및 그 가족들에게 큰 위로와 희망이 되고 있다.

다음으로 소개하고자 하는 인물은 린다 해밀턴이다. 그녀는 1979년 데뷔하여 1984년 영화《터미네이터》에서 사라 코너 역을 맡아 유명한 스타가 된 미국 배우이다. 그녀는 영화배우로서 많은 성공을 거둔 화려한 삶을 산 것처럼 보이지만, 실제로 그녀는 자신의 인생에서 대부분의 시간을 우울증과 힘겹게 싸워야 했다고 고백한 바 있다. 그녀는 오랜 시간 정확한 진단을 찾고자 다양한 치료들을 받았으며, 결국 조울병 진단을 받게 되었다고 한다. 꾸준한 치료를 통해 조울병 증상으로부터 많이 안정되었을 때, 그녀는 조울병을 비롯한 정신질환으로 고통받는 많은 사람들을 돕고자 자신의 조울병 병력과 치료 경험을 고백하기로 결심한다. 그녀는 공개적으로 자신이 유년기와 젊은 시절 극심한 감정 기복으로 힘들었다고 밝혔으며, 주변사람들이 이해하기 힘든 지나치게 기쁜 감정과 슬픈 감정들을 경험했었다고 고백했다. 조증 상태일 때는 놀라울 정도로 기분이 들뜨고, 수면의 필요성도 별로 느끼지 못해 하루에 3~4시간씩만 잠을 자기도 했고, 지나치게 흥분하고 분노 조절이 안 되어 주변사람들과 자주 싸우기도 했다고 한다. 반면 우울증 상태에서는 절대 오르지 못할 깊은 수렁에 빠진 듯한 절망적인 느낌을 받았었다고 한다. 그녀는 약물치료를 받으면서 자신의 삶이 많이 안정되었고, 약물치료를 받음에도 자신의 연기자로서의 재능이 무뎌지거나 손상 받지 않았다고 하며, 치료받기 전에는 미처 상상하지 못했던 안정적이고 만족스런 삶을 살아가고 있다고 밝힌 바 있다. 그녀는 이러한 자신의 조울병 치료 경험에 대한 진솔한 고백이 많은 환자들로 하여금 자신의 질병을 숨기지 않고, 적극적으로 도움을 받고 치료를 받는 데 도움이 되기를 희망한다고 밝혀 사람들에게 공감을 불러일으키며, 깊은 감동을 선사해주었다.

지금까지 조울병을 겪고 적극적인 치료를 통해 조울병을 극복함으로써 도전적이고 남들에게 소망을 주는 삶을 살았던 여러 사람들에 대해서 간단히 살펴보았다. 이들 뿐만 아니라 우리 주변에는 자신의 조울병을 인정하고, 꾸준한 치료를 통해 조울병을 이겨내 안정적이고 성공적인 삶을 살아가는 사람들이 많이 있다. 실제로 조울병은 일찍 진단을 받고 적절한 치료를 꾸준히 받게 되면 기분 증상이 안정되고 큰 문제 없이 직업 생활과 사회 생활을 영위할 수 있게 되는 경우가 흔하다. 하지만 조울병을 겪는 사람들이 치료를 받는 데 가장 큰 걸림돌로 작용하는 요인들 중에는 조울병에 대한 잘못된 인식과 부정적인 편견, 그리고 사회적 낙인에 대한 두려움이 있다. 조울병을 의지의 문제나 스트레스성 질환으로 오인하여 의지로써 극복하려 하거나 스트레스를 줄이는 데만 급급하여 제대로 된 치료를 받지 않는 경우가 많다. 또한 주변사람들의 이목을 두려워하여 심한 증상에도 불구하고 치료를 꺼리는 경우들도 임상에서 흔히 보게 된다.

만약 이 글을 읽는 여러분 중에 누군가가 조울병으로 고통받고 있다면, 혹은 여러분이 사랑하는 누군가가 조울병을 겪고 있다면, 앞서 살펴본 여러 사람들의 조울병 투병 경험과 그들의 적극적인 삶이 여러분과 여러분의 가족들에게 큰 위로와 희망이 되기를 바란다.

3부

조울병,
어떻게 대처할까?

기분이 행동 방식에 영향을 미친다는 것을 이해하는 것은 중요하다.
특히 우울증이나 조울병이 있는 환자들이 자신의 기분을 파악한다
는 것은 여러 가지 측면에서 도움이 된다. 기분이 자신에게 의미하는
바를 파악하고 그 기분 상태에서 자신을 평가할 수 있는 방법을 설
명하였다.

기분 변화를 알아차리기

사실 우리는 일상생활을 하면서 여러 가지 기분을 느끼며 살아간다. 세상을 다 가진 것같이 행복할 때도 있고, 온 세상이 가라앉은 듯한 기분이 드는 날도 있다. 또한 기분이 바뀌는 것은 자연스러운 일이기도 하다. 이러한 기분은 한 개인의 말이나 행동 방식에 영향을 미치게 된다. 밝은 표정으로 목소리 톤이 올라가 있고 몸의 움직임이 많은 사람을 보면 기분이 좋다고 추측할 수 있고 어두운 표정으로 말이 없으며 행동도 느리게 움직이는 사람을 보면 우울하거나 불쾌한 기분이라는 것을 추측할 수 있다. 우리가 굳이 상대방이 자신의 기분을 말하지 않아도 그 기분을 파악할 수 있는 것도 이러한 현상 때문일 것이다. 이렇게 기분이 행동 방식에 영향을 미친다는 것을 이해하는 것은 중요하다. 특히 우울증이나 조울병이 있는 환자들에게 자신의 기분을 파악한다는 것은 여러 가지 측면에서 많은 도움이 된다. 물론 매 순간마다 자신의 감정을 알아차리는 것은 쉽지 않다. 하지만 각 기분이 자신에게 의미하는 바를 파악하고 그 기분 상태에서 자신을 평가할 수 있는 방법을 배운다는 것은 정신건강을 개선하는 데 많은 도움을 준다.

내 기분을 안다는 것은?

내 기분을 안다는 것은 어떤 의미가 담겨 있는지 구체적으로 살펴보면 다음과 같다.

1. 행동 방침을 결정하는 데 도움이 된다.

자신의 기분이 어떤지 알게 되면 자신이 필요한 것을 더 잘 이해할 수 있다. 가장 최근에 자신이 감정적으로 소용돌이 치던 때를 생각해보면 그 순간 적절한 결정을 내리기 어려울 것이다. 아마 대부분의 사람이 기분이나 감정에 압도를 당하면 적절한 행동을 취하기가 매우 어렵다. 하지만 평소 내 기분의 상태에 대해 잘 알고 있다면 예상치 못한 상황에서 자신의 감정을 잘 파악할 수 있으며 상황에 대응할 수 있는 최선의 방법을 알아낼 수 있다.

2. 감정 표현에 도움이 된다.

모든 것에 대해 지나치게 생각하고 걱정하는 경향이 있거나 쉽게 감정적이게 되는 사람이라면 글을 통해 감정을 표현하는 것이 필수적이다. 글로 자신의 감정을 표현함으로써 감정상태를 이해하는 데 도움이 되기 때문이다. 자신이 생각하고 느낀 것들에 대해 가감 없이 글로 표현하는 것은 안정한 장소라고도 볼 수 있다. 글을 통해 자신의 기분을 작성하는 것은 자신과 대화를 하고 있는 중이기 때문에 내가 표현하는 것에 대해 상대가 어떻게 받아들일지에 대한 걱정을 할 필요가 없다. 또한 자유롭게 감정을 표현하는 동시에 해소되는 과정도 경험할 수 있다. 나아가 이러한 경험은 다른 사람에게 나의 감정을 적절하게 표현하는 데 도움이 될 수 있다. 결과적으로 부정적인 감정을 감소시켜 감정적 휴식을 제공하고 불필요한 스트레스를 만들지 않으며 결국 대인관계에도 도움이 된다.

3. 치료에 도움이 된다.

많은 사람들이 트라우마와 같은 힘든 경험을 한 뒤 일기를 통해 회복을 했다는 말이 있다. 과거 부정적인 경험에 대한 감정을 억누르거나 무시하려고 할 때마다 기분은 더 나빠질 가능성이 크다. 한 연구에 따르면 과거의 스트레스가 많은 사건에 대해 감정을 표현한 글을 쓴 사람들은 일상적인 활동에 대해 글을 쓴 사람들보다 상처가 더 빨리 치유된다는 사실을 발견했다. 이는 감정을 표현한 글을 씀으로

써 자신의 기분에 대해 잘 알 수 있었기에 나타난 결과라고 볼 수 있다. 현재에도 과거 부정적인 경험들을 이해하고 극복하려고 노력한다면 더 나은 감정상태나 회복을 위해 다양한 방법을 통해 자신의 기분에 대하여 아는 것이 필요하다.

4. 악화 요소가 무엇인지 알 수 있게 해준다.

우리 모두에게는 감정을 유발하는 원인들이 있다. 이것은 사람이라면 누구나 가지고 있는 것이다. 감정을 유발하는 원인은 특정한 사람, 말, 의견, 상황, 환경 등 다양하게 존재한다. 특히 부정적인 감정을 유발하는 악화 요소들을 파악하지 못한다면 우리는 감정에 지배되어 통제를 잃게 되는 상황을 자주 마주치게 될 것이다. 어떤 감정이 통제할 수 있는 크기를 넘어서게 되면 판단력을 잃게 된다. 따라서 자신의 기분에 대해 잘 알고 있다면 악화 요소에 대해 알아차리게 되고 기분과 행동 사이의 패턴을 인식할 수 있다.

내 기분을 알 수 있는 방법은?

앞서 양극성 장애 치료에서 자신의 기분을 잘 이해하는 것이 매우 중요하다는 점을 알아보았다. 자신의 기분을 이해한다는 것에는 크게 두 가지 측면이 있다. 먼저 기분일기를 통해서 매일의 기분 변화를 이해하는 것이고 다음은 전 생애에 걸친 기분 변화를 알아보기 위해 기분 자서전을 작성하는 것이다.

기분일기

기분일기는 기분 변화를 정확하게 체계적으로 파악하기 위한 것이다. 이는 마치 당뇨병 환자들이 혈당을 매일 체크하고, 식사 내용을 기록해서 혈당을 잘 조절하려는 것과 같다. 기분일기가 갖는 유용성은 다음과 같다.

1. 기분일기는 양극성 장애의 다양한 패턴을 파악할 수 있다.

양극성 장애는 심한 기분 변화가 특징이다. 양극성 장애 치료를 받는 사람들조차도 우울증 단계로 넘어가거나 조증을 경험할 수 있다. 기분일기를 작성하면 기분 변화를 예측하고 적절한 대처를 하는 데 도움이 된다. 또한 질병의 장기적 경과를 파악하는 데 도움을 줄 수 있으며 약물 반응도 평가할 수 있다. 이러한 많은 정보를 통하여 환자가 능동적으로 치료에 참여하는 결과도 만들 수 있다.

2. 기분일기는 건강한 습관을 유지하는 데 도움이 된다.

양극성 장애의 재발을 막고 안정적인 상태를 유지하기 위한 노력들이 건강하고 규칙적인 일상을 유지하는 데 도움이 된다. 기분일기를 작성하면 자신에 대한 책임을 지고 매일 자신의 생각, 활동 등을 추적할 수 있으므로 결국 재발 요인을 줄이는 데 상당한 도움이 될 수 있다.

3. 기분일기는 의사에게 소중한 정보를 제공할 수 있다.

환자의 기분과 중요한 사건에 대한 기록으로서 기분일기는 의사나 정신건강 전문가에게 유용한 평가 도구가 될 수 있다. 기분일기는 우울증이나 기분장애를 유발할 수 있는 잠재적인 원인을 밝히고 치료자가 적절한 대처를 할 수 있게 해준다.

다음은 기분일기를 작성하는 요령이다.

- 기분일기 작성 요령

1. 매일 기분일기

① 매일 그날의 기분 상태를 평가해서 기록한다.

② 하루 중 가장 심한 기분 상태를 기록한다.

③ 조증에 가까운지, 우울증에 가까운지를 결정한다. (주의사항 : 하루 중에 조증과 우울증을 동시에 느낄 수 있고, 그런 경우 둘 다 표시한다.)

④ 심각도를 결정한다. 심각도는 기분 증상으로 일상생활에 지장이 있는 정도를 기준으로 판단한다.

⑤ 정상 기분이라면 해당 날짜에 0으로 표시한다.

⑥ 불안한 정도를 0(없음)부터 3(심함) 중에서 표시한다.

⑦ 짜증이 난 정도를 0(없음)부터 3(심함) 중에서 표시한다.

⑧ 수면시간 : 기분 변화를 가장 민감하게 반영하는 지표

⑨ 투약 거른 날 : 어떤 이유든 약을 먹지 않은 날을 표시한다.

⑩ 생리일 : 생리주기와 기분 증상 변화를 알기 위함이다.

⑪ 일중 기분 변화 횟수 : 하루 중에 조증과 우울증 사이에 기분 변화 횟수를 적는다.

⑫ 스트레스 사건 : 스트레스 사건을 적고, 그의 영향을 1(경함)에서 4(심함) 중 어느 정도에 해당하는지 적는다.

⑬ 잠자기 전에 적는다. 습관이 되도록 하는 것이 중요하다.

2. 매주 기분일기

매주 기분일기는 매일 기분일기를 적을 수 없는 경우를 위해서 고안된 방법이다. 기본적인 방법은 매일 기분일기와 동일하지만, 다음과 같은 점이 다르다.

① 매주 말에 한 주간의 기분을 평가한다.

② 우울한 기분 때문에 생활에 지장이 있었는지를 기억해보고, 그 정도와 기간을 표시한다.

③ 들뜬 기분 때문에 생활에 지장이 있었는지를 기억해보고, 그 정도와 기간을 표시한다.

  (주의사항 : 종일 기분이 우울하거나 들뜬 상태가 아니었어도, 하루로 계산한다. 예를 들어서 이틀 동안 매일 2~3시간씩 우울했다면 이틀간 우울한 것으로 계산한다.)

④ 정상적인 기분이 며칠이나 있었는지를 표시한다.

  (주의사항 : 종일 우울하지도 들뜨지도 않아서 평상적인 기분 상태를 유지했던 날만 포함한다.)

⑤ 지난주 평균적인 수면 시간을 표시한다.

⑥ 지난주 얼마나 잠을 자기가 어려웠는지를 표시한다.

⑦ 지난주 잠을 자기가 어려운 날이 며칠이나 있었는지를 표시한다.

⑧ 지난주 얼마나 불안했는지를 표시한다.

⑨ 지난주 얼마나 짜증이 났었는지를 표시한다.

● 기분 평가 시 심각도 기준

기분 상태를 평가할 때 심각도의 기준은 다음과 같다.

들뜬 기분

1. 경함

   ① 자고 싶은 생각이 감소함, ② 활력이 증가함, ③ 약간의 과민성(또는 짜증), ④ 약간의 유쾌한 기분(고양되거나, 매우 행복한 기분), ⑤ 생각의 속도나 말이 빨라짐, ⑥ 대인관계가 많아짐.

   경한 정도의 이런 증상들은 당신의 일상 기능에 부정적인 영향을 주지 않으며, 오히려 처음에는 당신의 기능을 향상시킬 수도 있다.

2. 경한 중등도

   경한 정도의 증상들을 약간 더 심하게 경험한다. 이에 더하여 다음의 증상들이 나타날 수 있다.

   ① 생산성이 감소함, ② 집중하지 못하기 시작함, ③ 가족이나 친구, 동료들이 평상시의 당신과 다른 행동을 한다는 이야기를 조금씩 함.

3. 심한 중등도

   이 정도에서는 다음과 같은 증상을 경험할 수 있다.

   ① 자고 싶은 생각이 현저히 줄어듦(아니면 전혀 자지 않을 수도 있음), ② 활력이 매우 증가함, ③ 매우 강력한 능력을 느끼거나 전

혀 조절할 수 없다고 느낌, ④ 생각이나 말의 속도가 매우 빨라짐, ⑤ 당신의 행동이 달라졌거나 문제가 있다는 이야기를 자주 들음, ⑥ 가족이나 친구들이 당신의 행동에 대해 심각하게 걱정을 하며 화를 내거나 실망함.

4. 심함

이 단계의 증상들은 더 심하게 나타난다.

① 가족이나 친구들은 당신이 치료를 받을 필요가 있다고 말함, ② 당신이 스스로 자신의 행동을 조절할 수 없다고 느낌, ③ 당신 스스로나 다른 사람의 안전을 더 이상 지킬 수 없다고 생각하여 입원시키려고 함.

우울한 기분

1. 경함

불편감이나 저하된 기분, 약간의 사회적 고립을 경험한다. 그러나 일상생활은 문제없거나, 아주 약간의 문제가 있는 정도로 유지할 수 있다.

2. 경한 중등도

우울한 기분 증상 때문에 당신의 일상생활에 지장이 생기기 시작한다. 일상적이고 익숙한 일을 하기 위해 평소보다 시간이 더 필요하거나 더 노력을 해야 하는 경험한다.

3. 심한 중등도

일상생활에 더욱 많은 지장을 초래한다. 일상적으로 반복하던 것들을 하는 데 매우 큰 어려움이 생기며 그런 일들을 하기 위해 아주 많은 시간과 노력이 필요하다.

4. 심함

사회, 경제적 활동뿐만 아니라 일상적인 활동 모두 할 수 없는 상태를 의미한다. 예를 들어 잠자리에서 일어날 수 없거나, 학교나 직장에 갈 수 없으며, 매일 하던 일들을 거의 하지 못하게 된다. 집에 머무는 동안에도 식사나 자기 관리를 거의 하지 못하여 가족들이 특별한 관심을 두어야 하는 상태로 병원에 입원이 필요할 수 있다.

● **기분 자서전**

기분 자서전 작성방법은 다음과 같다. 그동안 살아오면서 기분 변화가 어떻게 있었는지를 그려보는 자서전이다. 〈그림 1〉이 기분 자서전이다. 중간의 수평선을 기준으로 위쪽은 기분이 들뜬 상태이고, 아래쪽이 우울한 상태를 의미한다. 위쪽으로 올라갈수록 기분이 더 들뜬 상태를 의미하고, 아래쪽으로 내려갈수록 더 우울한 상태를 의미한다. 〈그림 2〉를 보면 들뜨거나 우울한 정도와 기간에 따라서 어떻게 그림을 그릴 수 있는지 여러 가지 예가 제시되어 있다. 기분의 변화가 있었던 첫 증상부터 현재까지 그리면 된다.

그림 1 **기분 자서전**(여러분의 기분 변화를 선으로 그려주세요. 첫 증상 시작부터 현재까지의
변화를 그리면 됩니다.)

첫 증상은 들뜬 기분일 수도 있고 우울한 기분일 수도 있다. 병

원에 처음으로 오게 되었던 증상이 아닐 수도 있다. 조울병의 경우

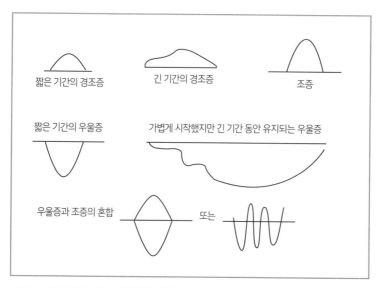

그림 2 **기분 자서전 예 : 기분 변화 작성법**

조증 증상으로 병원에 오는 경우는 흔하지만, 실제 그 전에 이미 우울 증상을 경험했던 경우가 더 흔하다. 물론 처음 증상이 조증 증상일 수도 있다.

사실 기분 자서전을 처음부터 쉽게 그릴 수는 없다. 막상 과거를 떠올리기 어려울 수도 있다. 그런 경우 첫 병원 방문, 입학, 군대, 결혼, 이사, 취직 등과 같은 중요한 사건을 먼저 떠올린 뒤 그 당시 기분이 어떠했는지 기억해보는 것도 방법이 될 수 있다. 한 번에 기억나지 않으면, 몇 차례에 나누어서라도 꼭 그려보는 것이 필요하다. 자신에 대한 이해를 높이는 중요한 방법이다.

여기까지 기분 자서전을 완성했다면, 자신의 기분 자서전을 토대로 다음의 사항들을 생각해볼 수 있다. 질문이 어렵다고 느껴진다면, 예로 든 사례의 답글을 보면 이해하기가 쉽다. 기분 자서전에 나와 있지 않지만 적절하다고 생각되는 답이 있으면 자유롭게 작성하면 된다.

먼저 자신이 우울하게 되는 상황이나 원인에 대한 질문이다.

당신의 우울증을 유발하는 원인

1. 우울증을 유발하는 원인은 무엇입니까?

  예 : 남편이 나를 무시하는 말을 들으면 우울해진다.

2. 부모나 형제자매 혹은 친한 친구의 죽음을 겪고 우울했던 일이 있습니까?

  예 : 아버지가 돌아가셨을 때 매우 슬퍼서 식사도 잘 못 했다. 1~2달 그랬던 것 같다.

---

3. 인생을 뒤바꿀 만한 중요한 사건이 있었습니까?

　　예 : 대입에 실패하고 우울하였고 나는 실패자라는 생각을 떨쳐버릴 수 없었다.

　　　　3~4개월 동안 우울해하다가 점차 나아졌다.

4. 병을 앓았거나 자녀 출산 후 우울했던 일이 있습니까?

　　예 : 아이들을 출산한 후 우울하기도 했지만 기쁘기도 했다. 크게 우울하지 않

　　　　았다.

5. 지금까지 적은 것 말고 다른 원인이 있습니까?

　　예 : 비가 오거나 겨울이 되면 우울하다.

다음은 조증을 유발하는 상황이나 원인에 대한 질문이다.

당신의 조증을 유발하는 원인

1. 잠을 못 잔 뒤에 기분이 들뜬 적이 있습니까?

　　예 : 며칠간 잠을 충분히 자지 못하면 기분이 들뜬다.

2. 새로운 일이나 중요한 일을 하게 된 뒤에 기분이 들뜬 적이 있습니까?

　　예 : 회사에서 중요한 업무를 맡게 되었을 때 부담이 많이 된다. 이후 기분이

　　　　들떠서 프로젝트가 엉망이 된 적이 있다.

3. 휴가나 여행을 가게 되거나, 새로운 곳에 가게 되면 기분이 들뜬 적이 있습니까?

　　예 : 새로운 일을 하거나 장소에 가게 되면 기분이 들떠서 간혹 말실수를 한다.

　　　　3~4개월 동안 우울해하다가 점차 나아졌다.

4. 친구들과 회식을 하거나 가족 모임을 하면 기분이 들뜨게 됩니까?

　　예 : 조금 기분이 들뜬 적이 있다.

5. 지금까지 적은 것 말고 다른 원인이 있습니까?

　　예 : 작은 일이라도 일이 잘 풀리면 기분이 들뜨는 편이다. 그럴 땐 진정이 잘

　　　　되지 않아 여기저기 가게 되는 경우들이 있다.

이렇게 우울하거나 들뜬 기분을 유발할 수 있는 여러 가지 상황이나 사건들을 알아보는 이유는 그런 상황이나 사건이 생겼을 때, 자신의 기분을 잘 통제할 수 있는 마음의 준비와 대처를 하기 위해서다. 나를 알고, 적을 알면, 백전백승이다. 이 말을 바꾸어 본다면 나의 기분 상태를 알고 병을 알면 백전백승이다. 자신의 기분 변화를 적절하게 파악하고 대처하여 건강한 상태를 유지하는 것이 중요하다.

매일 기분일기

년   월

날짜	1	2	3	4	5	6	7	8	9	10	11	12	13	14	15	16	17	18	19	20	21	22	23	24	25	26	27	28	29	30	31
들뜬 기분(심함)																															
들뜬 기분(심한 중등도)																															
들뜬 기분(경한 중등도)																															
들뜬 기분(경도)																															
정상 기분																															
우울 기분(경도)																															
우울 기분(경한 중등도)																															
우울 기분(심한 중등도)																															
우울 기분(심함)																															
일종 기분 변화 횟수																															
불안(0-3)																															
재증 과민함(0-3)																															
수면시간																															
투약 거른 날																															
생리일(시작 O, 종료 x)																															
체중(매월 마지막 날)																															
스트레스 사건(영향 1~4)																															
약물 부작용																															
비고(스트레스 사건이나 약물 부작용을 적는다.)																															

매주 기분일기

년　　　월

날짜	1	2	3	4	5	6	7	8	9	10	11	12	13	14	15	16	17	18	19	20	21	22	23	24	25	26	27	28	29	30	31
들뜬 기분(심함)																															
들뜬 기분(심한 중등도)																															
들뜬 기분(경한 중등도)																															
들뜬 기분(경도)																															
정상 기분																															
우울 기분(경도)																															
우울 기분(경한 중등도)																															
우울 기분(심한 중등도)																															
우울 기분(심함)																															
불면(심함)																															
불면(중등함)																															
불면(경함)																															
수면시간																															
불안(0~3)																															
짜증, 과민함(0~3)																															
생리일(시작 O, 종료 X)																															
체중(매월 마지막 날)																															
스트레스 사건(영향 1~4)																															
약물 부작용																															
비고(스트레스 사건이나 약물 부작용을 적는다.)																															

234

15장

스트레스에 대처하기

—

조울병을 치료하고 예방하기 위한 많은 방법들이 있지만 가장 중요한 것은 약물치료이다. 그 외의 다른 치료 방법들은 약물치료와 동시에 사용될 때만 충분한 효과를 보인다고 할 수 있다. 약물치료와 병행할 수 있는 여러 치료 방법 중 가장 중요한 것은 스트레스 관리이다. 스트레스는 조울병의 발병, 재발, 악화에 영향을 미치며, 스트레스를 잘 관리한다면 조울병 치료 및 재발 방지에 큰 도움을 받을 수 있을 것이다. 우선 스트레스가 무엇인지 알아야 스트레스를 이길 수 있는 방법 또한 알 수 있을 것이다.

스트레스란 무엇인가?

흔히 우리는 "스트레스를 너무 많이 받는 것 같아, 스트레스 때문에 피곤해"라고 말하곤 한다. 스트레스라는 말을 자주 사용하기는 하지만 스트레스의 정확한 의미를 잘 설명할 수 있는 사람은 드물다. 스트레스는 정신적·신체적 자극을 일으키는 심리적·신체적 반응으로서의 적응을 뜻한다. 주변 환경 또는 나의 심리 상태가 변화하면 이러한 변화에 맞추어 나의 몸과 마음이 적응하는 과정을 말한다. 즉 우리를 세상에 적응하게 도와주는 과정이라는 것이다.

쉬운 예로 시험을 치르는 수험생의 예를 들어보자. 시험지를 앞에 둔 수험생이 아무런 스트레스를 받지 못한다면 '굳이 이 문제를 풀어야 하나? 대충 찍고 잠이나 자야겠다'라고 생각하며 시험이라는 상황에 적응하지 못할 것이다. 반면에 시험에 너무 과도한 스트레스를 받는 경우라면 긴장하여 평소보다 낮은 점수를 받을 가능성도 있다. 이렇듯 스트레스가 너무 적거나 너무 많으면 우리의 적응력에 해를 끼치게 된다. 무엇이든 적당한 것이 가장 좋은 것이다. 적당한 스트레스는 인간을 적응할 수 있게 도와주는 필수적인 존재이다. 흔히 우리가 '스트레스 받는다'고 말할 때는 변화에 적응하기 위해 과도한 에너지가 필요한 상황을 말한다.

인간의 몸과 마음은 늘 일정한 상태에 있으려는 습성이 있다. 이를 '항상성'이라고 말한다. 이 항상성을 깨는 모든 자극을 스트레스라고 말한다. 다시 말하면 변화하는 모든 것이 사실 스트레스라는 말이다. 부정적인 사건만이 아니라 승진, 결혼과 같은 긍정적인 사건도 스트레스로 작용하는 것이다.

스트레스는 우리가 알던 것과는 달리 나쁜 것만은 아니라는 걸 알 수 있다. 실제 적당한 스트레스가 우리의 능력을 향상시킨다는 연구도 많다. 물론 도가 지나친 스트레스는 오히려 능력을 저하시키지만, 어느 정도까지는 우리가 적응하려고 노력하는 과정을 통해서 우리의 적응력을 증가시킨다. 마치 헬스장에서 근력 운동할 때, 처음에는 무겁고 힘들지만, 자꾸 반복하면 어느새 무거운 아령도 쉽게 들고, 팔 근육도 멋지게 자리잡고 있는 것과 같은 원리이다. 그러면 우리가 스트레스에 적응하는 데는 어느 정도의 시간이 걸릴까? 사람마다 다르다. 대개 짧게는 한 달에서 길게는 석 달까지 걸리기도 한다. 다시 말하면 한 달에서 석 달 정도 기간이 지나면 내 몸과 마음이 변화에 적응할 수 있다는 것이다.

스트레스를 받기 시작하면 우리의 몸과 마음은 스트레스를 극복하기 위해 스트레스와 싸우기 시작한다. 우리의 에너지가 다 하기 전에 스트레스와의 싸움에서 승리한다면 우리는 변화에 잘 적응하고 이후에 올 스트레스와의 싸움을 위한 에너지를 보충하기 시작할 것이다. 하지만 스트레스와 싸우면서 에너지를 다 소진해 버리고 나면 우리의 몸과 마음에 좋지 않은 변화들이 생겨난다. 예를 들어서 스트레스는 인체의 면역계에도 영향을 끼쳐 염증을 일으킨다. 심장과

뇌 등의 신체 장기에 염증 반응을 유발해서 그 장기들을 빨리 늙게 만든다. 스트레스에 의한 신체 장기의 노화는 당뇨병, 고혈압 등의 대사질환을 유발한다. 스트레스에 의해 유발되는 가장 흔한 정신 증상으로는 불안감과 불면증 등이 있다.

스트레스를 어떻게 알아차릴 것인가?

스트레스와 관련된 증상을 호소하는 환자들을 많이 만난다. 환자들에게 스트레스에 의한 증상이라고 설명을 하면 '저는 스트레스를 받을 일이 없는데 스트레스 때문이라니요?'라고 묻는 환자들이 대부분이다. 내가 스트레스를 받고 있음을 인지하지 못하는 것이다. 스트레스는 우리가 받고 싶어서 받는 것이 아니라 살다보면 받게 되는 것이 스트레스다. 앞서 스트레스는 변화에 적응하기 위한 몸과 마음의 작용이라고 말하였다. 삶의 과정 자체가 변화이고 이 변화에 적응하다보면 많든 적든 모든 사람은 스트레스를 받게 된다.

내과에서 여러 차례 진료했는데, 잘 낫지 않아서 정신과에 가보라고 권유해서 와 보게 되었다고 하는 분들이 꽤 많다. 소화가 안 될 뿐인데, 몸이 아픈데 왜 정신과에서 진료를 받아야 하는지 모르겠다고 말씀하신다. 우리의 몸과 마음은 따로따로 존재하는 것이 아니라 서로 영향을 주고받는다. 부부싸움을 하고 나면 밥맛이 없어지는 이

스트레스 자가 점검표	
신체적 징조	
1. 숨이 막힌다 2. 목이나 입이 마른다 3. 불면증이 있다 4. 편두통이 있다 5. 눈이 쉽게 피로해진다 6. 목이나 어깨가 자주 결린다 7. 가슴이 답답해 토할 기분이다 8. 식욕이 떨어진다 9. 변비나 설사가 있다 10. 신체가 나른하고 쉽게 피로를 느낀다	4개 이상이면 심한 스트레스 상태
행동상의 징조	

1. 반론이나 불평, 말대답이 많아진다
2. 일의 실수가 증가한다
3. 주량이 증가한다
4. 필요 이상으로 일에 몰입한다
5. 말수가 적어지고 생각에 깊이 잠긴다
6. 말수가 많고 말도 되지 않는 주장을 펼칠 때가
  있다
7. 사소한 일에도 화를 잘 낸다
8. 화장이나 복장에 관심이 없어진다
9. 사무실에서 개인적인 전화를 하거나 화장실에
  가는 횟수가 증가한다
10. 결근, 지각, 조퇴가 증가한다
	4개 이상이면 심한 스트레스 상태

감정상의 징조	
1. 언제나 초조한 편이다 2. 쉽게 흥분하거나 화를 잘 낸다 3. 집중력이 저하되고 인내력이 없어진다 4. 건망증이 심하다 5. 우울하고 쉽게 침울해진다 6. 뭔가를 하는 것이 귀찮다 7. 매사에 의심이 많고 망설이는 편이다 8. 하는 일에 자신이 없고 쉽게 포기하곤 한다 9. 무언가 하지 않으면 진정할 수가 없다 10. 성급한 판단을 내리는 경우가 많다	4개 이상이면 심한 스트레스 상태

유는 무엇일까? 싸워서 스트레스 받는 것과 배고픈 느낌이 사라지는 것은 무슨 상관일까? 우리의 몸과 마음은 서로 영향을 미친다. 몸이 아프면 마음이 아프고 마음이 아프면 몸이 아파지는 이유이다.

스트레스를 유발하는 원인은 감정적인 것일 수도 있고 육체적인 것일 수도 있다. 가장 큰 스트레스는 사랑하는 이의 죽음, 이혼, 실연, 또는 육체적·감정적 학대나 외상에 의해서 일어날 수 있으며, 비교적 덜 심한 스트레스는 수면 부족, 식사를 못한 경우, 과다한 업무, 과로 그리고 스스로는 못 챙기면서 남들만 신경을 쓰는 경우 등에 의해서 일어난다. 또한 결혼이나 원하던 새로운 직장을 구한 경우 또는 새로운 곳으로 이사를 한 것 등도 스트레스로 작용할 수 있다.

어떤 사람은 스트레스를 받으면 그 즉시 몸의 변화(복통, 두통 혹은 심장이 빨리 뛰는 것 등)와 마음의 변화(불안, 피로 또는 달거나 짠 음식을 찾는 것 등)를 느낀다. 반면 낙관적이고 매사 쉽게 쉽게 생각하며, 스트레스로 인하여 생기는 신체적 증상을 알아차리지 못하거나 그것을 스트레스와 연관 지어서 생각하지 않는 사람들도 있다. 같은 사건을 경험한다 하여도 사람들마다 받는 스트레스의 정도는 다를 수 있다는 말이다. 정도는 다를 수 있지만, 모든 사람이 스트레스를 받는다는 사실은 변함이 없다. 우리는 스트레스가 없는 삶을 꿈꾸지만 완벽하게 편안한 상태로 살 수는 없다. 스트레스가 없는 삶은 현실적으로 불가능하기 때문이다. 우리들이 할 수 있는 일은 스트레스에 의한 몸과 마음의 반응을 알아차리고 스트레스와 싸울 수 있는 힘을 기르는 것이다.

싸워서 이기기 위해서는 적을 알고 나를 알아야 한다. 스트레스에 취약해지는 '나의 요인'을 알아보고 스트레스와 싸워 이길 수 있는 방법을 알아보도록 하자.

스트레스를 잘 받는 성격

그러면 어떤 사람들이 스트레스를 잘 받을까? 첫째로 들 수 있는 성격 유형은 유연성이 결핍된 사람들이다. 흔히 완벽주의자라고 불리는 사람들이다. 사실 완벽주의는 일을 잘하는 데는 꼭 필요하다. 그래서 소위 완벽주의자들이 능력 있는 사람이라 인정받고 사회적 성취를 이룬 경우가 많다. 그러나 완벽주의가 유연성이 결핍된 것으로 나타나서는 곤란하다. 유연성이 결핍된 완벽주의자는 융통성이 없는 사람, 일이 더딘 사람으로 평가받고, 주변사람들을 피곤하게 만들 수 있다. 특히 요즘처럼 세상의 흐름이 자주 바뀌는 상황에서는 유연한 사람이 더 일을 잘할 것이다. 사고방식이 유연한 사람은 변화하는 환경에 더 잘 적응할 수 있고, 스트레스도 적게 받는다.

적절한 완벽주의는 업무의 완성도를 위해서 꼭 필요하지만, 융통성 없는 완벽주의는 일을 마무리하지 못하고 스트레스를 가중시키는 요인이 된다. 상황에 따라 조절을 잘하는 사람은 집중할 때와 느긋하게 기다릴 때를 안다. 또 자신이 조절할 수 없는 상황이 있다는 것도 안다. 그래서 매사에 최선을 다하지만, 자신이 어찌할 수 없는 상황 때문에 자책하지 않을 수 있다. 생각보다 많은 사람들이 자신이 어찌할 수 없는 문제로 고민한다. 여러분들도 고민이 있을 것이다. 우선 우리가 하는 고민이 나의 행동과 노력으로 해결할 수 있는 고민인지 먼저 생각해보자. 그래서 바꿀 수 없는 고민이라면 차라리 과감하게 받아들이는 것이 좋다. 이렇게 자신에 대해서 겸손해질 때 문제해결의 답을 찾을 수 있을 때가 종종 있다.

스트레스를 유발하는 악순환 : 되씹기, 비교하기, 남 탓하기

인간이 하는 생각의 약 80%는 부정적인 생각이다. 부정적인 생각을 하는 사람에게는 부정적인 스트레스가 있을 뿐이다. 스트레스는 부정적인 생각을 더 많이 하게 만들고 부정적인 생각은 더 많은 스트레스를 만든다. 부정의 악순환이 일어나는 것이다. 이런 상황에서는 사소한 스트레스도 자칫 크게 작용할 수 있다.

사람들이 흔히 갖는 부정적인 생각들은 되씹기와 비교하기, 남 탓하기이다. 무언가 일이 잘 풀리지 않으면 자꾸 반복해서 생각하게 되는 것을 되씹기라고 한다. 실제로 우리의 인생에서 부정적인 '그 사건'은 딱 한 번 일어났을 뿐이다. 하지만 우리는 되씹기를 하면서 '그 사건'을 수백 번 수천 번 마음속으로 재경험한다. 우리의 몸과 마음은 수백 번, 수천 번 상처를 받는 것이다. 어떻게 하면 이 악순환의 고리를 끊을 수 있을까? 한 가지 방법은 곱씹는 생각을 글로 적어보는 것이다. 걱정거리를 노트의 맨 윗줄에 적고, 그 아래에는 걱정거리로 인하여 발생할 수 있는 최악의 상황을 적는다. 그런 다음 다른 사람이 이러한 걱정을 내게 말한다면 나는 어떻게 조언해줄 것인지 그 대답을 적어본다. 아마 당신이 가진 걱정거리의 가장 훌륭한 해답은 이미 당신 안에 있었음을 알게 될 것이다.

스트레스를 유발하는 두 번째 범인은 비교하기이다. 인간은 많은 결핍 속에서 살아간다. 돈도 없고, 시간도 없고, 친구도 없기 때문에 하고 싶은 것을 못 하고 살기 때문에 스트레스를 받는다. 그런데 다시 한 번 생각해보자. 얼마 이상이어야 돈이 많을 걸까? 친구는 몇 명이 있어야 많은 걸까? 돈과 친구, 시간의 절대 기준이 존재할까? '돈이 없어서'라는 말 앞에는 '남들보다'라는 문장이 생략된 것이다. 남들에 비해서 돈이 적고, 남들에 비해서 친구가 적다는 표현이다. 남들과 비교를 하다 보니 언제나 나의 모습이 초라해 보일 수밖에 없다. 초라한 나는 스트레스의 원인이 되어서 나를 더 초라하게 만들 뿐이다. 또다시 악순환의 덫에 걸려버렸다.

이 악순환을 해결하는 방법 중 하나는 남들과 비교하되 나보다 못한 사람과 비교하는 것이다. 나보다 못한 남들과 비교하다 보면 감사함을 배울 수 있다. 하지만 이 방법은 근본적인 해결책이라고 할 수

악순환을 막기 위한 방법

① 반복되는 부정적인 생각을 글로 적어본다.

② 부정인 생각에 사로잡힐 때 밖에 나가 산책을 한다.

③ 남들과 비교하지 않는다.

④ 작은 일에 감사하는 마음을 갖는다.

⑤ 다른 사람들에게 칭찬할 거리를 찾아본다.

⑥ 스스로에게 칭찬을 한다.

는 없다. 곧 다시 우리는 위를 보면서 비교를 시작할 것이기 때문이다. 최선의 방법은 비교하지 않는 것이다. 나의 삶은 세상 누구도 가지지 못한 나만의 고유한 삶이다. 세상을 살아가는 방식은 스스로 선택하고, 그 선택의 책임을 오롯이 짊어지고 살아가는 사람은 다른 사람과의 비교가 필요 없는 사람이다.

세 번째는 남 탓하기이다. 남의 핑계를 대면 당장에는 내 잘못이 없는 것 같아서 괜찮을 듯하지만, 모두가 남 탓만을 하면 어떻게 될까? 결국에는 돌고 돌아서 나에게 돌아올 것이다. 남 탓 잘하는 사람은 다른 사람들에게 신뢰를 주지 못하고, 무책임한 사람이라는 말을 듣게 된다. 그런 사람이 직장에서 성공할 수 없음은 물론이다. 요행히 성공하였다 하더라도, 길게 가지는 못할 것이다. 그렇다고 내 탓만 하자는 건 아니다. 그렇게 하면 자칫 우울증에 빠질 수 있다. 이제부터는 '… 때문에' 하지 말고, '… 덕분에'를 해보자. 남 탓하는 부정적인 표현에서 누군가에게 감사를 표현하는 긍정의 습관을 들여보자. 긍정을 마음속에 들이는 순간, 놀라운 기적이 일어날 수 있다. 암 환자 중에서도 긍정적인 마음을 키우는 치료를 받는 사람들은 생존율이 올라간다는 보고도 있다. 그리고 사실 누구 덕분이라고 생각하는 태도는 상대방에게 칭찬하는 효과를 발휘한다. 나에게 잘못을 해서 속상하게 하는 사람에게도 '덕분'이라고 생각한다면, 칭찬의 효과가 나타날 것이다. 결국 그 변화는 장기적으로 자신에게 돌아오는 것이니, 자신도 좋고, 남도 좋은 일석이조라 할 수 있다.

우울증

평상시 긍정적인 성격을 갖고 있어서 스트레스를 잘 받지 않는 사람도 스트레스에 취약해지는 상황이 생길 수 있다. 바로 우울증이다. 요새 신문에 극단적인 선택을 한 유명인의 이야기가 나오면 항상 뒤따르는 것이 우울증이었다라는 표현이다. 우리가 흔하게 걸리는 병이 감기인 것처럼, 우울증은 누구든 걸릴 수 있는 정신질환이다. 일단 우울증에 걸리게 되면, 몸과 마음에 변화가 온다. 우울증은 단순히 기분만 우울해지는 것이 아니다. 몸도 우울해지고, 생각도 부정적으로 변한다. 신체적으로는 입맛이 줄고, 기운이 없고, 체중이 줄고, 이유 없이 아픈 증상이 나타나며, 정신적으로는 부정적인 생각으로 꽉 차게 된다. 세상도 부정적으로 보게 되고, 다른 사람도 부정적으로 보게 되고, 자신에 대해서도 부정적으로 보게 된다. 우울증에 걸려서 부정적인 생각이 꽉 차게 되면, 스트레스에 매우 취약하게 된다. 늘 들어왔던 직장 상사의 질책을 견딜 수가 없고, 아내의 잔소리에서 자신이 정말로 못난 사람이라는 확신을 하게 된다. 결국 돌이킬 수 없는 선택을 하게 되는 것이다. 단순히 우울한 기분을 넘어 우울 증상이 일상에까지 지장을 줄 정도라면 전문가의 도움을 받는 것이 현명한 자세다.

분노

우울증처럼 병 상태는 아니지만, 너무나 고약해서 잘 다루어야 하는 한 가지 감정이 있다. 우울증은 분노가 밖으로 표출되지 못하고, 자신에게 향한 것이라고 말하기도 한다. 자신에 대한 분노로 가득 찬 상태가 우울한 상태인 것이다. 그러니까 이 분노감이 조절되지 못하면, 우울증이 걸릴 수도 있는 것이다. 분노는 스트레스에 취약해지는 감정 상태이기도 하고, 스트레스의 결과이기도 하다. 분노의 감정을 느낄 때 우리 몸과 마음은 스트레스를 받았을 때와 유사한 반응이 일어난다.

분노라는 감정이 고약한 두 번째 이유는 중독성이 있기 때문이다. 한 번 화를 내기 시작하면 다음에 화를 내는 건 더 쉬워지고, 화를 내서 문제가 해결되기 시작하면, 다음 번에는 별로 기다리지도 않고 화를 내게 된다. 분노라는 감정이 고약한 세 번째 이유는 전염성이다. 사소한 일로 혼난 아이는 자신이 받은 화를 어딘가 풀어야 하고, 학교에서 분풀이 대상을 발견하고 괴롭힐 수 있다. 그렇게 분노의 감정을 돌고 도는 것이다.

스트레스를 어떻게 이겨낼 것인가?

여러 가지 스트레스 대응 방식

적당한 스트레스는 변화에 적응하는 원동력이라고 했다. 물론 감당할 만한 정도를 넘어서는 과도한 스트레스가 장기간 지속되는 경우에는 스트레스는 나쁜 방향으로 작용한다. 하지만 스트레스에 적극적으로 대처하면 스트레스에 적응하는 과정을 통해서 자신이 성장할 수 있다. 스트레스가 좋게 작용할지 나쁘게 작용할 지는 스스로에게 달려 있다는 이야기이다.

일단 스트레스가 생겨나면 우리는 세 가지 자원을 이용해서 대처를 한다.

첫째는 외적 자원을 잘 활용하는 것이다. 이건 사람마다 가진 무기가 다르기 때문에 자신에게 맞는 무기를 잘 활용하면 된다. 어떤 사람들에게는 친구를 만나 수다를 떠는 것이 도움이 되고, 어떤 사람에게는 음악 듣기와 같은 취미가 도움이 되기도 한다. 청소년들은 특히 이 외적 자원을 많이 이용한다. 외적 자원을 잘 이용하는 청소년들의 스트레스 회복 속도는 어른들보다 3배가 더 빠르다는 보고도 있다. 극단적인 선택을 하는 청소년들의 대부분은 왕따를 당하거나 해서 친구관계가 단절된 경우가 많다. 이야기를 들어줄 친구, 가족은 스트레스를 극복하는 데 중요한 외적 자원이며, 극단적 선택을 예방해줄 수 있는 버팀목이 될 것이다.

둘째는 나의 성격적 특성을 잘 이용하는 것이다. 성격 특성에 따라서 스트레스에 적응하는 능력이 다르다. 성격을 크게 나누면 외향적인 성격과 내향적인 성격으로 나눌 수 있다. 대개 외향적인 성격이 스트레스에 잘 적응하는 것 같지만, 반드시 그런 건 아니다. 사실 좋고 나쁜 성격은 없다. 성격 특성 별로 잘 적응하는 스트레스 종류가 다른 것뿐이다. 다만 여러 연구를 종합하면 자존감이 높은 사람이 스트레스를 잘 견딘다는 결론을 내릴 수 있다. 자존감은 쉬운 말로 하면 '자신을 얼마나 사랑하는가'이다. 단, 자존감과 자존심은 구분해야 한다. 자존심이 센 사람은 사실 열등감이 깊은 사람이다. 남과 비교하기 좋아하고, 자신이 남보다 낫다고 생각하는 한두 가지 재능에만 집착하는 사람이 자존심만 센 사람이다. 그래서 자신보다 나은 사람은 질투하고, 자신보다 못났다고 생각하는 사람은 무시한다. 사소한 일도 쉽게 상처받고 자책하는 사람이다. 자존감이 높은 사람은 그런 외적인 조건으로 자신을 사랑하는 것이 아니니까, 자기보다 나은 사람을 시기할 이유가 없고, 못난 사람이라고 무시할 일이 없다. 그러니 스트레스를 받은 일이 별로 없는 것이다.

세 번째는 스트레스에 대처하는 방식이다. 한마디로 스트레스와 싸우는 전략을 말한다. 문제가 발생했을 때 감정적으로 대처하는 유형보다는 문제를 해결하는 방식으로 대처하는 경우에 스트레스가 더 잘 해결된다. 문제가 발생했을 때 왜 나한테 이런 일이 생겼는지, 누구 탓인지를 고민하며 화내고 있는 사람보다 '이 문제를 어떻게 해결하는 것이 좋을까?' 방법을 찾으려는 사람이 스트레스가 더 적다는 것이다. 스트레스를 감정적으로 해결하려고 했다가 더 큰 스트레스에 마주치는 경우가 생긴다. 이에 반해 문제해결형은 상황을 새롭게 바라보고, 긍정적인 측면을 찾는 것이다. 일단 문제 상황의 긍정적 측면을 찾게 되면 문제는 더 이상 스트레스가 아니라 새로운 도전이 되는 것이다.

스트레스란 나쁜 것만이 아니고 변화에 적응하기 위한 몸과 마음

스트레스해소를 위한 문제해결 순서
① 일반적으로 발생하는 문제들을 정상적인 삶의 한 부분으로 받아들인다.
② 문제의 모든 면에 대해 정의를 내리고 문제해결의 목표를 정한다.
③ 가능한 대안들을 마련한다.
④ 대안들 중에서 현재 상황에 가장 적합한 것을 선택한다.
⑤ 선택한 대안을 실행한 후 효용성을 평가한다.

의 노력이다. 자신이 어떻게 대처하느냐에 따라 발전의 원동력이 될 수도 있고, 해로운 것이 될 수도 있다. 스스로가 스트레스를 받고 있는 상태인지 빨리 알아차리는 것이 스트레스와의 싸움에서 승리할 수 있는 출발점이다. 또한 스트레스에 취약하게 만드는 경직성과 부정적인 사고를 줄이고 우울증과 분노 감정을 잘 조절하는 것도 도움이 될 것이다. 스트레스를 극복하기 위해서는 외적자원을 잘 활용하고, 남들과 비교하기를 멈추고 스스로를 사랑하는 마음을 키우는 것이 좋겠다. 그리고 문제 상황에서 누군가를 탓하며 주저앉아 울기보다는 문제해결을 위한 행동을 하는 것이 현명할 것이다.

스트레스는 그 자체도 중요하지만 어떻게 인식하고 대처하느냐가 더 중요하다. 스트레스를 잘 다루는 것이 조울병의 경과와 재발에 매우 중요하다는 사실을 인식하고 자신의 스트레스 지수와 대처법을 돌아보는 것이 좋겠다.

대인관계 및 소통의 기술

가족과 주변사람의 도움 받기

우리는 모두 다른 사람들과의 관계 안에서 살아간다. 로빈슨 크루소는 무인도에서 혼자 살아야 했던 주인공으로 유명한데 그도 무인도에 갇히기 전까지는 사람들과 함께 살았고 그때 배웠던 다양한 지식과 경험이 없었다면 아마 무인도에서의 생존은 어려웠을 것이다. 사람이 사람과 함께 살아가는 것은 생존을 위해 필수적일 뿐만 아니라 본능적인 것이다. 따라서 사람들과 함께 하고자 하는 마음은 노력해서 얻어지는 것이 아닌 태어날 때부터 가지고 온 것이라고 할 수 있다.

관계를 맺는다는 것은 조울병의 악화를 막는 측면에서도 매우 중요하다. 가족이나 주변사람들과 조울병에 대해 이야기할 수 있고 함께 고민하는 과정은 조울병을 극복하는 데 매우 큰 도움이 될 것이다. 우리는 선천적으로 사람들과 어울리는 것을 좋아할 수도 있고, 반대로 혼자 있는 것에 편안함을 느낄 수도 있다. 하지만 어떤 경우든지 우울한 기분이 심할 때는 다른 사람들과 관계를 맺는 것이 어렵다. 따라서 기분이 편안한 상황에서 가족이나 주변사람들과 적절한 동맹을 맺는 일은 대단히 중요하며, 이러한 관계가 부족하다면 심한 기분 변화를 겪을 때 도움을 요청하기는 더욱 힘들 것이다. 물론 주변에 사람이 있기만 하면 된다는 식의 단순한 의미는 아니다. 가족이나 주변사람들과의 관계에서 심각한 심리적 갈등과 고통을 경험한다면 조울병의 경과를 악화시킬 수 있다. 하지만 가까운 사람들과 관계를 맺고 평범한 사회적인 교류를 지속하는 것만으로도 조울병으로부터 보호받을 수 있다.

우리가 관계를 맺는다는 것은 크게 대물관계와 대인관계로 나눌 수 있다. 대물관계는 말 그대로 물질과 관계를 맺는 것이며 대인관계는 다른 사람들과 관계를 맺는 것을 말한다. 대인관계는 다시 가족관계, 친구관계, 타인관계로 나눌 수 있다. 가족들은 내가 가장 보잘것없고 나약할 때조차도 끝까지 나를 포기하지 않고 곁에서 힘이 되어 준다. 어쩌면 내가 너무 힘들고 지칠 때 기댈 수 있는 마지막 보루가 가족일 것이다. 가족과의 관계에서는 그 어떤 대가나 보상을 바라는 마음도 들어 있지 않다. 하지만 그러다 보니 더 큰 상처를 주고

받기도 하지만 결국에는 혈육의 정을 느끼게 된다. 타인과의 관계의 경우 예를 들어 새로운 직장에 취직을 하면 전혀 모르는 낯선 사람들과 일로 만나 새로운 관계를 맺어야 하기 때문에 동료들과의 관계가 돈독해질 때까지는 보통 많은 어려움과 스트레스가 뒤따른다. 때로는 그 스트레스를 감당하지 못하고 직장 동료들과 화합하지 못해 직장을 그만두게 되는 경우를 많이 보게 된다. 이렇듯 적절한 관계는 지속적인 노력 없이 유지가 어렵기 때문에 항상 신경 써야 할 중요한 부분이다.

조울병은 가정이나 직장 등 일상생활에서 환자들에게 많은 어려움을 안겨줄 수 있다. 조울병 환자의 가족들은 조울병이라는 병을 앓고 있다는 사실을 알고 나서 환자를 도우려 할 수 있고, 반대로 너무 간섭하거나 불안해하거나 화를 내는 경우도 있다. 주변사람들 중에도 어떤 사람은 환자분들을 기꺼이 돕지만, 일부에서는 돕기를 거절할 수도 있다. 시간이 지나면서 가족들은 환자의 가족으로서 점점 적응하게 되지만, 조울병 증상이 재발하면 다시 여러 가지 어려움에 봉착하게 된다.

조울병 환자들은 직장에서도 많은 좌절을 겪을 수 있다. 직장에서 열심히 일하고 싶더라도 조울병 환자라는 낙인과 직장 상사와 동료들의 이해 부족 때문에 어려움을 겪을 수 있다. 또한 직장 업무 자체가 조울병의 재발을 촉진할 수도 있다. 조울병의 증상은 가정생활과 직장생활에서 직접적인 어려움을 유발하지만, 다행히도 가족이나 주변사람들과 동맹(좋은 관계)를 맺고 다양한 의사사통 기술을 훈련하여 이러한 어려움을 조절할 수 있다.

가족 및 주변사람들과 동맹(좋은 관계) 만들기

1. 친구에게 전화를 걸어 잘 지내는지 물어보세요.
2. 친구에게 전화를 걸어 산책을 하자고 말해보세요.
3. 친구 집에 잠시 들러 안부를 물어보세요.
4. 친구를 집으로 초대하여 가족과 함께 저녁 식사를 해보세요.
5. 자녀들과 매일 10분씩 대화를 나눠보세요.
6. 주말에 야외로 나가는 계획을 가족과 함께 세워보세요.
7. 가족과 함께 할 오락 활동이 무엇인지 정신건강복지센터에 문의해보세요.
8. 직장 동료를 방문하여 자신이 호전되는 정도에 대해 말해보세요.

가족과 주변사람들에게 도움 요청하기

1. 자신을 괴롭히는 문제가 무엇인지 생각해 보세요.
2. 그 문제를 해결하는 데 도움이 필요한지 여부를 결정하세요.
3. 도와줄 수 있는 사람이 누구인지 생각해 보세요.
4. 최종적으로 도움을 청할 사람을 결정하세요.
5. 상대에게 자신의 문제에 대해 말해보세요.
6. 도움을 받았다면 큰 힘이 되었음을 말하고 감사하다는 인사를 전달하세요.

적절한 동맹을 맺기 위한 가족과 주변사람들의 역할

조울병 환자의 가족이나 주변사람들은 조울병에 대해 이해하고 공부해야만 한다. 그래야만 병에 대해 충분히 이해할 수 있고 환자가 치료받을 수 있게 적극 도와줄 수 있다. 아직도 많은 가족들이 정신건강의학과 치료에 거부감을 가지고 있어 치료에 어려움이 많다. 치료에 대한 두려움과 막연한 거부감은 조울병을 악화시킨다. 관심을 가지고 환자의 기분 상태를 관찰하고, 변화가 심한 경우 담당 의사선생님과 즉시 상의하는 것이 환자에게 도움이 된다. 조울병 환자의 가족들도 많이 힘들기 때문에 환자를 비난하기가 쉽다. 그러나 환자가 문제 행동을 하는 것은 환자의 잘못이 아니라 병에 의한 증상이라는 점을 이해해주어야 한다.

　조울병 환자의 가족들은 필요한 도움이나 지지를 받아야 한다. 조울병을 가진 사람과 함께 살면서 돌본다는 것은 삶을 힘들게 하고 쉽게 지치게 된다. 특히 환자가 자꾸 재발하거나, 치료를 거부하거나, 조증 상태에 있는 경우에는 이러한 어려움이 훨씬 더 클 것이다. 따라서 가족들은 서로의 입장을 이해하고 서로 도울 수 있어야 한다. 가족끼리 비난하거나 잘잘못을 따지는 것은 더 나쁜 결과를 초래할 뿐이다.

조울병 극복을 위한 가족과 주변사람들의 노력

1. 조울병이 있음을 인정하세요.
2. 조울병을 공부하고 이해해보세요.
3. 조울병 재발의 증후를 가능한 빨리 알아차리기 위해 노력하세요.
4. 치료의 효과를 믿고 따르세요.
5. 환자를 도와주고 용기를 북돋아주세요.
6. 어떤 결정을 내릴 때에는 가족이 모두 함께 상의해보세요.
7. 가족 구성원들 스스로가 지치지 않게 돌보는 것이 중요합니다.

소통의 기술

우리는 누구나 좋은 사람과 같이 있고 싶어 하며 그들과 이야기를 나누면서 행복을 느끼고 상처를 위로받고 싶다. 이것은 의지로 이루어지는 것이 아니라 타고난 본능과 같은 것이다. 우리가 평소 경험하듯이 본능적인 욕구는 충족되지 않으면 심한 스트레스가 되고 고통과 절망을 일으킨다. 따라서 이런 소통의 문제 역시 원활히 이루어지지 않으면 우리는 불행하다고 느끼면서 괴로워하게 된다. 이런 상황에서 벗어나기 위해서는 주변사람들과의 지속적인 소통이 필요하다. 물이 잘 흘러가지 않고 고여 있으면 썩게 되듯이 사람과 사람사이에도 소통이 이루어지지 않으면 반목과 불신이 싹트게 되고 관계는 썩은 물처럼 돌이킬 수 없게 된다.

다른 사람들과의 소통을 위해 중요한 것은 무엇일까? 조울병을 경험하는 환자들의 소통에 있어 가장 중요한 것은 비난을 이겨내는 일이다. 누군가가 싫은 소리 하는 것을 듣는 것은 참으로 괴로운 일이다. 그것은 분명 무시당한다는 느낌을 주고 의욕을 깎아 내리기도 하며 상대방에 대한 분노를 일으키기도 한다. 누군가가 나를 비난할 때 우리는 내가 정말 저런 소리를 들을 만한 말이나 행동을 했는지 자신을 돌아볼 여유가 없다. 너무 큰 상처를 받아서 더 큰 상처를 받고 싶지 않은 마음에 스스로를 방어하는 데 모든 힘을 쏟아붓게 된다. 그러다 보면 내가 공격당하지 않기 위해 먼저 상대를 공격하고, 내가 받은 것보다 몇 배 더 큰 모욕과 상처를 주는 말과 행동을 하게 된다. 그것이 최고의 방어라고 생각하기 때문이다. 그렇게 상처를 주는 모진 말과 행동이 오가면서 감정의 골은 갈수록 깊어지고 두 사람이 소통할 수 있는 길은 멀어져만 간다.

그렇다면 이런 비판이나 절망감을 어떻게 극복해야 우리에게 다시 소통의 길이 열리게 될까?

먼저 비판을 극복하려고 노력해야 한다. 비판은 다른 시각으로 보면 내가 모르고 있던 내 모습을 직면시키는 것이라고 할 수 있다. 즉 내가 보고 싶지 않아서 외면하고 있었던 내 자신을 보여주는 거울이 될 수 있다. 따라서 비판을 거부하지 않고 잘 수용할 수만 있다면 그것은 오히려 내게 큰 도움을 줄 수도 있다. 설령 상대의 지적이 옳지 않은 것이라도 일단은 경청해주는 것이 필요하다. 그런 지적들은 나를 비난하기 위한 것이 아니라 그냥 자기 생각을 이야기하는 경우가 많기 때문이다.

또한 절대 흥분을 해서는 안 된다. 흥분하면 합리적으로 상대를 대할 수 없고 결국 대화는 비난을 위한 비난으로 흘러가게 된다.

그리고 침착하라. 냉정함을 유지하고 그게 되지 않으면 잠시 자리를 피해서 심호흡을 크게 열 번 정도 하고 다시 이야기해야 한다.

언제나 경청하라. 열심히 상대의 말에 귀를 기울이면 상대도 나를 절대 함부로 대할 수 없다. 또한 그것은 상대의 말을 이해하려는 노력으로 이끌어 주기 때문에 서로 간의 오해를 줄일 수 있다. 이런 태도들을 우리가 잘 유지한다면 분명 상대의 비판을 '독'이 아닌 '약'으로 만들어갈 수 있을 것이다.

의사소통하기

사람들과 좋은 관계를 맺으면서 살아간다는 것은 그만한 가치가 있고 즐거운 일이다. 하지만 사람을 사귀는 것이 누구에게나 쉽지만은 않다. 사람들을 사귀기 위해서는 비슷한 관심사를 공유하는 것도 필요하고 적절한 사교기술 또한 필요하다. 특히 대화를 통해서, 혹은 행동을 통해서 어떻게 의사소통을 하느냐는 조울병을 치유해가는 과정에서도 매우 중요한 의미를 가진다.

조울병 환자뿐 아니라 일반인들에게도 새로운 사람을 만나서 대인관계를 맺어가는 것은 큰 스트레스가 될 수 있다. 심한 경우 일부 환자들은 스트레스를 감당하지 못하고 집 밖으로 전혀 나오려 하지 않는 고립된 생활을 하는 경우도 볼 수 있다. 그러나 노력을 통해 대인관계를 보다 원활히 맺을 수 있다면 조울병 환자분들의 삶의 질은 훨씬 향상될 수 있을 것이다.

대인관계에서의 의사소통 3단계

"받아들이기" : 대인관계 상황에서 단서와 말하는 내용을 정확하게 파악하는 것

"진행하기" : 여러 대안을 생각해내고 각 대안의 장단점과 결과를 비교하여 그중에서 가장 적절한 한 가지 대안을 선택하는 것

"보내기" : 언어적 또는 비언어적 기술을 사용하여 선택한 대안을 효과적으로 표현하는 것

적절한 의사소통을 위해서는 다음과 같은 몇 가지 기술이 도움이 된다.

먼저 TV 프로그램 내용이나 신문의 톱기사처럼 사람들이 모두 관심

사를 가지고 공감할 수 있는 이야기를 하는 것이 좋다. 또한 이런 이야기를 어떻게 시작하는지도 중요한데 적절한 목소리 크기나 어조를 유지하면서 얼굴 표정도 부드럽게 하는 것이 좋다. 경우에 따라 사소한 일상생활과 관련된 잡담을 주고받는 것도 두 사람 사이의 긴장감을 풀 수 있어 도움이 된다. 말을 하는 것 못지않게 열심히 듣는 것 또한 중요하기 때문에 이야기를 주의 깊게 듣는 태도를 갖도록 노력해야 한다.

또한 다른 사람들이 가장 먼저 보는 것이 그 사람의 외모이기 때문에 자신의 외모를 깔끔하게 유지하는 것도 상대방에게 호감을 줄 수 있어 대인관계에 도움을 줄 수 있다. 보통 사람들을 만날 수 있는 가장 흔한 방법은 취미 생활을 갖는 것인데 운동 모임이나 영화 감상, 산책 모임과 같이 취미 활동을 함께 하다 보면 자연스러운 공감대가 형성되어 좋은 관계를 맺어갈 수 있다.

의사소통을 하는 데 있어 무엇보다도 중요한 것은 자기주장을 하는 방식이다. 다른 사람과 의견 충돌이 있을 때 뒤에서 욕을 하거나 직접적으로 상대 앞에서 공격적인 말이나 행동을 하는 것은 관계를 더욱 악화시키고 멀어지게 한다. 따라서 자기가 생각하는 바를 명확히 표현하고 그 이후에는 상대방이 하는 말을 경청한 뒤 인정할 것은 인정하고 다르게 생각하는 부분에 대해서는 자기 의견을 표현하는 방식의 '주장적 의사소통'을 하는 것이 좋다.

상대와 대화를 시작하기

1. 대화를 나눌 적절한 시간과 장소를 정하세요.

2. 대화를 나눌 사람을 반갑게 맞이하세요.

3. 현재의 상황이나 일반적인 화제를 대상으로 짧게 대화를 나누세요.

4. 상대방이 자신의 말에 귀를 기울이는지 그리고 계속 대화를 나누고 싶어 하는지 여부를 판단해보세요.

5. 실제로 말하고 싶은 주제를 꺼내 보세요.

상대의 불만에 반응을 보이기

1. 상대의 불만에 귀를 기울이세요.

2. 이해되지 않는 부분에 대해서 물어보세요.

3. 상대의 생각과 감정을 이해했다는 것을 표현하세요.

4. 만약 상대의 불만이 적절하다면 그것을 받아들이고 자신의 생각과 감정을 말해 보세요.

5. 그것을 해결할 수 있는 방법에 대해 서로 의논하세요.

상대에게 긍정적인 요청을 하기

1. 상대를 바라보세요.

2. 상대가 어떻게 행동하길 원하는지 명확하게 이야기하세요.

3. 그러면 당신 기분은 어떨지 상대에게 말하세요.

4. 다음과 같이 완곡한 표현을 써보세요.

"_____게 하시길 바랄게요."

"_____을 하신다면 고마울 거예요."

"_____방식으로 저를 도와주면 큰 도움이 돼요."

4부

조울병,
이것이 궁금해요

여기에서 설명하는 질문들은 국내 유수 대학과 병원의 조울병 전문 가들인 저자들이 설문을 통해 조울병에 대한 궁금한 사항들을 수집 하여 꼭 설명이 필요한 것들로 구성하였다.

조울병에 대한 일반적인 궁금증

 질문 1 **인터넷에서 검사(자가진단.MDQ) 해보니 조울병이 나왔어요.**

원래 좀 활발한 성격입니다. 그냥 오늘도 기분이 좋구나 했는데 친구들이 "바보 같다"라는 이야기도 하고 "쟤, 요즘 왜 저러냐"라는 말이 끊이질 않아요. 여기까 진 제가 원래 그런 성격이라고 생각했어요. 그런데 말도 엄청 많아지고 저를 착실 한 성격이라고 생각하시던 선생님들께서도 요즘 계속 "쟤, 왜 저러냐"라는 말을 하시고, 항상 떠들어서 지적당하곤 하거든요. 이런 증상을 찾아보니 조울병이 이 렇더라고요. 조울병 심리 테스트를 했는데 13개 중 10개가 맞아요. 저는 조울병 인가요? 해결할 수 있는 방법은 없나요?

답변　조울병 자가진단 도구(MDQ)는 보통 7개 항목 이상이 동시에 발생했을 때 조울병을 의심해볼 수 있다고 이야기합니다. 하지만 자가진단 결과 하나만을 갖고 조울병을 진단하지 않습니다. 이 설문 검사지는 의사들이 우울 증상을 호소하는 환자에게 혹시 숨어 있을 지도 모르는 조울병의 가능성을 찾아내기 위한 평가 도구입니다. 이 런 목적의 검사 도구를 '선별검사'라고 합니다. 선별검사는 숨어 있는 병을 찾아내기 위해 쓰는 도구인 만큼 약간의 증상만 있어도 병이 있을 수 있다고 판단하도록 고안되었습니다. 그러다 보니 실제로는 조울병이 아닌데도 조울병 판정으로 나오는 경우도 있습니다. 따라서 정확한 진단을 위해서는 정신건강의학과 의사의 진료가 필요합니다.

비유를 들어서 설명하면, 모래 속에서 보석을 찾아내기 위해 체로 거르는 것은 선별검사라고 할 수 있고, 이렇게 걸러진 내용물에는 보석만 있는 것이 아니라 돌맹이가 섞여 있기 때문에 손으로 보석을 골라내는 작업은 정신건강의학과 의사가 면담하는 것과 같습니다. 한편으로는 실제 조울병 환자가 과거 자신의 증상을 과소평가하여 설문지에 해당 항목을 적게 체크하는 경우도 있습니다. 이 경우에는 조울병이 있지만 선별검사상 조울병이 없는 것으로 나타날 수도 있습니다. 이런 경우 가까운 다른 사람이 평가해주는 것이 더 정확할 수도 있습니다. 어떤 경우도 의심된다면, 정확한 진단을 위해 정신건강의학과 전문의를 만나보기를 권합니다.

 별것도 아닌 일에 너무 쉽게 짜증을 내요. 조울병인가요?

요즘 집안에 안 좋은 일이 많아 스트레스를 좀 받고 있긴 하지만, 감정기복이 너무 심합니다. 하루에도 열 번 정도 번갈아가며 마음이 좋았다 우울했다 합니다(조울병일까요?). 별것 아닌 일에도 너무 쉽게 자극받고 흥분됩니다(이게 제일 문제입니다.). 요즘 들어 일어나지도 않은 일에 대해 걱정을 많이 하게 되고요(혹시나 건강이 나빠지지 않을까 하는 등). 체력도 예전 같지 않고 계속 나른해지고 소화도 잘 안

되고요. 직장인인데 일에도 점점 의욕을 잃어갑니다. 친구들과 만나도 그리 즐겁지 않고요. 스스로 마음을 다독이며 웃어 보려 노력을 해도 그때 잠시뿐 다시 우울해지려 하고. 이렇게 기분의 변화가 심하고 쉽게 화를 내는 게 조울병인가요?

답변 조울병은 조증 시기와 우울 시기가 반복해서 나타나는 질병입니다. 조증과 우울이 반복된다고 표현을 하다 보니 감정 기복이 심한 것으로 오해하는 경우가 많은 것 같습니다. 조울병에서의 조증과 우울증은 1~2주 이상 하나의 기분 증상이 지속될 때 진단될 수 있으며, 조증은 흔히 이야기하는 '기분이 좋은' 정도가 아니 '비정상적으로 기분이 고양된' 상태가 1주일 이상 지속되는 경우입니다. 질문하신 분의 경우처럼 지나치게 기분이 가라앉으면서 사소한 일에 짜증이 많이 나는 과민한 기분, 무의욕감, 과도한 걱정, 피로, 흥미 감소 등은 우울증의 증상에 더 가깝습니다. 중요한 것은 우울증에서 나타나는 우울 증상과 조울병의 우울 시기에 나타나는 우울 증상은 매우 유사하여 증상만을 가지고 구분하는 것이 어렵습니다. 즉, 질문하신 상태와 같이 기분 변화가 심하고 쉽게 화를 내는 건 우울 증상의 가능성이 높아 보이며, 이러한 우울 증상이 우울증인지 조울병의 우울 시기인지를 구분하는 것은 지금 나타나는 증상이 아닌 경과를 보아야만 확인할 수 있습니다. 또한 기분장애로 진단할 만큼 증상이 심각한 수준이 아니라면 스트레스로 인한 반응일 수도 있습니다. 예를 들어 아무런 자극이 없는데 예민하게 반응하거나, 5 정도의 자극에 50 또는 100만큼 반응한다면, 그리고 그로 인해 사회적으로나 직장 생활에서 스스로 생각해도 문제가 된다면 정신건강의학과 의사의 진료를 받는 것이 좋겠습니다.

 질문 3 **괴팍한 성격을 가진 사람이 조울병에 걸리기 쉽나요?**

어떤 영화를 보니 주인공 성격이 괴팍하게 나오는데, 나중에 조울병이 생기더라고요. 제 동생도 성격이 좀 이상해서 주위에서 괴팍하다는 이야기를 많이 듣는데 나중에 조울병이 생기는 건 아닌지 걱정이 됩니다.

답변 조울병과 성격의 관련성에 대해 연구하는 학자들은 회피적 성격과 신경증적 성격이 관련이 있는 것 같다는 보고를 하고 있습니다. 그러나 현재까지의 결론은 '조울병에 잘 걸리는 특정 성격은 뚜렷하지 않다'입니다. 그럼에도 괴팍한 성격을 가진 사람이 조울병에 잘 걸린다고 생각하는 이유는 조증 상태일 때를 성격 문제라고 오해하는 것에서 비롯됩니다. 병과 성격은 얼마나 지속적인가로 구분할 수 있습니다. 성격은 말 그대로 한 개인의 고유한 개성이기 때문에 쉽게 바뀌지 않고 오랜 기간 지속되는 데 비해, 증상은 병이 악화되었을 때만 나타나므로 지속적이지 않습니다.

진료를 하다 보면 충동적이고, 변덕이 심하고, 화를 잘 낸다고 성격에 문제가 있다고 생각해서 상담을 받으러 오는데 사실은 조울병인 경우가 있습니다. 진단을 받기 전에는 성격인 줄 알고 성격은 어쩔 수 없는 거라고 체념하고 살거나 이혼을 결심하는 경우도 있는데, 그런 경우 적절한 치료를 받게 되면 이전과는 다른 사람이 됩니다.

 질문 4 **조울병이 아니라 신들린 것이 아닐까요?**

남편이 폭언을 일삼고 돈 낭비가 심합니다. 남편 자신이 문제가 있다는 것을 인정하는데, 병이 아니라 신이 들려서 그런 거라 생각합니다. 의사는 조울병이라고 하는데, 신문 광고를 보니 빙의 현상이란 생각도 듭니다. 신들린 것은 아닌지요?

답변 현대 과학으로 설명할 수 없는 현상들이 여전히 존재하기는 합니다. 영혼의 영역이 그중 하나일 것입니다. 그러나 우리가 흔히 신들렸다 말하는 현상은 '빙의'라는 심리적인 현상인 경우가 대부분입니다. 빙의란 신문 광고에 나오듯이 다른 영혼이 들어온 것이 아니라 내 마음속의 무의식적인 또 다른 내가 나타나는 심리적인 현상입니다. 그러므로 빙의 현상을 치료하기 위해서는 사이비 종교인에게 갈 것이 아니라 빙의를 치료할 수 있는 정신건강의학과 의사에게 가야 합니다. 그런데 사실 진료실 경험에서는 빙의라고 생각해서 왔는데 빙의가 아니라 여러 종류의 정신질환인 경우가 대부분입니다. 이런 오해의 역사는 오래되었습니다. 과거 중세시대에 마녀라 화형당한 많은 사람들의 경우, 실제로는 정신질환을 앓았으리라 추측되는 예들이 있습니다. 정신건강의학과 의사에게 조울병으로 진단받았고, 조울병 치료를 받으면서 증상이 좋아졌다면 신들렸다고 설명하기보다는 조울병을 앓고 있다고 설명하는 것이 합당할 것입니다. 전문가의 조언을 무시하고 신문광고나 세상에 떠도는 근거 없는 속설들에 현혹되어 정신건강의학과 치료를 포기하신다면, 적절한 치료 시기를 놓치거나 돌이킬 수 없는 결과를 초래할 수 있습니다.

 질문 5 ## 스트레스가 조울병의 발병에 영향을 미치나요?

저희 언니가 조울병인데 평상시에 아버지가 너무너무 싫다고 해요. 언니는 아주 어렸을 때부터 아버질 싫어하고 미워했어요. 이런 거 저런 거 듣고 따져 보면 아버지 때문에 언니가 그렇게 된 거 같기도 하고… 오빠랑 차별을 많이 받곤 했거든요. 아버지가 언니를 미워하는 걸 저도 많이 느꼈어요. 그래서 전 언니가 가엽기만 해요. 정말 언니의 병이 아버지 때문에 생긴 걸까요? 그럼 따로 지내면 다시 좋아질 수도 있나요?

답변 미운 사람과 함께 지내서 조울병이 생긴다고 할 수는 없습니다. 그러나 미운 사람과 함께 사는 것은 스트레스가 심한 일입니다.

조울병은 여러 가지 원인이 복합적으로 작용하여 발병하는 질병입니다. 흔히 신체, 정신, 환경의 세 가지 요인이 관여합니다. 이런 현상은 정신 계통의 질환뿐 아니라 신체질환에서도 나타납니다. 당뇨나 고혈압의 경우에도 심리적 스트레스가 심해지면 증상도 심해집니다. 조울병 치료에서 가장 중요한 한 가지를 선택하라면 약물치료를 들 수 있습니다. 특히 뇌의 문제가 가장 중요합니다. 하지만 신체질환인 당뇨나 고혈압이 심리적 스트레스로 심해질 수 있는 것처럼 정신 계통의 질환인 조울병도 심리적 스트레스로 심해지거나 재발될 수 있습니다. 그러므로 조울병의 올바른 치료에는 생물학적 취약성과 환경적 스트레스를 모두 적절하게 조절하는 것이 반드시 필요합니다.

 질문 6

우울감 때문에 정신과 약을 먹었는데 조증이 올 수 있나요?

우울증이라 진단을 받고 개인병원에서 2~3년 동안 치료를 받았어요. 그런데 6개월 전에는 우울증이 다 나은 느낌이 들어 치료를 혼자 중단했어요. 그랬는데 오히려 기분이 너무 좋아져서 대학병원에 갔더니 조울병이라고 해요. 처음에 진료했던 의사가 오진한 건가요?

답변 우울증에서 나타나는 우울 증상과 조울병의 우울 시기에 나타나는 우울 증상은 매우 유사하여 증상만을 가지고 구분하는 것은 거의 불가능합니다. 조울병 진단은 경과상 – 과거에든 현재에든 – 조증이 보일 때 진단 내릴 수 있습니다. 또한 조울병에서 첫 기분 증상이 우울 증상으로 나타나는 경우는 많습니다. 따라서 현재나 과거에 조증 증상이 없었던 경우에 우울 증상이 나타난다면 우울증으로 진단하는 것이 옳습니다. 그리고 질문의 내용처럼 우울증만 있던 사람에게서 조증 증상이 발생한 경우 이때부터 조울병으로 진단이 바뀌게 됩니다.

 질문 7 조울병에 걸리면 머리가 좋아지나요?

천재들 중에 조울병이 있는 사람들이 많아서 조울병에 걸리면 생각이 많아지고 두뇌 회전이 빨라진다고 하는데 머리가 좋아지는 건가요? 그러면 조울병을 치료할 필요가 없지 않나요?

답변 조울병은 누구나 걸릴 수 있는 정신과적 질환입니다. 아직 지적 기능이 우수한 사람들에게서 더 흔히 발생한다는 보고는 없습니다. 마찬가지로 조울병이 있다고 지적 능력이 떨어지는 것도 아닙니다. 조증 시기 동안 머릿속에 생각이 빨라지면서 많아지고, 자신감이 증가하고, 의욕이 넘치면서 자신의 능력이 한층 증가되었다고 생각하는 경우가 있습니다. 그러나 병적인 상태에서는 생각이 빨라지고 의욕이 증가했지만, 충동적이고 조심성이 없어서 실수도 그만큼 많이 하고 한 가지 일을 하다가 다 끝내지 못하고 다른 일을 시작하기 때문에 실제 성과를 보지 못하는 경우가 대부분입니다. 결과적으로 오히려 기분이 정상인 시기보다 못한 상태가 되는 것입니다. 하지만 기분이 들뜨면서 일시적으로 일의 생산성이 증가된 것처럼 착각을 하기 때문에 자신은 병이 아니라고 생각하고, 치료를 받을 필요가 없다고 생각합니다. 그러나 정작 이 시기에 보이는 충동성 때문에 대인관계, 직장 생활과 가족관계에 부정적인 영향을 주게 됩니다. 또한 우울증 시기가 되면 정반대로 생각이 적어지고 느려지며 의욕이 없어집니다. 이는 마치 무리해서 빠르게 달리다가 지쳐서 더 이상 달리지 못하고 퍼져 있는 달리기선수와 같습니다. 빠르진 않지만 꾸준하게 달리는 것이 좋지 않을까요?

 조울병은 유전되는 병인가요?

답변 조울병은 직접 유전되는 병은 아닙니다. 그러나 질병의 소질이 다소 유전되는 것으로 보입니다. 예를 들어 아버지가 이 병을 앓는다고 반드시 자녀가 이 병에 걸리는 것은 아닙니다. 부모가 당뇨병이나 고혈압이 있을 경우 자녀가 당뇨병이나 고혈압에 걸릴 가능성이 조금 높아지는 것과 같이 약간의 소질을 타고난다고 생각하면 됩니다. 그러나 이런 소질만으로 병이 발생하는 것은 아니기 때문에 유전에 대해 너무 걱정할 필요는 없습니다. 조울병 환자가 자녀를 낳을 경우 그 자녀가 또 이 병에 걸릴 확률은 10명 중 1명도 되지 않습니다. 그러니 일반인에 비해 발생 비율이 다소 높은 정도라고 생각하면 됩니다. 따라서 부모 세대에 조울병이 있었다고 자녀의 질병 발생에 대해 지나치게 죄책감을 가질 필요가 없습니다. 이런 죄책감은 치료에도 아무런 도움이 되지 않습니다. 다른 신체적인 질병의 발생과 같다고 생각하면 됩니다.

조울병과 소아청소년

 질문 9 아이들도 조울병이 생기나요?

중학생인 아들이 조울병에 걸려 마음이 몹시 아픕니다. 근처 정신건강의학과에 갔더니 바로 입원하라는 처방을 받았어요. 충분히 위험할 수 있다고 하네요. 그래서 근처 대학병원에 데려가 입원시켰습니다. 밤에 입원시켰는데, 너무 흥분된 상태라 주사를 놓아야 했어요. 입원하기 싫다는 아이를 놓고 오니, 무척 불안하고 걱정스럽습니다.

답변 네, 그렇습니다. 1980년대 이전까지만 해도 사춘기 이전의 조울병 발병은 드물다고 생각했지만, 아이들에게도 조울병이 발생할 수 있습니다. 한 대규모 연구에 따르면 성인 조울병 환자의 28%가 13세 이전에 발병했고, 38%에서는 청소년기에 발병한 것으로 확인되었습니다. 또한 아동청소년 시기 조울병의 유병률은 성인과 비슷한 수준인 1%로 추정되며, 조울병 스펙트럼의 경우 1.8%로 확인되기도 했습니다. 그러나 소아청소년기에 흔히 나타나는 주의력결핍과잉행동장애(ADHD)나 품행장애, 파탄성 기분조절장애 등과의 구분이 어려워 정확한 진단이 늦어지는 경우가 많습니다.

 질문 10 **아이들이 앓는 조울병과 어른들의 조울병은 증상이 같나요?**

답변 아이들의 조울병은 연령에 따라 나타나는 증상이 다양하고 다른 질환과 중복되어 발생하는 경우가 많아 진단이 어려울 수 있습니다. 어른들의 조울병 증상과 비교해보면 다소 차이가 있는데, 발달 단계에 따라 아동기에는 기분이 들뜨는 모습보다는 분노발작, 과민함과 심한 감정기복의 양상을 보이는 경우가 많고, 나이가 많아질수록 다행감, 들뜬 기분, 피해망상, 과대망상이 많아지는 것으로 나타났습니다. 과다활동, 산만함은 전 연령대에서 관찰되었습니다. 병의 경과 측면에서는 성인과 비교해 낮은 회복률과 높은 재발률을 보입니다.

아이들의 경우에는 들뜬 기분 증상이 바보 같은 행동이나 변덕스러운 움직임, 조절되지 않는 웃음, 갑작스러운 눈물 등의 모습으로 성인과 다르게 나타나기도 합니다. 또한 성인과 빈도, 심각도, 지속기간에서 차이가 있는데, 성인보다 역치하 기분 증상을 보이는 경우가 많고 혼재성 증상의 지속기간이 더 길며, 조증 혹은 경조증과 우울증의 더 잦은 전환을 보일 수 있습니다.

 사춘기랑 조울병은 어떻게 다른가요?

감정기복이 있는데 심한 것 같아서요. 어떤 날은 기분이 막 좋아요. 막 심장이 뛰고요, 무슨 일을 해도 그냥 웃음이 나오고 웃음을 멈출 수가 없어요. 그냥 웃겨서요. 막 그렇게 기분이 좋아요. 그냥 아무 이유 없이 기분이 좋아요. 근데 어떤 날은 기분이 갑자기 저하된다고 해야 되나? 심하게 기분이 좋지 않아요. 죽고 싶을 정도로 막 우울해요. 꿈도 없고 그냥 사는 자체가 무의미한 것 같아요. 그냥 흘러가는 대로 대충 사는 거 같아요. 일어나서 씻고, 밥 먹고, 학교 가고, 학교 갔다 와서 또 밥 먹고, 책상에 앉아서 공부도 안 하고 멍 때리다가 엄마한테 잔소리 듣는 생활이 반복돼요. 왜 사는지 모르겠어요. 요새는 학교도, 친구도 싫어요. 자살도 생각한 적이 있어요. 근데 막상 생각하면 무서워서 시도하지 못하겠어요. 하여튼 이거 조울병 같은 정신병이에요, 아니면 그냥 흔히들 말하는 뭐 사춘기 같은 거예요?

답변 조울병을 포함한 기분장애에서는 자신의 평소 기분 상태 혹은 일반적으로 다른 사람들과 비교해, 지나치게 기분이 들뜨거나 우울해지는 기분 변화가 주된 증상입니다. 단순히 스트레스를 받았을 때 기분이 일시적으로 가라앉고, 좋은 일이 생겼을 때 기분이 들뜨는 것과는 차이가 있습니다. 또한 다른 증상이 동반되지 않는 하나의 증상이나 기능장해를 일으키지 않는 증상은 정상적인 사춘기의 모습으로도 나타날 수 있습니다. 따라서 정신의학적 면담과 평가를 통해 증상의 최소 지속기간과 증상의 빈도와 정도 및 증상이 일상생활에 미치는 영향을 확인하는 것이 중요합니다.

보통의 사춘기라면 기분 증상을 보일 수 있지만 다른 증상과 동반되며 기능에 손상을 주지는 않습니다. 또한 사춘기 시기 위험한 행동을 할 수 있지만 법적으로 문제가 될 정도라면 조울병으로 인한 가능성을 확인해야 합니다. 부모나 교사에게도 논쟁적이거나 주장이 세고 갈등이 있을 수 있지만 공공연하게 적대적이거나 폭력적 혹은 공격적인 모습을 보인다면 면밀한 평가가 필요합니다. 성적으로 호기심이 많은 시기이지만 안전하지 않거나 다수와 무분별한 성관계를 갖는다면 추가적 평가가 필요합니다. 수면 상태가 때로 불규칙할 수 있지만, 우울감이 있으며 불면증이 오거나 기분이 들뜨며 너무 적게 자는 경우는 기분장애를 의심해봐야 합니다.

같은 사람에게 두 가지 병이 있을 수 있나요?

제 아들은 원래 산만한 성격 때문에 ADHD(주의력결핍과잉행동장애)로 진단받고 치료받았습니다. 약을 먹으면 좀 집중력이 생기는 것 같아서 치료를 꾸준히 해오고 있었는데, 작년부터는 이유 없이 우울해하더니 올해 들어서는 말이 많아지고 과격해지고 폭력적이 되어 간신히 설득해 병원에 데려 갔더니 조울병이라고 합니다. 현재 치료 중인데 같은 사람에게 두 가지 병이 동시에 올 수가 있나요?

답변 한 사람에게 당뇨와 고혈압이 같이 있을 수 있듯이, 조울병과 ADHD는 함께 나타날 수 있습니다. 이런 현상을 공존질환이라고 합니다. 실제로 조증이 있는 소아청소년 환자들의 60~80%가 ADHD를 가지고 있다고 보고되었습니다. 특히 조증의 발병 시기가 이른 경우에 ADHD와 관련될 가능성이 더 높습니다. 조증이 소아기에 시작된 환자의 90%가 ADHD가 있는 반면에, 청소년기에 시작된 환자의 경우 57%만이 ADHD를 지닌 것으로 알려져 있습니다. 두 가지 질환은 증상이 비슷한 면이 많아 발달력상 여러 행동들에 대한 자세한 평가가 필요합니다. 과민함이나 빠른 말투, 산만함, 증가된 에너지와 같은 경우는 두 질환 모두에서 보일 수 있지만 과대한 자신감과 고양된 기분은 조증의 주된 특징으로 ADHD만 있다면 드물게 나타납니다. 또한 조울병에서 보이는 산만함은 조증 혹은 경조증삽화의 시기에만 나타날 수 있다는 차이가 있습니다. 다른 질환으로 약 70%에서 적대적 반항장애나 품행장애와 공존할 수 있으며, 30~40%에서는 불안장애와 공존할 수 있습니다. 물질사용장애도 약 50%에서 동반될 수 있으며 과민함이나 심한 분노발작을 보인다면 파탄성 기분조절장애와도 감별이 필요합니다. 공존질환이 있다면 조울병의 경과를 악화시키거나 치료가 복잡해질 수 있기 때문에 초기 면밀한 정신의학적 평가가 중요합니다.

 질문 13 **조울병(양극성 1형장애, 조증형)과 ADHD를 동시에 가지고 있다고 합니다.**

저를 진료하시는 교수님으로부터 이 두 개가 다 있다는 진단을 받았습니다. ADHD 치료 약물인 메칠페니드계 콘써타나 메칠펜 같은 경우 도파민 재흡수를 막고 도파민 활동을 활성화시키니, 당연히 조울병이 악화가 될 듯합니다. 즉, ADHD를 치료하다가 보면 조울병이 악화가 된다는 말일 텐데요. 그럼에도 불구하고 ADHD를 치료하고 싶습니다. (집중력이 없어서 공부를 할 수가 없습니다. 대학생인데 한 과목에서 4번째 F를 맞았고, 그래서 이번에 졸업도 할 수 없습니다. 다음에 F 맞으면 제적입니다.)

답변 조울병을 치료하면서 ADHD 치료 약물, 특히 정신자극제를 쓰는 경우 조울병이 악화될 가능성이 있습니다. 다만, 조울병에서 정신자극제를 사용하는 것이 불가능한 것은 아닙니다. 조울병 치료제를 복용하고 있기 때문에 정신자극제를 조심스럽게 사용해볼 수 있습니다. 이 경우 치료자와 정신자극제 사용에 있어 각각 환자의 상태에 따라 이점과 단점, 재발 가능성, 재발 시 대처 방법 등에 대해 충분한 논의가 필요합니다.

조울병의 치료방법

 약을 먹어도 재발하는데 계속 치료를 할 필요가 있나요?

저희 어머님은 10년이 넘게 조울병을 앓고 계십니다. 입퇴원을 반복한 지도 여러 번이고요. 입원시키는 과정도 너무 힘듭니다. 자꾸 재발하는 것은 병원을 잘못 선택해서 그런 걸까요? 어차피 완치의 기미는 없는데, 치료를 계속할 필요가 있을까요? 진정 조울병은 완치의 길은 없는 것일까요?

답변 조울병의 치료가 단기간에 끝나고 평생 재발하지 않는 경우도 드물게 있지만 대부분 오랜 치료가 필요합니다. 조울병은 고혈압이나 당뇨와 같이 오랜 기간 관리하는 질병입니다. 당뇨약과 고혈압약을 꾸준하게 복용하고 있어도 당 수치와 혈압이 변동하듯이 조울병도 마찬가지입니다. 당 수치나 혈압이 안정적이지 않다고 약을 중단하면 당뇨나 고혈압 증상이나 경과가 더 악화되듯이 조울병도 마찬가지입니다. 조울병은 외과적인 질병처럼 잘못된 부위를 도려내면 바로 예전과 같은 상태로 돌아올 수 있는 그런 질병이 아닙니다. 마라톤에서는 무조건 처음에 열심히 뛴다고 해서 결코 좋은 성적을 내지 못하며 일관되게 달려야 가장 좋은 성적을 낼 수 있듯이 조울병에서도 가장 알맞은 치료를 지속적으로 잘 유지하는 것이 중요합니다. 약물치료가 불만족스럽다면 차라리 다른 병원에서 치료를 받으십시오. 그러나 치료를 중단해서는 안 됩니다. 환자는 약을 계속 복용하기를 원하는데 오히려 약에 대한 부정적인 견해를 지닌 가족들의 권유로 복약을 조기에 중단하게 하여 결국 재발하게 되는 경우도 있습니다. 약에 대한 두려움과 걱정이 있다면 이를 이웃에게 묻거나 인터넷으로 검색하지 마십시오. 약에 대한 전문가는 여러분의 담당 의사라는 믿음을 가져야 합니다.

 심리상담이 도움이 될까요?

조울병으로 약을 먹고 투병하고 있습니다. 약으로 어느 정도 기분조절이 되기는 하지만, 저 같은 경우 어릴 때부터 가족 간에 얽힌 정신적 상처가 많아 아직도 가슴이 자주 답답하고 힘들게 느껴질 때가 많습니다. 이런 경우, 심리상담으로 조울병이 치료가 될 수 있을까요?

답변   조울병은 일종의 뇌 기능 장애로 약물치료가 가장 중요합니다. 그러나 약물치료만으로 모든 환자들이 다 원래 기능으로 회복되는 것은 아닙니다. 이 때문에 정신치료나 가족치료 등 여러 가지 치료들을 병행하는 것입니다. 그러나 약물 이외의 다른 치료법들은 반드시 보조적이라는 사실을 명심해야 합니다. 정신치료에는 환자의 일상생활에서 치료에 부정적인 영향을 미치는 알코올이나 생활습관 등에 대한 자각을 통해 재발을 방지하도록 하는 인지행동치료부터 대인관계에서의 자존감과 자기상을 증진시키는 치료 방법, 가족 교육, 질환에 대한 부정이나 분열, 정신적 단절을 보이는 환자에 대한 정신역동학적 접근, 집단치료 등 여러 가지 방법이 있으며, 이들은 단순 심리상담과는 다릅니다. 현재 조울병에 대한 최선의 치료는 약물치료와 함께 정신치료를 병합하는 것입니다.

기도로 조울병이 치료될 수 있을까요?

마음이 힘들고 외로울 때 어딘가에 의지하고 싶었습니다. 그러던 중 아는 사람의 소개로 교회에 나가게 되었습니다. 직접 나가서 예배도 드리고, 좋은 분들도 많이 만나고 하니 많은 위안이 되었습니다. 교회 사람들에게는 제 병은 이야기하지 않고 그냥 스트레스가 많아 정신과를 다닌다는 정도로만 이야기해 두었습니다. 그랬더니 아는 분이 기도로 충분히 나을 수 있다고 정신건강의학과에 다니지 않아도 된다고 하는데, 기도만으로 치료될 수 있을까요? 아니면 약간 증상의 완화 효과나 개선 효과를 볼 수 있을까요?

답변 마음의 안정을 찾기 위한 방법으로 기도를 하거나 명상을 하는 것은 조울병 환자에게 도움이 될 수는 있지만, 약물치료를 중단하고 기도만으로 조울병이 낫기를 기대할 수는 없습니다. 조울병에 대한 정신과 치료를 중단하고 기도만을 하겠다는 것은 재발을 불러오는 지름길이 됩니다. 조울병은 정신(영혼)의 병이 아니라 뇌의 병입니다. 뇌의 기능을 안정화시키는 약물치료가 필수적입니다. 그러므로 기도만으로 조울병을 낫게 할 수는 없습니다. 신앙을 갖는 것 자체는 전혀 문제가 없습니다. 그러나 그것만으로 조울병이 치료되지는 않습니다.

최근에는 많이 사라지기는 했지만 아직도 귀신이나 사탄이 이 병의 원인이라고 생각하는 일부 종교인들은 종교의 힘만으로 치료를 해야 한다고 주장하는 경우도 있어 문제가 됩니다. 일부 급성기 조증 환자 외에는 자신의 종교 활동을 하는 건 대부분 문제가 되지 않습니다. 오히려 건강한 종교 활동은 정서적·영적으로 도움이 되고 여러 사람들과 교류를 통해 사회성을 키울 수 있는 좋은 기회를 제공합니다. 그러나 너무 지나치게 몰두하여 종교적 망상에 빠지거나 종교적 활동이 환자의 회복에 방해가 될 때에는 치료 목적을 위해 일시적으로 종교 활동이나 종교 서적 탐닉을 제한하는 경우도 있습니다. 특히 환자의 수면에 방해가 되거나 생활리듬을 깰 수 있는 밤을 새우는 종교 활동이나 금식, 지나치게 흥분된 분위기 등은 때로 증상을 악화시킬 수 있으므로 조심해야 합니다. 또한 종교 단체에서 함께 수련회에 가게 된다면 약물 복용을 제때에 할 수 있도록 하고, 가능하면 적절한 수면을 할 수 있도록 배려하는 것이 좋습니다.

 질문 17 이웃이 독소 빼는 효소를 먹어보라고 하는데 과연 효과가 있을까요?

독소 빼는 효소와 조울병이 어떤 관계가 있는지 알고 싶습니다. 왠지 조울병 약보다는 좋을 것 같아서요.

답변 첫째로 독소(과연 어떤 독소를 말하는지는 모르겠습니다만)가 조울병의 원인이 된다는 연구 결과는 없습니다. 둘째로 독소를 빼준다는 효소가 몸 안의 어떤 성분에 어떻게 작용하는지는 아직 검증된 연구 결과가 없습니다. 셋째로 조울병 전문가인 정신건강의학과 의사의 말보다 이웃의 말을 더 믿어야 하는 근거를 모르겠습니다. 이웃의 말을 믿고 싶은 마음도 충분히 이해합니다. 병원에 가면 언제까지 치료하자는 이야기도 명확히 해주지 않고, 오래 치료해야 된다는 막연한 이야기를 하고, 병의 원인이 무엇인지도 확실하게 이야기하지 않

고, 약이란 것이 오래 먹으면 안 좋을 것 같고, 또 약을 먹는다는 것
자체가 내가 병자가 된 것 같은 기분이 드는 등의 이유로 뭔가 새롭
고 확실한 것을 찾게 되는 마음은 이해합니다. 그럴 때 확실하고 건
강에도 도움이 된다는 이웃의 이야기는 누구라도 믿고 싶을 겁니다.
사람은 누구나 자신이 믿고 싶은 것을 믿습니다. 그런데 사람들이 믿
고 싶은 것은 쉬운 것, 자신은 아무런 노력을 하지 않아도 되고 단기
간에 확실한 것을 믿고 싶어 합니다. 이런 마음을 이용하는 대표적
인 예가 체중 감량에 효과가 있다는 각종 운동 기구일 것입니다. 홈
쇼핑에서 파는 운동 기구들의 광고 문구엔 '쉽다', '아무런 노력을 하
지 않아도 된다' 등 천국 같은 이야기들이 가득합니다. 그러나 그런
운동 기구들을 파는 광고들이 많은 이유가 무엇일까요? 그만큼 큰
효과를 보지 못하기 때문에 매번 새로운 운동 기구들이 나오는 것이
아닐까요? 병 치료에서도 마찬가지입니다. '쉽다', '확실하다'고 말하
는 사람이 있으면 여러분을 속이려는 사람이라 생각해도 틀리지 않
습니다. 과학적 근거를 갖고 여러분들을 치료하는 사람을 만나는 것
이 중요합니다.

정신과 약과 한약을 함께 먹으면 도움이 되지 않을까요?

딸이 조울병으로 입원치료를 받고 현재 퇴원을 앞두고 있습니다. 이번이 벌써 세

번째입니다. 물론 퇴원할 때는 안정되어 있습니다. 항상 약을 안 먹어서 재발하

는 것이긴 하지만 언제까지 이럴 수도 없고, 왠지 양약은 몸에 안 좋을 것 같아서

한의원에 갔더니 한약과 지금 먹는 병원 약을 같이 먹으라고 합니다. 이렇게 해

도 되는지요?

답변　환자나 보호자들이 한약으로 조울병을 완치할 수 있지 않을
까 기대하는 경우가 있습니다. 그래서 한약만 복용하거나 또는 병원
치료와 함께 한약을 복용하는 경우도 있습니다. 그러나 분명한 것은
아직 어떤 약으로도 병을 단기간에 완치시킬 수 있는 약은 없다는
것입니다. 따라서 이 병을 치료하기 위한 목적으로 한약을 비롯한 다
른 약물들을 함께 복용하는 것은 피하는 것이 좋습니다. 왜냐하면
두 가지 이상의 약물이 섞이게 되면 서로 영향을 미칠 수 있는데, 한
약과 현대약을 병합한 경우 어떻게 되는지에 대한 정보가 거의 없기
때문입니다. 그러나 다른 이유로 인해 꼭 복용을 해야 하는 경우 약
물의 상호작용으로 부작용이 생길 수도 있어 복용 전에 반드시 담당
의사와 상의하는 것이 좋습니다.

질문 19 조울병은 몇 개월간 집중적으로 치료하면 완치가 될까요?
증상이 심할 때만 약을 먹으면 되지 않을까요?

답변   우선 완치에 대한 개념에 대해 다시 생각해볼 필요가 있습니다. 통상 완치라는 개념은 병의 원인을 제거하여 회복이 된 상태로 더 이상 치료가 필요 없는 상태로 이해되고 있습니다. 하지만 명확한 원인이 규명되지 않아 원인은 제거하지 못한 채 질병의 상태에서 건강한 상태로 회복하고 그 상태를 유지하는 질병도 흔합니다. 조울병의 경우 만성질환에 해당하는 질환으로 아직까지 그 원인은 불분명하며 회복 후에도 재발을 방지하기 위해 지속적인 치료를 필요로 하는 경우가 많습니다. 또한 어떤 환자에서 한 번의 치료로 재발하지 않는지 아니면 치료를 중단하면 재발을 하는지 구분할 수 있는 방법은 알려져 있지 않습니다. 따라서 첫 발병 후 치료자와 상의하여 치료 종결을 의논해볼 수 있으나 한 번 이상 재발을 하는 경우는 재발을 막기 위해 부정기간 치료를 지속해야 합니다. 그리고 증상이 심할 때만 약을 먹는 경우 재발을 반복하는 것을 전제로 하기 때문에 이는 장기적인 병의 경과에 좋지 않은 영향을 줍니다. 여러 문헌에서 조울병의 재발 횟수가 많을수록 치료가 어렵고 전반적인 인지기능에도 영향을 미칠 가능성이 큰 것으로 알려져 있습니다. 따라서 증상이 심할 때만 약을 먹는 방법은 추천하지 않습니다.

조울병의 약물치료

 질문 20 **조울병은 마음의 병인데 왜 약을 먹어야 되나요?**

제가 가지고 있는 병은 마음의 병이지 몸의 병이라고 생각하지는 않는데, 어느 쪽에 더 가까운가요? 신앙으로 이길 수 없나요? 아니면 정신치료만으로 나을 수는 없나요?

답변 조울병은 생물학적 취약성과 스트레스와 같은 환경적 유발 요인 등 여러 가지 요인들이 복합적으로 작용하여 발생하는 것으로 알려져 있습니다. 조울병은 의학적으로 일종의 뇌 기능 장애로 인한 기분과 감정, 행동의 조절이 어려움을 겪게 되는 병으로 여겨지며, 뇌 기능을 안정시키는 약물치료가 가장 중요한 치료 수단입니다. 물론 약물치료만으로 모든 환자들이 다 원래 기능으로 회복되는 것은 아닙니다. 따라서 정신치료나 가족치료 등 여러 가지 치료들을 병행하는 것입니다. 그러나 약물 이외의 다른 치료법들은 반드시 보조적이라는 사실을 명심해야 합니다. 특히 최근에는 음악, 무용, 미술치료를 비롯해 사이코 드라마 등 많은 보조적인 치료법들이 시행되고 있는데, 약물치료와 함께 필요에 따라 보조적으로 사용되어야 합니다.

신앙을 갖는 것 자체는 전혀 문제가 되지 않습니다. 건강한 종교 활동은 정서적·영적으로 도움이 되고 여러 사람들과 교류를 통해 사회성을 키울 수 있는 좋은 기회를 제공하며 조울병의 치료에도 도움이 될 수 있습니다. 그러나 너무 지나치게 몰두한다면 종교적 망상이 생길 수 있고, 종교적 활동이 환자의 회복에 방해가 될 때도 있으므로 주의해야 합니다.

 조울병 약은 평생 복용해야 되나요?

조울병 진단을 받고 라믹탈이라는 약을 처방받아 복용하다가 요즘은 안 먹고 있어요. 안 먹은 지 거의 1년이 되어가는데 조증 증상과 감정기복이 전혀 없어요. 오히려 약을 복용할 때는 가끔 조증을 경험하기도 했는데, 지금은 감정의 변화가 없어요. 주위 사람들은 제가 오히려 편안해 보이고 좋아졌다고 합니다. 조울병이라는 진단을 일단 받으면 약을 평생 복용해야 하나요?

답변 많은 조울병 환자들이 유지요법 기간 동안 여러 가지 이유로 약물 중단을 시도합니다. 환자들은 급성기 증상이 없어지면 복약이 필요 없다고 생각하거나 때로는 부작용으로 인해 복약을 중단하기도 합니다. 그러나 복약 중단은 대부분 증상의 재발을 야기하는데, 이는 복약을 중단한 후 수주에서 수개월 후에 나타납니다. 만일 단한 차례의 조증삽화가 있었던 환자라면 환자의 상태에 따라 약 1년후 약의 용량을 천천히 줄이며 복약 중단을 시도해볼 수도 있습니다. 그러나 만일 환자가 조울병의 뚜렷한 가족력이 있거나 유난히 심각한 삽화를 겪었다면 좀 더 오랜 기간 동안 치료하는 것이 원칙입니다. 만일 여러 번의 삽화가 있었던 환자라면 가능한 오래 유지요법을 받는 것이 권장됩니다. 의학적 상태나 심각한 부작용, 임신 희망 등으로 인해 어쩔 수 없이 약을 중단해야 하는 경우가 아니라면 약물 중단을 시도하지 않는 것이 바람직합니다. 또한 이런 상황이더라도 반드시 약물 중단을 해야 하는 것은 아닙니다. 가능하면 대체할 약물을 찾아보는 것이 좋기 때문에 신중하게 담당의사와 상의하여 결정해야 합니다.

 질문 22 **조울병인데 의사 선생님이 간질약을 주셨어요.**

조울병으로 치료 중이었는데 이번에 제가 먹고 있는 약을 알고는 충격에 빠졌습니다. 약을 조제하는 약사님이 "간질약을 먹고 계시네요"라는 말에 의사 선생님이 약을 잘못 처방하신 게 아닌가 확인해보니 잘못 처방한 것이 아니라고 하시네요. 제가 제대로 된 약을 먹고 있는 건가요?

답변 조울병 치료에 가장 중요한 약은 기분조절제입니다. 대표적인 기분조절제는 리튬, 발프로에이트, 카바마제핀, 라모트리진, 비정형 항정신병약물 등이 있습니다. 이 중 발프로에이트, 카바마제핀, 라모트리진은 원래는 간질을 조절하는 항경련제로 개발되었으나 다른 뇌질환인 조울병에도 효과가 있음이 밝혀졌습니다. 처음 약을 개발할 때 약품을 약효에 따라 특정 종류라고 분류하지만, 다른 질환에도 효과가 있음이 밝혀지면 다른 질환에도 사용하는 경우가 흔합니다. 누구나 알고 있는 아스피린은 해열제로 개발되었지만 요즘에는 뇌, 심장 혈관질환 예방제로 흔히 사용되는 것이 좋은 예입니다. 위에 언급된 항경련제들은 조증이나 우울증의 급성 증상을 치료하고 재발을 예방하는 효과가 있어 조울병 치료에도 흔히 사용되고 있으니 안심하셔도 됩니다.

 조울병 약을 먹으면 머리가 나빠지나요?

조울병 진단을 받고 약을 복용하고 있습니다. 입원할 때와 같은 조증 상태는 나타나지 않지만 오히려 의욕이 없습니다. 두뇌 회전이 느려진 느낌입니다. 약간 우울한 느낌이 들기도 하는데, 약 때문에 머리가 나빠진 것인가요?

답변 조증 상태에서는 생각이 빨라지고 여러 가지 생각이 끊임없이 떠오르기 때문에 기억력이 좋아진 것처럼 느낄 수 있습니다. 조증 상태가 호전되고 기분이 차분해지면 생각의 속도나 양이 감소하여 정상이 되는데, 조증을 경험한 환자는 이러한 정상적 상태를 조증 상태에 비해 상대적으로 머리 회전이 늦어지고 기억력이 떨어진 것처럼 인식하기도 합니다. 한편 조증 상태가 호전된 후에도 가벼운 우울감이나 의욕 저하 등의 잔류 증상이 지속될 수 있으며, 때에 따라서는 우울증 상태로 전환되는 경우도 있습니다. 이러한 우울증 상태에서는 생각의 속도가 늦어지고 기억력이 떨어질 수도 있어 마치 머리가 나빠진 것처럼 느껴지기도 합니다. 따라서 이런 경우에는 주치의와 상의하여 기분 상태를 정확히 평가하는 것이 도움이 됩니다.

 질문 24 **조울병 약을 먹으면 살이 찌나요?**

작년부터 말이 많아지고 스트레스를 받아서 정신과 상담도 해보고 약도 먹고 여름에 입원도 했었는데, 병명이 양극성 정동장애라고 하네요. 처음 약을 먹을 때는 몸이 둔해지고 잠도 막 쏟아지고 했어요. 약을 먹은 지 몇 달 되니까 살도 찌더라고요. 약 때문에 그런 건가요?

답변 기분조절제나 항정신병약물의 종류에 따라 식욕이 늘거나 살이 찌는 현상이 발생할 수 있습니다. 그렇지만 때로는 증상이 호전되어 기분이 안정되면서 자연적으로 식욕이 늘고 활동이나 운동량이 줄어들어 살이 찌는 경우도 흔합니다. 반드시 약 때문에 살이 찐다고 할 수는 없습니다. 원인이 무엇이든지 조울병 치료를 받다가 살이 찌면 환자는 좌절감이나 불안감을 느껴 약을 꾸준히 복용하지 않거나 중단하기도 합니다. 또한 체중 증가는 고지혈증이나 고혈압, 당뇨 등의 성인병과 밀접한 관련이 있습니다. 따라서 적절한 식사량을 지키고 규칙적으로 운동을 하여 체중 관리를 하는 것이 바람직합니다. 그럼에도 불구하고 체중 증가가 지속될 때에는 주치의와 상의해야 합니다.

 질문 25 **조울병 약을 먹으면 치매가 생기나요?**

의사 선생님께 약을 먹으면 정신이 멍하다고 말씀 드렸더니 대부분의 정신과 약은 멍한 부작용이 있다고 하시더군요. 안 그래도 친구가 정신과 약을 먹으면 치매가 빨리 온다고 했는데 걱정입니다.

답변 일반적으로 조울병이 있는 경우에는 병 자체로 인하여 기억력이나 주의집중력 등의 인지 기능이 저하되기도 합니다. 또한 기분이 우울하고 의욕이 저하되어 있을 때에는 기억력이 떨어지고 생각이 느려지는 것처럼 느낄 수도 있습니다. 조울병 치료에 사용하는 약 중에 일부에서는 약물 복용 시 기억력이 떨어지고 생각이 느려지는 것처럼 느껴질 수도 있습니다. 어떤 약은 복용 시에 몸이 둔해지거나 졸리기 때문에 정신이 멍하게 느껴지기도 합니다. 그렇지만 현재 사용되고 있는 대부분의 약물들은 이러한 부작용이 개선되었고 오히려 집중력과 인지 기능을 호전시켜 주는 것으로 알려져 있습니다. 그리고 신경세포를 보호하는 효과도 있습니다. 조울병 치료제로 인해 치매가 발생하지는 않으니 안심하셔도 됩니다. 그럼에도 불구하고 약을 복용하고 지속적으로 기억력이 떨어지거나 정신이 멍하다고 느껴지신다면 주치의와 상의하여 약의 용량을 조절하거나 다른 약으로 교체할 수 있는지를 상담받는 것이 좋겠습니다.

 질문 26 **조울병 약을 먹으면 성욕이 감퇴하나요?**

제 남편은 조울병이 두 번 재발하여 지금은 약을 잘 복용하고 있는데요. 처음에는 의욕도 없고 잠만 많이 자더니 언젠가부터 2~3일에 한 번씩 자위 행위를 하더라고요. 조울병이 다시 재발할 징조인지 걱정이 됩니다. 다시 성욕이 증대되는 것 같아서요. 보통 조울병 약을 먹으면 성욕이 감퇴된다고 하던데, 어떤가요?

답변　조울병 치료에 사용되는 약물 중에 항정신병약물의 부작용으로 발기가 잘 안 되는 등의 부작용이 나타날 수는 있으나 조울병 치료를 받아서 성욕이 감퇴되는 것은 아닙니다. 치료제로 쓰이는 정신과 약물들은 뇌에 작용하는 약물이 대부분이므로, 항정신병약물이나 항우울제의 종류에 따라 성욕이 떨어지거나 발기가 잘될 수도 있습니다. 여성은 생리가 불규칙해지거나 중단되기도 합니다. 환자나 보호자는 이런 문제를 심각하게 생각하지 않거나 창피해하여 담당 의사에게 말하지 않는 경우가 많습니다. 그러나 다른 약물을 추가하거나 약물을 변경해 이런 부작용을 줄일 수 있으므로 솔직하게 말하고 도움을 받는 것이 좋습니다. 또 한 가지 중요한 것은 성욕은 기분 상태와 밀접한 관련이 있어 우울 시기에 성욕이 줄 수 있습니다. 반대로 성욕이 증가하는 것은 조울병 재발의 징후일 수 있습니다. 쉽게 확인할 수 있는 조울병 재발의 징후로는 수면이 감소한다는 것과 성욕이 증가하는 것이 있습니다. 수면 감소와 성욕 증가는 경조증의 증상이기도 하면서 조증의 초기 증상이기도 합니다. 남편께서 의욕도 없고 잠만 많이 자다가 성욕이 증가하였다는 점으로 추측하자면 우울증 시기를 거쳐 조증이 재발하려는 것으로 볼 수 있습니다.

조울병 약을 중단해도 될까요?

결국 다시 투약 중단했습니다. 처음에는 실패했지만 이번에는 꼭 성공했으면 좋겠습니다. 그런데 약을 끊은 지 오늘로 이틀째인데 밤에 도통 잠이 안 옵니다. 첫째 날에는 긴장해서 그런가보다 했는데 어제도 그러니 좀 힘드네요.

답변 조울병의 치료에 사용되는 약을 중단할 경우 증상이 재발될 수 있어서 주의해야 합니다. 리튬을 빠르게 중단하면 쉽게 증상이 재발하거나 자살 위험성이 높아질 수 있기 때문에 서서히 줄여서 끊어야 합니다. 불면, 불안 등의 증상을 조절하기 위해 사용하는 벤조다이아제핀의 경우 약을 급격히 중단하면 불안, 초조감, 불면, 이명, 두통, 악몽, 피로감, 떨림, 무기력감 등의 증상이 발생할 수 있습니다. 이는 금단 증상일 수도 있고 기존의 증상이 완전히 호전되지 않은 상태에서 갑자기 약이 중단된 결과일 수도 있습니다. 어느 경우든 정신건강의학과 의사의 지도에 따라 서서히 줄여야 합니다.

조울병 환자의 삶

 조울병 완치되신 분 주변에 계신가요?

제가 여기서 말하는 조울병과 우울병은 단순히 일시적인 증상이 아닌 만성적인 증상을 가리킵니다. 그렇다면 질문 들어갑니다. 병원 약으로 의사의 지시에 따라서 철저히 이행해서 완치가 되신분이 있긴 있겠죠. 여기서 제가 말한 완치란 약을 끊고도 재발 없이 정상생활을 하는 분을 말합니다. 아무튼 주위 그런 분이 있다는 사실을 들었다는 분 손!

답변　조울병은 만성적인 경과를 보이는 질병입니다. 때문에 현재의 기분 증상이 사라졌다고 하더라고 재발의 위험성이 매우 높아 상당 기간 약을 복용하는 것이 치료에 필수적인 경우가 많습니다. 물론 기분 증상의 재발 없이 안정적인 경과를 보인다면 정신건강의학과 전문의와 상의하에 약을 감량하거나 중단할 수도 있습니다. 중요한 것은 약물 중단 여부보다는 정상생활을 영위하는 데 어떤 것이 도움이 될까에 집중하는 것입니다. 반드시 약물을 중단해야만 정상생활을 할 수 있다고 가정하고 약을 끊는 것에만 몰두한다면 그것 자체가 스트레스가 되기도 합니다. 걷는 것이 건강에 도움이 되는 행동이지만 피곤할 때도 무리해서 먼 거리를 걸어가려고만 하면 오히려 건강에 해가 되듯, 때때로 차량을 이용하는 것이 빠르고 편안하게 목적지에 도착할 수 있듯이 상황에 따라 꾸준히 약을 복용하는 것이 내가 원하는 정상생활을 영위하는 데 더 도움이 될 수도 있을 것입니다.

 질문 29 **조울병에 좋은 음식은 무엇이 있을까요?**

조울병으로 입원치료 후 퇴원을 했는데 현재 리튬 등의 약을 먹고 있습니다. 다이어트에 신경 쓰느라 밥을 적게 먹고 운동을 많이 합니다. 물만 먹어도 살이 찌는 체질이라 물도 잘 마시지 않습니다. 조울병에 도움이 되는 식습관은 무엇이 있는지 궁금합니다.

답변 조울병에 특별히 추천되거나 피해야 할 음식은 없습니다. 식사는 평상시와 똑같이 하면 됩니다. 가끔 영양이 부족하다고 생각해 지나치게 고영양식을 먹을 때가 있는데, 오히려 체중이 너무 증가하는 경우가 많습니다. 특별히 피할 음식은 없고 다만 술이나 담배, 지나친 카페인 섭취 등은 피하는 것이 좋습니다. 그리고 리튬을 복용할 경우 물을 적게 마시거나, 땀을 많이 흘리는 등 체내 수분이 부족하게 되면 혈액이 농축되면서 혈중 리튬 농도가 올라갑니다. 이렇게 되면 약물 부작용이 발생할 위험이 있으므로 탈수를 조심해야 합니다. 또한 조울병의 치료약 중 식욕을 증가시키는 약들이 있습니다. 흔히들 살찌는 약이라고 생각하지만 약 때문에 직접적으로 살이 찌는 것이 아니라, 식욕을 촉진하는 것입니다. 기분 변화가 자주 나타나는 경우 생활습관이 불규칙해지기 때문에 건강하고 규칙적인 생활습관, 즉 적절한 양의 음식 섭취와 적당한 수준의 운동은 꼭 필요합니다.

질문 30 **조울병 환자입니다. 커피랑 술이 약 먹을 때 좋지 않을 것 같아서 질문해요.**

12시 전(정오 전)에 커피 한 잔 정도랑 술도 밤 시간에 맥주 한 병 정도 가끔 먹는데 약과 만나면 어떤 반응이 나타나는지요?

답변 커피에 들어있는 카페인은 수면 감소와 불안 증상을 일으킬 수 있고 이러한 수면 감소 및 불안은 조증 재발에 영향을 줄 수 있어 조울증 환자에게 가능한 커피, 콜라 등의 카페인 음료는 줄일 것을 권고합니다. 특히 수면시간의 감소나 불안 증상이 있다거나, 혹은 조증/경조증이 조금이라도 의심된다면 엄격하게 카페인 섭취를 제한하여 합니다. 반면에 기분 상태가 안정된 시기라면 하루 2잔 이하로 커피 혹은 콜라 섭취를 제한할 것을 권고하며, 마시게 된다면 카페인의 대사에 8시간 정도 소요된다고 알려져 있어 잠자리에 들기 8시간 전에 섭취하는 것을 권고합니다.

술이 미치는 영향은 매우 광범위합니다. 알코올 자체가 우울, 불안, 수면, 충동조절, 인지기능, 공격성 등 다양한 영역에 안 좋은 영향을 미칠 수 있을 뿐 아니라, 조증을 유발할 수 있습니다. 또한 복용하고 있는 조울병 약물의 대사에도 영향을 미쳐 체내 약물 농도를 변화시킬 수 있어 과도한 진정효과가 나타나거나 조울병에 대한 예방 효과가 감소될 수 있습니다. 때문에 음주가 조울병에 미치는 위험성에 대해 충분히 인지하고 가능한 금주하는 것을 권고합니다.

 질문 31 **조울병 환자는 무조건 술을 마시면 안 되나요?**

조울병으로 외래 치료를 받고 있습니다. 우울증인 줄 알고 치료했는데 기분이 오히려 너무 좋아져서 담당의사 선생님이 조울증이 의심된다고 치료 방법을 바꾼 뒤에 모든 게 좋아졌습니다. 그래서 조울병 교육도 열심히 받고 있으며 정말 잘 해보려고 합니다. 그런데 걱정되는 것은 술입니다. 회사 생활을 하다 보면 술자리를 피할 수 없는데 어떻게 해야 할런지요? 담당의사 선생님은 술은 조울병에 도움이 안 된다고 하시는데 정말 그런지요?

답변 가능하면 술은 마시지 않는 것이 원칙입니다. 지나친 음주는 기분 증상의 악화 및 재발에 부정적인 영향을 미치고, 치료 과정에도 방해 요인으로 작용할 수 있습니다. 또한 조울병 치료 약물 중에서 일부는 알코올과 상호작용하는 약물이 있어, 음주 시 조울병 치료 약물의 혈중 농도를 높이거나 낮출 수 있어 약물에 의한 부작용을 경험하게 되거나 혹은 증상의 악화를 경험할 위험성도 있습니다. 그러나 회복되어 사회생활을 하는 경우 금주는 때로 심각한 스트레스로 작용하기도 합니다. 회식 자리에 참석을 못한다거나 친구들과 어울리지 못한다고 호소하는 경우도 많으나, 이런 경우 미리 원칙을 정해놓는 것이 좋습니다. 꼭 필요한 경우 술자리에 가서도 술을 마시지 않는 방법 등에 대해 미리 대책을 세우는 것이 좋습니다. 가능하면 구체적으로 어떻게 할 것인지, 즉 거절한다면 어떻게 할 것인지 등에 대해 주치의와 미리 상의를 하는 것이 좋습니다.

조울병에 잠자는 게 중요한 이유가 무엇인가요?

조울병 진단을 받고 약 복용하면서 지내고 있습니다. 제가 조증이 왔을 때 3일 동안 잠을 안 자고 돌아다녀서 문제가 되었었는데 지금은 병식도 생기고 최대한 규칙적으로 생활을 하고 있습니다. 그런데 다시 증상이 오는 걸 예방하기 위해서는 잠을 제때 잘 자야 된다고 들었는데, 그럼 잠을 충분히 자지 않으면 조증이 다시 발현할 수 있나요? 잠자는 시간이 아까워서 요즘 적게 자는데 크게 영향이 있나요?

답변 연구에 따르면 조울병 환자들은 수면-각성 리듬에 약간의 변화만 생겨도 아주 민감하게 반응한다고 합니다. 수면뿐 아니라 생활 전반의 규칙적인 일상은 기분 상태에 좋은 영향을 미치며 반대로 일상과 수면 주기를 바꿀 만한 사건이나 스트레스 상황들은 기분 상태에 악영향을 미칩니다. 조울병에서 안정 상태를 유지하기 위해서는 수면 시간을 규칙적으로 지키는 것은 중요합니다. 수면시간이 길어야 한다는 것이 아니라 자신에게 적당한 목표 수면시간을 정하고, 매일 밤 같은 시간에 수면을 취하고, 매일 아침 같은 시간에 기상하도록 하는 것입니다. 늦게 일어나고 싶은 주말에도, 실직을 한 경우라도 출근하던 때의 기상시간과 취침시간을 유지하려고 노력하는 것이 좋습니다. 규칙적인 일상을 지키는 것이 다소 지루하고 마치 학교에서 내주는 숙제 같은 기분이 들 수도 있습니다. 잠자는 시간이 아깝고, 때로는 삶의 자유를 잃어버리는 것처럼 느껴질 수도 있습니다. 그러나 취침시간, 기상시간, 근무시간, 운동시간 등 규칙적인 일상을 유지하는 것은 기분 상태의 안정을 가져오고, 쉽지 않지만 스스로 병을 이겨내기 위해 무언가 적극적으로 하고 있다는 사실은 큰 안도감을 가져올 것입니다.

 질문 33 **조증 시기가 좋은데 이대로 괜찮을까요?**

저는 원래 소심한 성격이라 할 말도 잘 못하는 편입니다. 그런데 갑자기 자신감이 생기고 말이 많아지면서 조울병 진단을 받고 입원치료를 받은 후, 지금은 치료를 잘 받고 있습니다. 그런데 지금은 그때가 그립습니다. 뭘 해도 자신감 있고, 다른 사람 눈치도 보지 않아서요. 물론 그러면 안 된다는 것을 알지만 약을 끊고 싶습니다. 제가 잘못 생각하는 건지요?

답변 충분히 이해할 수 있는 심정입니다. 누구나 자신 없는 것보다는 자신 있는 상태를 좋아합니다. 그러나 두 가지를 생각해보아야 합니다. 첫째로 그전에 소심한 성격이라고 생각한 자신의 모습이 우울증일 수 있다는 것입니다. 이런 경우 적절한 치료로 회복될 수 있습니다. 둘째로 우울한 것이 아니라 실제 성격인 경우에는 장기간의 정신치료 등을 통해 꾸준히 개선해 나갈 수 있다는 것입니다. 더욱이 앞서서 이야기했던 것처럼 자신감이 넘치는 조증 시기는 영원히 지속되지 못하고 우울증 시기로 이어지게 마련입니다. 우울증 시기가 되면 원래 소심한 성격보다 더 소심해지고 의욕이 없어집니다. 이런 설득에도 불구하고 실제 많은 조울병 환자들이 증상 호전 후에 여러 가지 이유로 약물 중단을 시도합니다. 환자들은 힘든 시기가 지나가 면 약을 먹을 필요가 없다고 생각합니다. 때로는 부작용으로 인해 복 약을 중단하기도 합니다. 그러나 복약의 중단은 거의 항상 증상의 재 발을 야기합니다. 이렇게 여러 차례 재발과 호전이 반복되면 결국 치 료 반응도 나빠지고 회복되어도 후유증이 많아 사회에 복귀할 가능 성이 그만큼 줄어들게 됩니다.

 질문 34 **조울병이 가라앉았는데 일을 하지 못하고 있어요.**

저는 조울병으로 치료받고 병원에서 퇴원한 지 4개월이 지났지만 아무 일도 하 지 못하고 집에서 백수로 보내고 있습니다. 노는 게 습관이 되어 그런지 몰라도 쉽게 무슨 일을 시작하지 못하겠습니다. 조울병의 후유증인가요?

답변 조울병에서 조증이 안정되면서 뒤이어 우울증이 시작된 경 우일 수 있습니다. 조울병에서는 조증 시기가 존재합니다. 또한 우울 증 시기도 존재합니다. 대부분의 경우에 그런 조증 시기 전에 우울증 이 나타납니다. 이 우울증이 급성으로 심하게 나타나는 경우에는 고통이 심해서 병이라고 생각하고 병원에 찾아오지만, 우울증의 증상이 가볍거나 만성적인 경우에는 원래 성격이 그런 것이라고 오해하기도 합니다. 자신은 원래 우울한 사람이라고 생각하는 것입니다. 우울하면 의욕이 없기 때문에 아무 일도 하고 싶지도 않고 뭔가를 해보려는 엄두도 내지 못합니다. 이런 의욕 저하 상태는 사실 우울하기 때문인데, 성격이 원래 게으른 것으로 오해할 수도 있습니다. 성격을 고치는 것은 힘들고 오래 걸리지만 우울증은 비교적 쉽게 호전될 수 있습니다. 이런 유사한 상황이 조울증을 치료하여 조증 시기가 지난 뒤에도 찾아올 수 있습니다. 조울병을 치료하여 조증이 호전되면 모든 것이 해결되었다고 생각하기 쉽습니다. 조증 시기에 보이던 난폭함, 급박함이나 문제 행동이 나타나지 않기 때문에 그렇게 생각할 수 있습니다. 그러나 일부에서는 조증 시기에 이어 우울증 시기가 나타날 수 있습니다. 이 경우 역시 우울증 증상이 심하면 우울증이라고 생각하는 것이 어렵지 않은데, 증상이 가볍고 지속적인 경우에는 성격이라고 오해할 수 있습니다. 그렇지만 우울증에 대한 적절한 치료를 받게 되면 호전됩니다.

질문 35 조울병의 의욕저하 치료방법은?

저는 27살 청년 남자입니다. 고등학교 시절에는 환청을 듣기도 하였고, 친구가 나를 죽이러 뒤쫓아 온다는 생각에 도망다닌 경험도 있습니다. 그리고 한때는 제가 신에게 임명받은 선지자인줄 알았으며, 한 여자를 공상 속에서 짝사랑을 했습니다. 결국 그 짝사랑은 실패를 했지만요… 그나마 다행스럽게도 약을 꾸준히 먹어 현실세계로 돌아오기는 했습니다. 현재 비현실 세계에서 현실로 돌아온 이후 저는 사는 데 의욕이 별로 없습니다. 제가 겪고 있는 이 조울병의 '의욕저하' 치료 방법을 묻고 싶습니다.

답변 우울하고 의욕이 저하된 상태는 자신에게 좋은 영향을 주는 일들을 못 하게 만듭니다. 아무것도 하기 싫다는 것은 분명하지만, 그렇다고 정말로 아무것도 하지 않는다면 우울하고 무기력한 상태는 계속 지속될 것이며 정도가 더욱 심해질 것입니다. 우울감 및 의욕저하에 효과가 있는 치료 기법 한 가지를 소개합니다. 먼저 쉽게 할 수 있는 일들, 그러나 보람과 즐거움을 주는 활동들을 떠올려 보세요. 산책하기, 영화 보기, 음악 듣기, 휴대폰 사진 찍기, 요리하기, 친구와 통화하기 등 무엇이든 좋습니다. 특히 좋은 활동은 다른 사람과 함께 할 수 있고 자신이 보람을 느낄 수 있는 활동(친구와 걷기 운동하기), 성취감과 목표의식을 줄 수 있는 활동(악기 배우기), 우울함 대신에 다른 감정을 느낄 수 있는 활동(코미디 영화 보기, 자연으로 나가기) 등이 있습니다. 무엇을 할지 정했다면 일주일간의 즐거운 활동 계획을 세우고, 그 계획이 제대로 실천되고 있는지 평가해보는 것이 도움이 됩니다. 만일 활동 계획표가 별로 효과가 없다면 너무 많은 계획이 필요하거나 너무 힘든 활동을 선택했을 가능성이 있습니다. 처음부터 너무 지나치게 무리해서는 안 된다는 것이 중요합니다. 이런 활동 계획들은 가볍고 우스워 보일 수도 있지만 확실히 우울감과 의욕 저하를 개선하는 데 큰 도움이 됩니다. 이러한 치료 기법을 '행동활성화behavioral activation'라고 하며 인지행동치료의 가장 중요한 요소 중 하나입니다.

 질문 36 **조울병 환자가 헌혈해도 되나요?**

조울병으로 약을 먹고 있는데, 헌혈을 해도 되나요? 뭔가 다른 사람들에게 도움이 되고 싶어서요.

답변 결론부터 말씀 드리자면 가능합니다. 헌혈이 금지되는 약물들은 태아 기형을 유발할 수 있는 약제(건선 치료제, 전립선 비대증 치료제, 남성 탈모증 치료제, 여드름 치료제), 예방접종을 한 경우 및 기타 약물 등이 있습니다. 조울병 치료에 주로 사용되는 약물들은 항정신병 약물, 기분조절제(항경련제), 항불안제(안정제) 등으로 헌혈 금지 약물에 포함되지 않습니다. 조울병 치료 약물만을 복용 중이시라면 헌혈을 하시는 데 문제는 없습니다. 그러나 감기 등의 다른 질환으로 약물을 복용하고 있는 중이라면 적십자사의 직원과 상의하시는 것이 좋습니다.

질문 37 **결혼을 할 때는 상대방에게 병에 대해 이야기를 하는 것이 좋을까요?**

저는 조울병으로 두 번 입원했습니다. 처음에는 결혼하지 않고, 평생 혼자 지내리라 마음 먹었지만 나이가 들어가니 외롭기도 하고 주위에서 자꾸 좋은 사람을 소개시켜 주겠다고 하니 마음이 흔들립니다. 만약 좋은 사람을 만나게 되면 제가 병이 있다는 것을 알려야 하나요, 숨겨야 하나요?

답변 참으로 어려운 문제입니다. 물론 가장 좋은 방법은 결혼할 상대에게 질병에 대해 설명하고 동의를 구하는 것이지만 현실적으로 쉬운 일이 아닙니다. 상대에게 알렸다가 결혼까지 가지 못하는 경우도 봅니다. 그래서 본의 아니게 숨기고 결혼하는 경우도 있습니다. 이런 경우는 몇 가지 문제가 생길 수 있습니다. 바로 가장 중요한 약물 복용이 어려워지거나, 환자가 약을 거부하게 되는 상황이 생깁니다. 배우자 몰래 약을 먹는다는 것도 쉬운 일이 아닙니다. 설혹 그렇게 한다고 하더라도 혹시 알게 되지 않을까 늘 긴장하게 됩니다. 그래서 결혼 후 임의로 약을 중단하고 재발하는 안타까운 경우를 종종 봅니다. 그뿐 아니라 혹시 배우자가 자신의 질병에 대해 알지나 않을까,

나중에 문제가 되지는 않을까 하는 염려와 불안으로 스트레스를 받게 됩니다. 따라서 현재 치료 중이거나 치료가 필요한 경우는 상대에게 제대로 알리시는 것이 좋습니다. 지금은 질병으로부터 회복이 되었고 예방을 위해 꾸준히 약물을 복용하고 있다고 설명하시는 것이 좋습니다. 만약 상대에게 솔직하게 말하는 것이 어렵더라도 본인이 정신과 치료를 받고 있고 약물 복용이 필요하다는 정도는 알리는 것이 좋습니다. 내가 앓고 있는 질병까지 이해하고 감싸줄 수 있는 배우자라면 조울병의 치료에 그 무엇보다도 좋은 조력자가 될 것입니다.

 조울병 약물과 임신

조울병으로 입원하고 치료받은 지 5년 되었어요. 한 번도 재발한 적 없고요. 결혼해서 애기 가지려고 하는데 주치의 선생님은, 저의 생각은 들어보지도 않고 입양 추천한다, 애 있는 게 좋은 게 아니다라는 등 너무 부정적으로 말해서 병원에 가기 싫네요. 바렙톨정 300mg 자기 전 두 알 먹었는데, 아이 가지려고 지금 안 먹고 있어요. 약 끊고 3개월 지나면 임신할 수 있나요? 지금 한 달째 안 먹고 있는데 괜찮아요?

답변 조울병을 가진 많은 여성들이 아이를 가져도 되는지 물어볼 때 만족스러운 대답을 주지 못할 때가 많습니다. 물론 아이를 원하고 실제로 가지고 양육할 수 있다면 아이를 낳을 이유가 충분합니다. 그러나 고려해야 할 부분이 많은 것도 사실입니다. 조울병은 유전적 경향을 가지고 있습니다. 또 조울병 치료제인 대부분의 정신과 약물들이 태아 형성에 일부 위험한 영향을 줄 수 있습니다. 그러나 임신 전후에 약물복용을 중단하는 것은 신중하게 결정해야 할 문제입니다. 오히려 치료하지 않는 경우 임산부와 태아에게 위험성이 더 심각할 수 있기 때문입니다. 예를 들어 치료 중단 후 임신한 여성 환자가 조증삽화를 겪거나 불안, 충동성 등으로 외상 사고의 위험성이 증가할 수도 있고, 불규칙한 식사 및 수면 패턴 등이 일어날 수도 있습니다. 임신하기로 결정했다면 정신과 의사와 산부인과 의사를 만나 임신 계획을 미리 의논하는 것이 중요합니다. 특히 약물치료로 인한 임신의 위험성, 약물복용을 중단했을 때 이전 기분 변화 과거력, 최근 약물치료에 대한 반응, 신체적인 건강 상태 등에 대해 임신 전에 확실한 논의를 해두어야 합니다. 조울병 증상이 심한 적이 있고 약물치료를 중단하였을 때 심각한 재발의 과거력이 있다면 임신 기간 내내 보다 안전한 약물을 선택하여 치료를 지속해야 할 필요가 있습니다. 만약 경도 수준의 조울병 증상이 있고 최근 안정적인 상태로 임신 중 약물치료를 중단할 경우라면, 임신하기 전에 계획적으로 약물치료를 서서히 중단해야 하며 이후 정신과 전문의를 정기적으로 만나 면밀하게 기분 상태 및 증상에 대한 추적 관찰을 하는 것이 좋습니다.

질문 39 조울병을 앓는데 아이가 기형아가 나올 확률이 높나요?

지금 제가 조울병을 앓고 있는데 만약 아이를 낳는다면 기형아를 낳게 되는 겁니까?

답변 조울병이라는 질환 자체는 기형아의 출산과 관련이 없습니다. 남자든 여자든 조울병이라는 병을 앓고 있다고 기형아를 낳는 것은 아닙니다. 다만 조울병 치료 약물을 복용하고 계신다면 담당 주치의와 상의하여 임신을 계획하시는 것이 좋습니다. 조울병 자체가 문제가 되는 것은 아니지만, 조울병 치료 약물을 임신 중에 복용했을 때 기형아의 발생률을 높일 수 있다고 알려져 있기 때문입니다. 남자의 경우에는 문제될 것이 없으나, 여자의 경우 임신 초기에 조울병 치료 약물을 복용하였다면 약물로 인한 기형 발생 위험률이 높아질 수 있습니다. 하지만 기형 발생의 위험률을 높인다는 것이지, 조울병 치료 약물을 복용하는 모든 사람이 기형아를 낳는다는 것은 아닙니다. 임신을 계획하시는 여성 환자분이라면 최소 6개월 전부터 담당 의사와 상의하시는 것이 필요합니다.

질문 40 **조울병은 정신장애인으로 인정이 되나요?**

아버지께서 오래전에 조울병이 발병해서 2~3년마다 재발하십니다. 평소에는 멀쩡히 성실하게 일하시며 사시다가 병만 재발하시면, 조절이 안 되는 기분 상태와 망상 때문에 돈을 물 쓰듯이 쓰시고 다니십니다. 빚까지 지고 이혼까지 하셔서 혼자 사십니다. 월세도 이젠 버거우시니 정신장애인 등록이라도 하고 임대주택에라도 들어가게 해드리고 싶은데, 조울병도 정신장애인으로 인정이 되나요?

답변   조울병도 정신기능이 일부 손상된 채로 장기적인 치료를 요하는 경우 장애인복지법에 의해 장애등급을 산정할 수 있도록 되어 있습니다. 환자와 가족들은 흔히 병이 오래되었기 때문에 당연히 정신장애인 자격이 부여된다고 생각하는데, 병이 있다고 모두 자격이 부여되는 것이 아니라 법이 정한 기준 이상으로 일상생활에 지장이 초래된 경우에만 자격이 부여됩니다. 정신장애인 자격은 국가에서 복지 혜택을 주기 위한 것이기 때문에 본인이 원하지 않으면 언제든지 철회 요청을 할 수 있습니다. 등록 철차와 혜택, 정신장애인의 권리보호와 제한 등에 관한 자세한 사항은 거주 지역의 시청, 군청, 구청, 동사무소의 사회복지 담당자에게 문의할 수 있습니다.

조울병을 앓으면 의료실비 보험에 가입이 안 되나요?

공공분야에서 일해 직장 단체보험으로 의료실비 보험에 가입되어 있습니다. 그럼 제가 조울병인 것을 보험회사에서 알게 되면 의료실비에 해당이 안 될까요?

답변 실손보험 표준약관이 개정되며 2016년 1월 1일 신규계약부터 증상이 비교적 명확해 치료 목적을 확인할 수 있는 일부 정신건강질환 범위 안에서 보장받을 수 있습니다. 보장되는 정신질환은 우울증, 조울병, 공황장애, PTSD, ADHD, 틱장애, 기억상실, 편집증 등입니다. 기존 가입자는 2009년 10월 이후 판매된 표준화 실손 상품 가입자에 한해서 개정약관으로의 변경 신청이 가능합니다. 가입 시기와 상품 병원에서 받은 질병코드에 따라 보장 여부가 달라집니다. 즉, 급여 항목의 질병이라면 정신질환에 대한 보장도 실손의료비를 통해 건강보험상 급여에 해당하는 부분만 보장을 받을 수 있습니다.

조울병을 앓고 있는데 직업 선택 시 불이익을 받나요?

몇달 전부터 제가 제 행동을 제어하기가 힘들어져서 조울병으로 입원치료 후 약을 먹고 있습니다. 정신건강의학과에 입원치료를 받으면 사회적으로 어떤 불이익을 받는 건 아닌지 궁금합니다. 운전면허를 취득할 수 없다거나, 취직이 어렵다

답변 정신건강의학과 치료를 받게 되면 의사는 의료법에 따라 진료기록을 작성하고 보관하며 보관 기간은 10년입니다. 그러나 환자가 아닌 다른 사람에게 환자에 관한 기록을 열람하게 하거나 그 사본을 내어주는 등 내용을 확인할 수 있게 되어서는 안 됩니다(의료법 제21조). 건강보험 진료를 받았을 경우 국민건강보험공단이나 건강보험심사평가원에 자료가 남지만, 이 기록도 법률에 근거하지 않은 공개나 조회가 법적으로 금지되어 있어 열람할 수 없습니다. 대다수의 사람들이 대기업이나 국가기관에서 언제든지 해당 자료를 볼 수 있다고 생각하지만, 형사문제로 수사를 받는 상황이나 재판에 따라 공개를 요청받는 경우, 법률에 근거한 요청이 있는 경우 외에는 자료를 열람할 수 없습니다. 이는 취업을 준비할 때 단순히 정신건강의학과 진료를 받은 문제로 불이익을 당하지 않는다는 것을 의미합니다.

정신질환자·심신상실자·심신박약자 같은 정신장애 관련 사유를 결격사유로 규정하는 법률은 28개에 이르며, 이 중 산후조리원 운영, 수상구조사, 수렵면허, 어린이집 설치, 아이돌보미, 주류제조관리사 등 6개 법률은 정신장애인의 자격이나 면허 취득을 무조건 제한하고 있습니다. 나머지 미용사, 영양사, 요양보호사, 수의사, 약사, 의료인 등 22개가 예외적으로 취득을 허용하고 있습니다. 그러나 2017년 개정된 우리나라 정신건강복지법에서는 '정신질환'자를 망상, 환각, 사고나 기분장애 등으로 인하여 독립적인 일상생활을 영위하는 데 중대한 제약이 있는 사람으로 한정시켰습니다. 정신질환자의 정의를 의학적 의미의 정신질환을 가진 모든 자가 아닌 현실검증력이 손상된 심한 정신병 환자로 범위를 줄인 것입니다. 이는 정신질환에 대한 편견 해소 및 권익 증진을 위해 개정된 것입니다.

공무원 채용 검사 시 정신계통의 불합격 기준은 업무 수행에 큰 지장이 있는 정신계통의 질병, 마약 중독과 그 밖의 약물의 만성 중독(2019년 12월 일부 개정)인 경우입니다.

운전면허 취득 시 신체검사 항목에서 정신질환의 종류에 관계없이 정신질환의 유무만을 묻는 질문이 있는데, 해당되는 경우 정신건강의학과 전문의의 운전이 가능하다는 진단서를 요구합니다.

조울병 환자 가족의 삶

 질문 43 **자신이 조울병인 것을 인정하지 않아요.**

아들이 조울병으로 입원했습니다. 첫 면회를 갔는데, 자신은 아무 문제가 없는데 왜 입원시켰냐고 난리도 아니었습니다. 너무 마음이 아팠습니다. 자신이 조울병인 것을 전혀 인정하지 않는데, 어떻게 하면 자신이 병인 것을 인정하게 할 수 있나요?

답변 흔히 조울병의 증상이 심한 상태에서는 자신이 병이 있는 것을 부정하곤 합니다. 특히 입원 후 첫 1주일 동안은 증상이 매우 심하고 치료를 거부하며 퇴원을 반복적으로 요구하는 행동을 보이곤 합니다. 그러나 점차적으로 증상이 호전되어 가면서 어느 정도 치료를 받아들이게 되는데, 이때 문제가 되었던 병적 행동이나 증상에 대해 교육하고 이러한 모습이 평소와는 다른 것임을 알려주어야 합니다. 그리고 이러한 증상이 기분이나 감정을 조절하는 뇌 기능의 이상에서 비롯된다는 것과 비정상적인 감정 변화와 행동을 조절하는 데 약이 도움이 된다는 것을 환자가 받아들일 수 있도록 반복적으로 설명하고 설득해야 합니다.

그러나 환자 입장에서는 자신을 비난하는 것으로 받아들이거나 병 때문이라는 설명에 수치심을 느낄 수도 있습니다. 하지만 이런 점도 이해해야 합니다. 어느 누구든 자신의 행동에 대해 문제가 있다고 지적당하면 우선 화부터 납니다. 화를 낼 때 같이 화를 내면, 문제가 무엇인지 더 이상 중요하지 않고 화를 냈다는 것이 중요해집니다. 그렇기 때문에 화를 낼 수 있다는 점을 충분히 이해한다고 말해 주어야 합니다. 그렇지만 진실을 받아들일 때 진정한 변화가 일어난다고 설득해야 합니다.

질문 44 난폭한 행동을 할 때는 가족이 어떻게 해야 하나요?

평상시는 내성적인 사람인데 병 증상만 생기면 난폭해집니다. 병에 대해서 언급만 해도 죽일 듯이 달려들고, 자신이 하는 것은 아무것도 막지 못하게 합니다. 너무 무섭습니다. 이번에 다시 입원치료하면 안정이 되겠지만 퇴원하면 또 그럴까 봐 너무 걱정됩니다.

답변 급성 조증기에는 일시적으로 난폭한 행동을 할 때가 있습니다. 이때 제일 중요한 것은 환자와 가족들의 안전입니다. 환청이나 망상 등의 급성 증상으로 인해 환자가 흥분한 경우, 긴급한 상황이라면 일단 피하고 경찰이나 다른 사람들의 도움을 받는 것이 원칙입니다. 특히 환자가 칼과 같은 위험한 물건을 들고 있다면 가까이 가는 것은 피해야 합니다. 칼을 달라거나 갑자기 달려드는 행동은 환자에게 위협적으로 느껴지기 때문에 더 위험할 수도 있습니다. 이 역시 경찰이나 119의 도움을 요청하십시오. 하지만 이 정도로 심각하지 않을 경우에는 일단 자극을 주지 말고 진정되기를 기다려야 합니다. 안정 상태에 들어가면 난폭한 행동에 대해 비난하지 말고 왜 그렇게 힘들었는지 이야기를 듣는 것이 좋습니다. 또한 이런 행동에 대해서 반드시 치료자에게 이야기하고 대책을 세우는 것이 바람직합니다.

조울병인지 알코올중독인지 구분이 가지 않아요.

저희 시아주버님이 원래 술 때문에 문제가 많았습니다. 거의 매일 술을 마실 뿐더러 술 때문에 회사에 못 나가는 일도 생기면서 해고되었습니다. 그 뒤 술 문제가 더 심해지더니 갑자기 사업을 한다고 여기저기 연락하고, 안 만나던 친구들을 만난다고 하는 등 현실감 없는 행동이 심해져 병원에 갔더니 조울병이라고 합니다. 이런 경우 조울병만 치료하면 되는지요?

답변 결론부터 미리 말하자면, 조울병과 알코올 의존이 함께 있다면 두 가지를 모두 함께 치료해야 합니다. 두 가지 질환이 같이 존재하는 경우를 공존질환이라고 합니다. 한 가지 병이 있는데, 다른 병이 생긴 것입니다. 조울병이 있는 경우 알코올 문제가 잘 생깁니다. 반대로 알코올 문제가 오래되면 뇌에 변화가 생겨서 조울병 증상이 생기기도 합니다. 두 경우에는 치료 방법은 약간 달라질 수는 있지만, 조울병과 알코올 의존을 각각 치료해야 한다는 것은 동일합니다. 환자분들을 치료하다 보면 따로 구분되는 두 개의 질환이 서로의 치료에 나쁜 영향을 미치는 경우를 종종 경험하곤 합니다. 오랜 시간 동안 단주를 유지하였던 알코올 의존 환자분이 조증삽화가 오면 여러 사람들을 만나면서 폭음을 하기도 하고, 반대로 우울증을 달래기 위해 음주를 재개하곤 합니다. 꾸준히 약을 먹으며 재발 없이 지내오던 조울병 환자는 '술을 먹었으니 오늘은 약을 먹지 말아야겠다', '약을 술과 함께 먹으면 몸이 버텨내지 못할 거야'라는 생각에 점차 약물 복용을 중단하고, 결국 조울병이 재발하는 결과가 생기기도 합니다. 그뿐만 아니라 음주 상태에서는 충동적이고 난폭해질 수 있는데, 조증 증상과 같이 나타나면 그 정도가 더 심하고 오래 나타나서 가족과 주변사람들에게 마음의 상처를 남기게 됩니다. 서로 상관이 없을 듯 보이는 두 질환이 서로에게 좋지 않은 상승 작용을 일으키는 예입니다.

이런 이유로 두 가지 질환이 함께 있을 때 한 가지 병만 치료하는 것은 불충분한 치료가 될 수 있습니다. 알코올 의존과 조울병은 모두 오랜 시간 관리를 요하고 재발이 잦은 질환입니다. 재발을 최소화하는 것이 예후에도 큰 영향을 미칩니다. 따라서 발생할 수 있는 재발을 최소로 줄이기 위해서는 한 가지 문제에만 집중하기보다는 환자분이 가진 여러 문제를 넓고 깊게 이해하고 이 모두를 안정적으로 관리하는 치료 계획을 세워야 합니다.

질문 46 조증 환자가 입원치료를 거부할 경우, 어떻게 하나요?

처음이라 어찌할 바를 모르겠습니다. 아들이 분명 문제가 있는 것 같습니다. 원래 조용한 성격이었는데 요즘 들어 말이 많아져 성격이 좋게 바뀌나 보다 했는데, 최근에는 오히려 난폭해지고 잠도 잘 자지 않고 이런저런 일들을 벌이고 다닙니다. 아무래도 조울병 같아서 병원에 가자고 하니, 자신은 아무런 병이 없는데 그런 말을 한다고 화를 내고 집을 나가버렸습니다. 이따가 다시 집에 올 때 입원을 시켜야 될 것 같은데 어떻게 해야 할까요?

답변 환자가 치료를 거부하고 병원을 오지 않는 경우 보호자들은 참으로 답답한 심정일 것입니다. 일단 환자를 설득하는 것이 원칙입니다. 왜 치료를 받지 않으려고 하는지 그 이유를 아는 것이 중요합니다. 그러나 환자의 생각이 틀렸다고 논쟁할 필요는 없습니다. 예를 들어 환자가 말하는 것이 전혀 근거가 없다고 해도 이를 지적하는 것은 도움이 되지 않습니다. 가족들의 설득에도 치료를 거부하면 일단 보호자가 주치의와 먼저 상의를 하는 것이 좋습니다. 위험한 상황이거나 급한 경우에는 경찰이나 119의 도움을 요청하십시오. 이런 경우 순순히 응하는 사례도 있지만 때로는 주변에 많은 사람들이 몰려오면 위협적으로 받아들일 수도 있으므로, 환자의 상태를 잘 아는 주치의에게 미리 조언을 구하는 것이 좋습니다.

질문 47 환자가 약을 거부하는 경우 어떻게 해야 하나요?

제 남편이 입원치료를 받고 퇴원한 지 6개월가량 되었습니다. 첫 입원이었지만, 좋은 선생님을 만나서 남편의 병 증상이 빨리 호전되었고, 자신이 병이 있다는 것

318

을 잘 이해하고 치료에도 적극적이었습니다. 그런데 최근 들어서 병원에 가는 걸 한두 번씩 빼먹더니 요즘은 약도 잘 안 먹는 것 같습니다. 치료받는 것에 대해 이야기하자고 하면 자꾸 이런저런 변명만 늘어놓습니다.

답변 환자가 병에 대한 인식이 없어서 가족들이 어쩔 수 없이 몰래 음료수나 음식에 약을 타서 먹이는 경우가 있습니다. 그러나 이러한 방법은 일시적으로 효과를 볼 수는 있지만 장기적인 측면에서 봤을 경우 큰 도움이 되지 않습니다. 약물치료는 장기간 지속되어야 하기 때문에 본인의 치료 의지가 없이 몰래 먹이는 것은 결국 여러 가지 문제를 낳게 됩니다. 예를 들면, 많은 환자들이 스스로는 약을 먹지 않고 좋아졌다고 생각하여 회복 후에도 약을 거부할 가능성이 많습니다. 따라서 꾸준히 설득하고 환자가 약을 거부하는 이유를 찾는 것이 제일 중요합니다. 그래도 약을 거부할 때는 담당의사와 상의해야 합니다. 최근에는 먹는 약뿐만 아니라 주사제를 이용한 치료도 가능합니다. 장기지속형 주사제라고 하여 한 달에 한 번 또는 3개월에 한 번만 맞으면 약의 성분이 유지되는 주사제들이 있습니다. 이러한 장기지속형 주사제의 사용을 고려해보는 것도 하나의 방법이 될 수 있습니다.

조울병 재발의 원인은 무엇 때문인가요?

제 동생이 조울병으로 입원한 적이 있는데 이번에 다시 재발하여 입원을 하게 되었습니다. 가족 모두가 고통받고 있습니다. 조울병은 왜 재발하는지요? 재발하지 않기 위해서는 어떻게 해야 하나요? 가족들이 도울 만한 일은 무엇이 있을까요?

답변 불행히도 조울병은 재발이 많은 병입니다. 재발의 여부는 개인마다 다르지만, 평균적으로 2년에 한 번씩 나타난다는 보고가 있습니다. 재발을 완전히 막을 수 있는 방법은 없지만 줄일 수는 있습니다. 이를 위해서는 꾸준한 약물 복용과 스트레스 관리가 중요합니다. 스트레스는 병이 발생하는 결정적 원인은 아니지만, 재발에는 관여할 수 있습니다. 이 설명이 이상하다고 생각하시겠지만 당뇨병의 경우를 생각하면 이해할 수 있습니다. 당뇨병의 요인으로는 비만과 체질 등이 작용하지만, 일단 당뇨병이 생긴 후 스트레스가 과도하면 당뇨병이 일시적으로 악화됩니다. 이처럼 조울병도 과도한 스트레스가 주어지면 재발의 가능성이 높아집니다. 꾸준한 약물 복용은 재발을 막는 가장 중요한 방법입니다. 환자 스스로 약물 복용에 어려움이 있다면 가족이 도와주는 것도 한 가지 방법이 될 수 있습니다. 또한 음주는 약물의 치료 효과를 떨어뜨릴 수 있으며, 재발과 연관성이 높은 증상인 수면-각성 주기에 나쁜 영향을 미치기 때문에 술을 복용하지 않도록 도와줘야 합니다.

추천도서

조울병을 갖고 있는 저자들의 책

1. 나는 당신이 살았으면 좋겠습니다 : 조울병 의사가 들려주는 조울병 이야기

안경희 지음 | 새움 | 2018년 02월 08일 출간

이 책은 조울병으로 '사회적 자살'에 이르렀던 저자가 자신의 경험을 바탕으로 쓴 에세이다. 경험자이자 치료자로서 조울병에 대한 지식을 알기 쉽게 제공할 뿐만 아니라 감정 기복으로 힘들어하는 이들을 위한 따뜻하고 지혜로운 목소리를 함께 담았다. 자신의 감정 기복이 심하다고 느껴진다면, 혹은 노력해봤지만 도저히 감정의 문제가 해결될 기미가 보이지 않는다면, 무기력과 우울함에 빠져 스스로가 초라하게 느껴진다면, 지친 삶의 끝에서 끊어지기 직전의 고무줄 같은 상태라면, 이 책을 읽어보길 권한다. (출판사 서평)

2. 삐삐언니는 조울의 사막을 건넜어 : 아파도 힘껏 살아가는 너에게 들려주고 싶은 이야기

이주현 지음 | 한겨레출판사 | 2020년 04월 15일 출간

이 책은 언론사 기자 이주현이 사막의 낮과 밤 같았던 조증과 울증의 시기를 보내고 비로소 평범한 행복을 찾기까지의 시간을 기록한 에세이다. 2001년 첫 조울병 발병부터 2006년 재발까지, 그리고

322

몇 번의 작은 조울의 파고를 넘기고 휴전 상태를 유지하기까지 20여 년, 그 뜨겁고 차가웠던 성장의 이야기가 파노라마처럼 펼쳐진다.

저자는 20대 중반 나이에 현실과 광기 사이 좁은 틈에 끼어 심연을 바라보았고, 넘쳐나는 감수성과 창의성, 자발성을 경험한다. 그다음에 찾아온 우울의 바닥에서 죽음의 커튼을 들출 뻔하며 자신이 얼마나 나약한 존재인지 깨달아간다. 정신과 폐쇄병동에 두 번 입원한 일과 병원 생활, 그리고 복직, 평범한 삶을 향한 욕망과 두려움 사이에서 '사랑의 힘'으로 희망을 차곡차곡 쌓아나간다. 가장 신뢰할 수 있는 의사를 만나고, 가족, 친구, 동료들의 끊임없는 지지와 응원에 살아갈 힘을 얻는다. 걷기와 달리기, 여행으로 순수한 즐거움을 만끽하면서 자신의 몸과 마음을 열심히 돌본다. 일렁이는 우울과 불안을 최대한 자연스럽게 받아들이면서. (출판사 서평)

조울병 증상 조절에 도움이 되는 전문적인 책

3. 조울병 치유로 가는 길 : 양극성 장애 극복 가이드

David J. Mik'lowitz 지음 | 박원명 , 전덕인 , 김원 , 송후림 옮김 | 시그마프레스 | 2013년 03월 15일 출간

이 책은 풍부한 사례를 바탕으로 환자의 입장, 가족의 입장, 치료자

의 입장을 모두 고려하여 현실적이면서도 효과적인 방안을 제시한다. 양극성 장애의 경험과 진단 및 치료를 효과적으로 받는 데 도움이 되는 기초 지식, 안정 상태를 유지하기 위한 실제적 전략 등을 다룬다.

4. 조울병의 변증법적 행동치료 워크북

Sheri Van Dijk 지음 | 김원 옮김 | 시그마프레스 | 2015년 09월 15일 출간

당신이 지금 막 조울병 진단을 받았다면, 그것은 이미 오랜 시간 당신이 조울병과 함께 지내왔다는 뜻일 것이다. 당신은 반복되는 우울증, 파괴적인 조증, 그리고 감정 기복에 따른 심한 고통에 대해 나름대로 대처하는 방법들을 이미 가지고 있을 것이다. 하지만 당신이 사용하는 대처 방법들에는 당신에게 도움을 주는 것도 있지만, 오히려 당신에게 해를 끼치는 방법들도 있다. 이 워크북은 새롭고 효과적인 변증법적 행동치료Dialectical Behavior Therapy, DBT를 이용해서 당신의 대처 기술을 발전시키고, 당신이 조울병과 함께 더 잘 지낼 수 있도록 도와줄 수 있다.

이 워크북에서 당신은 네 가지 DBT 기술, 즉 마음챙김, 고통 감내, 감정 조절, 대인관계 기술을 배울 것이고, 이를 통해 당신은 자신의 감정 기복을 관리하여 우울증삽화나 조증삽화의 빈도나 강도를 줄일 수 있다. 약물치료와 전문가의 도움과 함께 이 워크북을 잘 이용

한다면 당신은 조울병 증상에서 해방되어, 생활을 잘 조절하는 안정감과 확신을 느낄 수 있을 것이다. (출판사 서평)

조울병 환자의 가족에 도움이 되는 책

5. 조울병 환자의 가족으로 살아가는 법

Cara Aiken 지음 | 박원명, 윤보현, 김문두, 송후림 옮김 | 시그마프레스 | 2014년 03월 20일 출간

조울병은 사람을 갈수록 힘들게 만드는 병으로 환자 자신뿐 아니라 환자의 자녀, 배우자, 부모, 친지들에게도 심각한 영향을 미친다. 대부분의 사람들이 '조울병'과 '양극성 장애'라는 말에는 익숙하지만, 이 질병을 진정으로 이해하는 사람은 드문 편이다. 환자들과 가족들은 대개 불행과 고독 속에서 상처받고 있다.

이 책은 조울병에 대한 개인적이고 솔직한 고백서다. 저자는 조울병을 직접 10년 넘게 앓아온 사람으로서 자신과 주변사람들의 경험을 모아 질병의 현실적인 모습과 가족들의 삶에 미치는 영향을 그려낸다. 자녀들은 조울병에 걸린 부모와 살아온 경험에 대해 솔직하게 털어놓고, 배우자와 친지들은 조울병이 가족들에게 어떻게 영향을 주었는지를 이야기한다. 이 책은 또한 전문가가 제시한 중요한 정보들도 빼놓지 않고 있다. 이 생기 넘치고 통찰이 가득한 책은 정신건

강전문가들에게는 질환의 실제 모습에 대한 이해를, 조울병 환자와 그 가족들에게는 매우 가치 있는 안내와 충고, 지지를 제공한다. (출판사 서평)

6. 조울병이 있는 아이에게 도움이 되는 것 : 부모들을 위한 도움과 희망

Mani Pavuluri , MD , PHD 지음 | 이문수 옮김 | 하나의학사 | 2014년 07월 09일 출간

조울병과 우울증 관련 교과서

7. 양극성 장애 : 조울병의 이해와 치료, 제3판

대한우울조울병학회 지음(대표저자 박원명 , 전덕인) | 시그마프레스 | 2019년 03월 29일 출간

2014년 개정판이 나온 이후 5년 만에 제3판이 출판되었고, 제1부와 제2부로 크게 나누어 그동안의 새로운 지식들을 종합적으로 보완 및 정리하였다. 제1부는 교과서개념으로 기술하였고, 내용 또한 가장 전형적인 구조에 따랐다. 우선 양극성 장애의 뿌리를 알 수 있게 기원과 개념의 변천을 다루었고, 역학을 종합하였다. 원인론에서는 유전학적, 신경생물학적, 뇌영상학적, 정신사회적 요인들을 골고루 접할 수 있게 구성하였다. 이후 임상양상 부문에서는 증상, 진단, 감별진단, 동반이환, 경과 및 예후 등이 심도 있게 기술되었고, 마지막은 양

극성 장애의 치료로서, 약물치료에만 치중하지 않고 그동안 불모지에 가까웠던 비약물치료와 심리사회치료도 포함하여 전체적인 균형감을 살렸다. 양극성 장애를 접하다 보면 여러 궁금증이 들 수 있다. 제2부는 이런 궁금증에 응답할 수있는 다양한 내용을 깊이 있게 소개하자는 취지로 구성하였다. 이번 제3판에서는 이런 주제들을 제2부에서 카테고리별로 구분하면서 일부 과거 주제들이 제외되었고, 최신 결과들을 보충하였으며, 새로운 주제들을 추가하였다. 2002년 첫 발간 이후 16년에 걸쳐 개정된 한국형 약물치료 지침은 어떻게 변하였고 외국의 지침과는 어떻게 다른가, 양극성 장애를 가졌던 역사적 인물들은 누구인가, 지금까지 국내에서 양극성 장애와 관련하여 어떠한 의미 있는 연구를 하고 있었나 등이 추가되었다.

8. 우울증, 제2판

대한우울.조울병학회 지음(대표저자 박원명 , 민경준) | 시그마프레스 | 2018년 02월 20일 출간

21세기에 들어 우울증의 원인론에 대한 다양한 학설이 새롭게 제기되고 진단 개념이 변화하였으며, 이와 동시에 전 인구의 10~25%가 경험할 정도로 우울증 환자가 급증하는 등 우울증을 좀 더 포괄적이고 체계적으로 이해해야 할 필요성이 커졌다. 또한 새로운 항우울제의 개발과 표준 치료 지침들이 개정되고 있고, DSM-5 개정판에서는 우울증 세부진단이 추가되는 등 우울증에 대한 이론과 진단 개념

이 계속 수정·발전하고 있다. 이러한 최신 경향을 반영하고, 그 어느 때보다 빠르게 변화하고 있는 국내 의료 환경에 발맞추기 위하여 교과서 개정작업의 필요성이 대두되어 제1판에 이어 우울증 교과서를 개정하게 되었다. 이번에 출간된 『우울증, 제2판』은 이전 판과 같이 크게 두 부분으로 구성하였다. 제1부는 전통적인 교과서 형식을 따라 우울증의 역사, 역학, 원인, 임상 양상, 치료 등에 관한 내용을 폭넓고 심도 있게 다루었고, 제2부에서는 우울증에서 임상적으로 중요한 이슈가 되고 있는 관심 주제를 선정하여 가장 최근의 연구결과들을 집중적으로 소개하였다. 따라서 제2부의 내용 중 일부는 아직 정설로 자리 잡히지 않은 가설이나 의견일 수도 있지만 우울증을 넓게 조망한다는 점에서 매우 유용할 것으로 생각한다. 이 책의 가장 주된 목적은 정신건강의학과 전문의와 전공의들이 우울증을 폭넓고 깊이 있게 이해할 수 있도록 하는 것이다. 이런 이해를 바탕으로 냉철한 사고와 따뜻한 마음으로 우울증 환자들에게 최상의 치료를 제공하기를 기대한다. 우울증에 관심이 있는 의과대학생, 간호대학생, 임상심리사, 간호사, 사회사업가 등 연관 분야의 전문가들에게도 훌륭한 참고 서적이 될 뿐만 아니라 전문적인 지식을 원하는 환자, 보호자, 일반인에게도 도움이 될 것으로 생각한다.

바이폴라포럼
(Korean Bipolar disorders Forum, KBF)

대표저자 | 박원명 · 손인기 · 임은성 · 홍정완

참여 저자(가나다 순)

강한고은비	국립나주병원
권영준	순천향대학교 천안병원
김경민	국립나주병원
김문두	제주대학교병원
김 원	인제대학교 상계백병원
남범우	건국대학교 충주병원
민경준	중앙대학교병원
박성용	계요병원
박영민	인제대학교 일산백병원
박원명	가톨릭대학교 여의도성모병원
서정석	중앙대학교병원
성형모	순천향대학교 구미병원
손인기	계요병원
송민규	성모공감정신건강의학과의원
송제헌	국립나주병원
신영철	성균관대학교 강북삼성병원
심세훈	순천향대학교 천안병원
심인희	동남권원자력의학원
양찬모	원광대학교병원

왕희령	바이폴라포럼
우영섭	가톨릭대학교 여의도성모병원
윤보현	국립나주병원
이광헌	동국대학교 경주병원
이대보	둔산힐정신건강의학과의원
이상열	원광대학교병원
이정구	인제대학교 해운대백병원
이종훈	대구가톨릭대학교병원
이황빈	쉼플러스정신건강의학과의원
임은성	신세계효병원
장세헌	김원묵기념봉생병원
장승호	원광대학교병원
전덕인	한림대학교 성심병원
정명훈	한림대학교 성심병원
정상근	전북대학교병원
정영은	제주대학교병원
정종현	가톨릭대학교 성빈센트병원
홍정완	익산병원